Kohlhammer

Entwicklung und Bildung in der Frühen Kindheit

Herausgegeben von Manfred Holodynski, Dorothee Gutknecht und Hermann Schöler

Tobias Ruberg/Monika Rothweiler

Spracherwerb und Sprachförderung in der KiTa

unter Mitarbeit von Dörte Utecht

Verlag W. Kohlhammer

Alle Rechte vorbehalten
© 2012 W. Kohlhammer GmbH Stuttgart
Umschlag: Gestaltungskonzept Peter Horlacher
Umschlagmotiv:© Monkey Business – Fotolia.com
Gesamtherstellung:
W. Kohlhammer Druckerei GmbH + Co. KG Stuttgart

ISBN 978-3-17-021390-6

Vorwort der Herausgeberin und der Herausgeber

Die Lehrbuchreihe „*Entwicklung und Bildung in der Frühen Kindheit*" will Studierenden und Fachkräften das notwendige Grundlagenwissen vermitteln, wie die Bildungsarbeit im Krippen- und Elementarbereich gestaltet werden kann. Die Lehrbücher schlagen eine Brücke zwischen dem aktuellen Stand der einschlägigen wissenschaftlichen Forschungen zu diesem Bereich und ihrer Anwendung in der pädagogischen Arbeit mit Kindern.

Die einzelnen Bände legen zum einen ihren Fokus auf einen ausgewählten Bildungsbereich, wie Kinder ihre sozio-emotionalen, sprachlichen, kognitiven, mathematischen oder motorischen Kompetenzen entwickeln. Hierbei ist der Leitgedanke darzustellen, wie die einzelnen Entwicklungsniveaus der Kinder und Bildungsimpulse der pädagogischen Einrichtungen ineinandergreifen und welche Bedeutung dabei den pädagogischen Fachkräften zukommt. Die Reihe enthält zum anderen Bände, die zentrale bereichsübergreifende Probleme der Bildungsarbeit behandeln, deren angemessene Bewältigung maßgeblich zum Gelingen beiträgt. Dazu zählen Fragen, wie pädagogische Fachkräfte ihre professionelle Responsivität den Kindern gegenüber entwickeln, wie sie Gruppen von Kindern stressfrei managen oder mit Multikulturalität, Integration und Inklusion umgehen können. Die einzelnen Bände bündeln fachübergreifend aktuelle Erkenntnisse aus den Bildungswissenschaften wie der Entwicklungspsychologie, Diagnostik sowie Früh- und Sonderpädagogik und bereiten für den Einsatz in der Aus- und Weiterbildung, aber ebenso für die pädagogische Arbeit vor Ort vor. Die Lehrbuchreihe richtet sich sowohl an Studierende, die sich in ihrem Studium mit der Entwicklung und institutionellen Erziehung von Kindern befassen, als auch an die pädagogischen Fachkräfte des Elementar- und Krippenbereichs.

Im vorliegenden Band „Spracherwerb und Sprachförderung in der KiTa" greifen die Sprach- und Erziehungswissenschaftler Tobias Ruberg und Monika Rothweiler von der Universität Bremen einen Dreh- und Angelpunkt der elementaren Bildungsarbeit auf, wie nämlich Kinder, die nur über unzureichende Deutschkenntnisse verfügen, im Rahmen einer Kindertageseinrichtung sprachlich gefördert werden können. Ein erfolgreicher Spracherwerb stellt heutzutage eine Schlüsselkompetenz dar, um Schule und Berufsausbildung meistern und erfolgreich am gesellschaftlichen Leben teilhaben zu können.

Die Autoren verstehen es im wohltuenden Kontrast zu den unzähligen unergiebigen Büchern zu dieser Thematik, die alltäglichen Fördermöglichkeiten des Spracherwerbs in der KiTa in einer anschaulichen und inspirierenden Weise zu beschreiben. Sie verbinden ihre detaillierten Förderleitlinien mit einer lesenswerten Einführung, wie Kinder die deutsche Sprache erlernen, wie sie sich ihre Sprechlaute, Wörter und grammatischen Strukturen in den alltäglichen Kommunikationen zu Eigen machen. Dabei wird die sprachliche Entwicklung aus einer sprachwissenschaftlichen Perspektive betrachtet, aus der heraus auch die vielen Sprachförderprogramme kritisch gewürdigt und praxisbezogene Empfehlungen ausgesprochen werden. Die wertvollen und eingängigen Beispiele lassen im Leser auch eine klare Vorstellung entstehen, woran man den sprachlichen

Entwicklungsstand von Kindern erkennt und wie man eine Sprachförderung im KiTa-Alltag planen und verankern kann. Kinder gezielt zum Sprechen, Sprechen und nochmals Sprechen über für sie bedeutsame Geschehnisse und Anliegen anzuregen und durch geeignete Sprachlehrstrategien zu unterstützen, das ist das „Geheimnis" einer erfolgreichen Sprachförderung. Das Buch von Ruberg und Rothweiler ist der Türöffner zu diesem Geheimnis.

Münster, Freiburg und Heidelberg im März 2012

Manfred Holodynski, Dorothee Gutknecht und Hermann Schöler

Inhalt

Vorwort der Herausgeberin und der Herausgeber 5

1 **Selbstbedienung im Sprachförderbasar?** 11
  1.1 Warum Sprachförderung? 11
  1.2 Was soll gefördert werden und warum? 14
  1.3 Welches Förderkonzept/Förderprogramm ist das richtige? 18
  1.4 Was tun? 19
  1.5 Zusammenfassung 23
  1.6 Literatur zum Weiterlesen 23

2 **Einsprachig, zweisprachig – Spracherwerb hat viele Facetten** 24
  2.1 Sprache als Mittel der Kommunikation 24
  2.2 Erste Schritte in die Sprache 27
  2.3 Wortschatz 28
  2.4 Der Ausbau des Lautsystems 29
  2.5 Der Aufbau des Satzes 30
  2.6 Der Erwerb von Wortformen 32
  2.7 Was dann noch kommt … 32
  2.8 Und wenn Deutsch nicht die erste Sprache ist? 33
  2.9 Zusammenfassung 36
  2.10 Literatur zum Weiterlesen 37

3 **Das Fundament – Leitlinien guter Sprachförderung** 38
  3.1 Wie funktioniert der Spracherwerb und wie nicht 38
  3.2 Didaktische und methodische Prinzipien 44
  3.3 Zusammenfassung 49
  3.4 Literatur zum Weiterlesen 50
  3.5 Lernkontrolle 50

4 **Detektivarbeit – Sprachbeobachtung und Sprachdiagnostik** 52
  4.1 Diagnostik in der Elementarpädagogik? 52
  4.2 Sprachdiagnostik in der KiTa 54
  4.3 Zusammenfassung 61
  4.4 Literatur zum Weiterlesen 62

5 **Eltern auf den Mund geschaut – Förderliches Sprachverhalten** 63
  5.1 Kindgerichtete Sprache (KGS) 64
  5.2 Ammensprache (babytalk) 64
  5.3 Stützende Sprache (scaffolding) 66
  5.4 Lehrende Sprache (motherese) 67
  5.5 Kulturelle Prägung kindgerichteter Sprache 70
  5.6 Wirksamkeit kindgerichteter Sprache 71
  5.7 Von intuitivem Handeln zu einer professionellen
      Sprachförderung 73
  5.8 Zusammenfassung 75

	5.9	Literatur zum Weiterlesen	75
	5.10	Lernkontrolle	75
6	**Teilchenphysik – wie Kinder Laute erwerben**	77
	6.1	Artikulation	78
	6.2	Frühe Lautproduktion	81
	6.3	Phase der ersten 50 Wörter	82
	6.4	Phase des phonologischen Erwerbs	82
	6.5	Verzögerungen des Lauterwerbs	88
	6.6	Möglichkeiten und Grenzen der Förderung	90
	6.7	Förderung artikulatorischer Fähigkeiten	90
	6.8	Förderung phonologischen Wissens	92
	6.9	Zusammenfassung	93
	6.10	Literatur zum Weiterlesen	93
	6.11	Lernkontrolle	94
7	**Wörter – Bausteine für die Sprache**	96
	7.1	Was ist ein Wort?	96
	7.2	Die Struktur des Lexikons	98
	7.3	Der Erwerb von Wörtern	100
	7.4	Wortschatz und Wortschätze bei mehrsprachigen Kindern	102
	7.5	Sprachbeobachtung im Bereich des Lexikons: Welche und wie viele Wörter kennt das Kind?	105
	7.6	Bestimmung von Förderzielen	106
	7.7	Lexikalische Förderung konkret – Situationen nutzen und Kontexte schaffen für den Aufbau von Weltwissen und den Begriffs- und Worterwerb	107
	7.8	Lexikalische Förderung konkret – der Skriptansatz	110
	7.9	Lexikalische Förderung konkret: Entdecken – Erfahren – Wörter lernen	112
	7.10	Zusammenfassung	113
	7.11	Literatur zum Weiterlesen	114
	7.12	Lernkontrolle	115
8	**Kleine Architekten – Aufbau grammatischer Strukturen**	116
	8.1	Die Erwerbsaufgabe	116
	8.2	Flexion und Kongruenz	117
	8.3	Topologische Felder	119
	8.4	Grammatikerwerb einsprachiger Kinder	120
	8.5	Grammatikerwerb mehrsprachiger Kinder	130
	8.6	Bestimmung der Förderziele	135
	8.7	Auf Strukturen aufmerksam machen	139
	8.8	Kontexte schaffen	142
	8.9	Weitere Förderziele	144
	8.10	Das eigene Sprachverhalten in Situationen zur Förderung des Grammatikerwerbs	148
	8.11	Grammatik und Wortschatz Hand in Hand	149

	8.12 Zusammenfassung	150
	8.13 Literatur zum Weiterlesen	151
	8.14 Lernkontrolle	151
9	**Mit dem Einkaufszettel über den Sprachförderbasar – Förderplanung**	**152**
	9.1 Sprachförderprogramme	153
	9.2 Einsatz von Sprachfördermaterialien	156
	9.3 Allgemeine Aspekte einer Förderplanung	163
	9.4 Zusammenfassung	168
	9.5 Literatur zum Weiterlesen	169
	9.6 Lernkontrolle	169
10	**Sprachförderung konkret – Beispiele für die Planung und Umsetzung**	**171**
	10.1 Erweiterung des Verblexikons	172
	10.2 Förderung des Wortschatzerwerbs	177
	10.3 Förderung des Akkusativerwerbs	184
	10.4 Förderung des Dativerwerbs	188
Literatur		**194**

1 Selbstbedienung im Sprachförderbasar?

> Dieses Kapitel führt in die aktuelle Diskussion zum Thema Sprachförderung ein und zeigt Schwierigkeiten auf, die sich für Praktikerinnen und Praktiker ergeben können, insbesondere im Hinblick auf die Auswahl und Bewertung unterschiedlicher Förderprogramme/Konzepte/Materialien. Hieraus wird die Grundposition des Buches abgeleitet: Sprachförderung erfordert sprachwissenschaftliche Grundkenntnisse.

1.1 Warum Sprachförderung?

Eine der herausragenden Eigenschaften des Menschen ist die Fähigkeit, über ein komplexes strukturiertes Symbolsystem, das wir Sprache nennen, mit anderen Menschen zu kommunizieren. Ganz selbstverständlich setzen wir Sprache tagtäglich in der Kommunikation mit anderen Menschen ein, und wir sind uns dabei meist nicht bewusst, über welch eine außergewöhnliche Fähigkeit wir verfügen. Dies gilt insbesondere für die Sprachen, die wir als Kind erworben haben. Wie zentral Sprache für unser Leben ist, wird vielen Menschen erst bewusst, wenn sie in eine neue sprachliche Umgebung wechseln, wenn sie plötzlich nicht mehr selbstverständlich in einer Sprache kommunizieren können, sondern eine neue Sprache erwerben müssen. Dann sehen sie sich plötzlich der Möglichkeit beraubt, Gedanken und Gefühle mitzuteilen und an den Gedanken und Gefühlen der Mitmenschen teilzuhaben. Denn Sprache ist viel mehr ist als ein abstraktes Symbolsystem: Sprache ist ein Teil der individuellen Identität und Sprache ist ein Teil der Kultur, in der wir aufgewachsen sind.

Diese Erfahrung machte auch Sigmund Freud, nachdem er vor den Nationalsozialisten nach London geflohen war. In einem Brief an *Raymond de Saussure* schrieb er:

> *Sie haben den einen Punkt ausgelassen, den der Emigrant als so besonders schmerzlich empfindet. Es ist – man kann nur sagen – der Verlust der Sprache, in der man gelebt und gedacht hat und die man bei aller Mühe zur Einfühlung durch eine andere nie wird ersetzen können. (Quelle: Sigmund Freud-Museum, Wien)*

Sprache spielt eine zentrale Rolle in unserem Leben, und dies gilt natürlich auch für Kinder. Denken Sie beispielsweise an die Situation von Kindern, die zunächst eine andere Sprache als Deutsch erwerben und dann mit dem Eintritt in eine Kindertageseinrichtung (KiTa) in ein deutschsprachiges Umfeld kommen. Auch wenn viele Kinder mit dieser Situation unbefangen umgehen und rasch in den Erwerb des Deutschen einsteigen, gibt es auch Kinder, die sich zunächst aus der sozialen Interaktion zurückziehen. Da Sprache schon für Kinder eine wichtige soziale Funktion erfüllt, gehört es zu den Aufgaben frühpädagogischer Fachkräfte, Kinder in ihrem Spracherwerbsprozess so zu unterstützen, dass sie möglichst schnell in die Lage versetzt werden, die neue Sprache zu nutzen, aus dem sozialen Rückzug zurück in die Gruppe zu finden und selbstbestimmt am sozialen Leben der Gruppe teilhaben zu können.

Im *gemeinsamen Rahmen der Länder für die frühe Bildung in Kindertageseinrichtungen*, der die Grundlage die Bildungspläne der einzelnen Länder bildet, wird noch auf eine weitere wichtige Funktion von Sprache hingewiesen: „Die Sprachentwicklung und Sprachförderung in der Familie und in den Kindertageseinrichtungen sind zentral bedeutsam für die Chancengerechtigkeit in der Schule, deshalb muss Sprachförderung Prinzip in Kindertageseinrichtungen und Grundschulen sein" (JMK/KMK, 2004, S. 9).

In diesem Zusammenhang ist der Begriff der Schulfähigkeit von Bedeutung. Im Hinblick auf Sprache ist ein Kind dann schulfähig, wenn es über die für den Schulbesuch notwendigen Sprachkompetenzen in der Unterrichtssprache verfügt, und die Unterrichtssprache ist in der Regel das Deutsche. Der Begriff der Schulfähigkeit bezieht sich damit einerseits auf die individuellen Sprachkompetenzen eines Kindes, andererseits aber auch auf die sprachlichen Anforderungen der Schule. Eine zentrale Aufgabe von Bildungseinrichtungen ist es also, Kinder im Erwerb der für den Schulbesuch notwendigen Kompetenzen in der Unterrichtssprache Deutsch zu fördern, aber auch die sprachlichen Anforderungen des Schulbesuchs an die individuellen sprachlichen Kompetenzen eines Kindes anzupassen. Oder mit anderen Worten: Das Ziel ist nicht nur das schulfähige Kind, sondern auch die kindfähige Schule (JMK/KMK, 2004).

Dass derzeit weder das eine noch das andere Ziel erreicht wird, zeigt ein Blick auf die Bildungsstatistiken. Etwa 1,6 % aller Personen ohne Migrationshintergrund im Alter zwischen 25 und 35 Jahren haben keinen Schulabschluss und befinden sich auch nicht mehr in der Ausbildung. Bei den Personen mit Migrationshintergrund liegt der Anteil in der gleichen Altersgruppe bei 9 % und ist damit mehr als fünfmal höher (Statistisches Bundesamt, 2010). Für viele der Personen mit Migrationshintergrund kann angenommen werden, dass Deutsch nicht die erste Sprache ist, die sie als Kind erworben haben.

Mehrsprachige Kinder sind verglichen mit einsprachigen Kindern im Nachteil, da sie ein geringeres Sprachangebot im Deutschen erhalten als einsprachige Kinder. (Das gilt natürlich nur für die Gruppe als Ganzes. Viele mehrsprachige Kinder haben in beiden Sprachen ein umfangreiches Sprachangebot, das dem eines durchschnittlichen einsprachigen Kindes entspricht; und viele einsprachige Kinder haben nur ein sehr reduziertes Sprachangebot.) Ein großer Teil der mehrsprachigen Kinder hat zudem erst mit dem Eintritt in die KiTa regelmäßig und in einem nennenswerten Umfang Kontakt zum Deutschen. Diesen Kindern steht dann bis zur Einschulung deutlich weniger Zeit für den Erwerb des Deutschen zur Verfügung als einsprachigen Kindern. Dass es gerade die Kinder mit Migrationshintergrund sind, die in unserem Bildungssystem benachteiligt werden, legt einen engen Zusammenhang zwischen Bildungserfolg bzw. Misserfolg und der Sprachkompetenz im Deutschen nahe, wenngleich es hier noch an kontrollierten

Studien fehlt, die den Einfluss der Sprachkompetenz im Deutschen im Vergleich zu anderen möglichen Einflussfaktoren für den Bildungserfolg herausarbeiten (vgl. Esser, 2006).

Die Pisa-Studie 2003 belegte einmal mehr die Benachteiligung von Kindern mit Migrationshintergrund in Deutschland (OECD, 2006). Dass die Benachteiligung in Deutschland verglichen mit anderen Staaten der OECD besonders stark ausgeprägt ist, zeigt, dass in dieser Hinsicht in Deutschland noch erheblicher Handlungsbedarf besteht. In den letzten Jahren wurde eine Reihe von Maßnahmen ergriffen, um dieser Bildungsbenachteiligung zu begegnen. Insbesondere die frühe sprachliche Förderung mehrsprachiger, aber auch einsprachiger Kinder wurde als zentrale Aufgabe von Bildungseinrichtungen formuliert. Im Elementarbereich ist Sprachförderung mittlerweile in den Bildungsplänen aller Bundesländer verankert. Während in allen Bildungsempfehlungen die ganzheitliche Förderung von Sprache im Alltag im Vordergrund steht, wird in den Bildungsempfehlungen einiger Bundesländer darüber hinaus gefordert, eine ganzheitliche Förderung durch gezielte Sprachfördermaßnahmen zu ergänzen (vgl. z. B. Freie und Hansestadt Hamburg, 2005; Niedersächsisches Kultusministerium, 2005).

In fast allen Bundesländern sind zusätzlich zur Sprachförderung im KiTa-Alltag für alle Kinder zusätzliche intensive Sprachfördermaßnahmen für Kinder mit einem besonderen sprachlichen Förderbedarf vorgesehen. Welche Kinder einen sprachlichen Förderbedarf haben, wird meist mit Hilfe von Screeningverfahren ermittelt, in Bremen beispielsweise mit dem Cito-Test (Konak & Duindam, 2008), in Nordrhein-Westfalen mit Delfin-4 (Fried, 2008), oder es werden strukturierte Beobachtungsbögen wie Sismik (Ulich & Mayr, 2003) oder Seldak (Ulich & Mayr, 2006) eingesetzt, beispielsweise in Bayern und Schleswig-Holstein. In Bayern beschränkt sich die zusätzliche Förderung auf mehrsprachige Kinder, die meisten Bundesländer schließen jedoch auch einsprachige Kinder mit ein.

Meist finden die zusätzlichen Maßnahmen im letzten Jahr vor Schulbeginn statt, wobei Dauer und Umfang erheblich variieren. In Brandenburg erhalten Kinder mit sprachlichem Förderbedarf beispielsweise über einen Zeitraum von 12–14 Wochen eine zusätzliche Förderung im Umfang von 20–30 Minuten pro Tag, in Berlin dagegen werden Kinder mit einem sprachlichen Förderbedarf über einen Zeitraum von einem Jahr im Umfang von drei Stunden pro Tag gefördert. In einigen Bundesländern erfolgt Sprachförderung am Übergang von der KiTa zur Grundschule landesweit mit einheitlichen Sprachfördermaterialien (z. B. in Bayern mit den *Lernszenarien – Ein neuer Weg, der Lust auf Schule macht*). In der Regel gibt es jedoch keine verbindlichen Vorgaben für die konkrete Umsetzung von Fördermaßnahmen, das gilt insbesondere für die Förderung jüngerer Kinder (Redder et al., 2011). Zum Teil favorisieren einzelne Träger oder Einrichtungen ein bestimmtes Sprachförderprogramm, aber meist liegt die Gestaltung von Sprachförderung in der Verantwortung der Sprachförderkräfte.

Damit nun haben frühpädagogische Fachkräfte die Qual der Wahl. Denn die Zahl veröffentlichter Sprachförderkonzepte, Sprachförderprogramme und -materialien ist in den letzten Jahren sprunghaft angestiegen und das Angebot kaum noch zu überblicken (ein Überblick findet sich in Jampert, Best, Guadatiello, Holler & Zehnbauer, 2007). Frühpädagogische Fachkräfte stehen hierbei vor der

Herausforderung, aus der Masse an Konzepten, Programmen und Materialien zur Sprachförderung diejenigen herauszufiltern, die ihnen als besonders geeignet erscheinen.

Diese Aufgabe ist ausgesprochen anspruchsvoll, denn die unterschiedlichen Sprachförderkonzepte, Programme und Materialien unterscheiden sich teilweise erheblich darin, welche sprachlichen Ebenen und welche sprachlichen Formen und Strukturen gefördert werden, und sie decken nie das gesamte Spektrum der Sprache ab, sondern meist nur bestimmte Teilbereiche. Dies liegt nicht zuletzt – sofern vorhanden oder vorgestellt – an den unterschiedlichen spracherwerbstheoretischen und pädagogischen Hintergründen. Um sich in dem Sprachförderdschungel zurechtzufinden, lohnt sich daher zuerst einmal ein Blick darauf, was in den einzelnen Sprachförderkonzepten, Programmen und Materialien gefördert werden soll und warum wie gefördert wird und nicht zuletzt wer gefördert werden soll.

1.2 Was soll gefördert werden und warum?

Zunächst einmal kann man die unterschiedlichen Sprachföderansätze zur besseren Systematisierung grob in Sprachförderprogramme und Sprachförderkonzepte unterteilen. Sprachförderprogramme bestehen aus einem Curriculum von Fördereinheiten, die in einer mehr oder weniger streng festgelegten Abfolge durchgeführt werden, und sie beinhalten meist auch die hierfür benötigten Materialien. Sprachförderkonzepte dagegen beschreiben lediglich grundlegende Prinzipien für die Gestaltung von Sprachförderung, sie geben praktische Hinweise für die Umsetzung und beschreiben das Vorgehen exemplarisch. Die konkrete Planung und Umsetzung von Fördereinheiten einschließlich der Auswahl der Fördermaterialien liegt jedoch in den Händen der Sprachförderkraft. Entsprechend beinhalten Sprachförderkonzepte keine Materialien für die Sprachförderung.

Ein weiteres Kriterium zur Systematisierung unterschiedlicher Sprachförderansätze ist die Auswahl der Fördergegenstände, d.h. welche sprachlichen Bereiche gefördert werden sollen. Hier lassen sich grob strukturorientierte und nicht strukturorientierte Ansätze unterscheiden.

Nicht strukturorientierten Ansätzen (z.B. Militzer, Demandewitz & Fuchs, 2000; Sander & Spanier, 2001) liegt meist ein funktionalistisches Verständnis von Sprache und Spracherwerb zugrunde. Sprache wird vor allem als Mittel zur Kommunikation gesehen, dessen Verwendung an bestimmte situative und soziale Kontexte gebunden ist. Nach diesem Verständnis bildet die Erweiterung der eigenen Handlungsmöglichkeiten durch den Ausbau kommunikativer Kompetenzen den Motor für den Spracherwerb.

Diesem Ansatz entsprechende Sprachfördermaßnahmen zielen daher in erster Linie darauf ab, Kommunikationssituationen zu schaffen, die für die Kinder von Bedeutung sind, um dadurch die Motivation für den Spracherwerb zu steigern und damit die Spracherwerbsbedingungen zu verbessern. Dementsprechend konzentrieren sich solche Ansätze in der Regel auf die Förderung pragmatisch-kommunikativer Fähigkeiten und auf die Förderung des Wortschatzes. Zentrale

Aspekte sind der Aufbau einer positiven Beziehung zwischen Kind und Sprachförderkraft, die Schaffung vielfältiger Sprach- und Sprechanlässe, die Bereitstellung sprachlich anregender Materialien, aber auch der Einbezug der Eltern und der Muttersprache in den KiTa-Alltag. Insgesamt soll der Alltag in der KiTa so gestaltet werden, dass Sprache in vielfältigen Kontexten und mit allen Sinnen erfahrbar gemacht wird. Eine wesentliche Rolle für den Spracherwerb kommt der frühpädagogischen Fachkraft zu, die als Sprachvorbild dafür sorgt, dass die Kinder über ein ausreichendes Angebot an korrektem sprachlichen Input verfügen.

So sinnvoll solche Ansätze für die Förderung sprachlicher Kommunikation und pragmatischer Fähigkeiten insgesamt sind, so sind sie im Hinblick auf verschiedene Komponenten von Sprache, insbesondere bezogen auf sprachstrukturelle Bereiche (z. B. Erwerb der Hauptsatzstruktur oder Kasus), zu unspezifisch. Meist wird angenommen, dass Kinder eine grammatische Kompetenz im Rahmen einer unspezifischen Förderung von alleine erwerben. Ohne grammatische Kompetenz können jedoch sprachliche Kommunikation und vor allem sprachlich gebundene Bildungsprozesse nicht gelingen. Die Beherrschung von Sprache umfasst notwendig beides: Die Regeln des Systems und die Regeln zum Gebrauch des Systems. Es ist eben genauso ein sprachliches Defizit, wenn Sprache grammatisch korrekt, aber kommunikativ unangemessen verwendet wird, wie wenn kommunikativ angemessene sprachliche Reaktionen grammatisch fehlerhaft sind. Insofern bleiben bei solchen Förderansätzen die eigentlichen sprachlichen Erwerbsprozesse, die zum Aufbau des Sprachsystems führen und damit den Aufbau einer kommunikativen Kompetenz überhaupt erst ermöglichen, in den methodisch-didaktischen Überlegungen häufig unberücksichtigt.

Strukturorientierte Förderansätze (u. a. Kaltenbacher & Klages, 2007; Penner, 2005; Tracy, 2003) zielen dagegen in erster Linie auf den Erwerb sprachstruktureller Kompetenzen ab, die u. a. als notwendige Voraussetzung für den Schulerfolg gilt. Die Schwerpunkte liegen hier vor allem auf der Förderung des Grammatikerwerbs sowie des semantisch-lexikalischen Erwerbs. Welche sprachlichen Strukturen jedoch im Einzelnen gefördert werden, hängt stark vom erwerbstheoretischen Hintergrund ab, der den einzelnen Förderansätzen zugrunde liegt. Dies soll im Folgenden exemplarisch anhand dreier strukturorientierter Förderansätze verdeutlicht werden, dem Sprachförderprogramm *Neue Wege der sprachlichen Frühförderung von Migrantenkindern* (Penner, 2003), dem Sprachförderprogramm *Elleressemenne* (Klatt, 2006, 2007) und dem Sprachförderkonzept *Sprache macht stark* (Tracy & Lemke, 2009).

Das Sprachförderprogramm *Neue Wege der sprachlichen Frühförderung von Migrantenkindern* (Penner, 2003) basiert auf der Annahme, dass es eine kritische Periode für den Spracherwerb gibt, in der der Erwerb beginnen muss, damit eine Sprache vollständig erworben werden kann. Nach Penner (2002b) endet die kritische Periode bereits im Alter von 12–18 Monaten. Penner nimmt daher an, dass Kinder, die später als mit 12–18 Monaten mit dem Erwerb einer Sprache beginnen, Schwierigkeiten im Erwerb von Wortstellungsregeln sowie von prosodischen Regularitäten haben. Penner geht davon aus, dass diese Kinder im Hinblick auf ihre sprachlichen Entwicklungsvoraussetzungen vergleichbar seien mit Kindern, die unter einer spezifischen Sprachentwicklungsstörung leiden. Damit behauptet Penner, dass schon zweijährige Kinder nicht mehr in einen ungestörten und vollständigen Spracherwerb einsteigen können.

Die Förderung konzentriert sich vor allem darauf, im Erwerb Zusammenhänge zwischen Prosodie und Wortbildung bzw. Flexion zu unterstützen. Im Fokus der Förderung steht der Erwerb der Silbenstruktur von Wörtern, Verkleinerungsformen, Pluralbildung, Wortzusammensetzungen und Ableitungen, Artikelverwendung, Verbstellung in Hauptsätzen, Frageverstehen, Verbbedeutung, Mengenausdrücken und Zeitstruktur.

Die Vermittlung dieser Bereiche erfolgt durch gezielte Übungen, die die sprachliche Regelbildung zu unterstützen versuchen (Penner, 2005; Penner, Fischer & Krügel, 2006), die jedoch einen kommunikativen Alltagsbezug vermissen lassen und einem pädagogisch und spracherwerbstheoretisch zweifelhaften „pattern drill" recht nahe kommen: „Das erworbene Wissen wird bis zur Automatisierung eingeübt" (Penner et al., 2006, S. 169). Ein Beispiel hierfür ist das sogenannte Syntaxbrett, ein Holzbrett, das sich in drei Stellungsfelder untergliedert und Kindern die Satzstruktur, insbesondere die Verbzweitstellung, verdeutlichen soll, indem mit Hilfe von Bild- und Wortkarten Sätze gelegt werden, deren Struktur dann durch Umstellung einzelner Satzelemente verändert wird. Inwieweit die Visualisierung von linearen Abfolgen sprachlicher Elemente im Satz und die mechanische Operation der Umstellung von Wortkarten tatsächlich einen Lerneffekt in Bezug auf Satzstrukturen hat (die nur an der Oberfläche linear, aber zugrunde liegend hierarchisch organisiert sind), das ist eine offene Frage.

Penner begründet das didaktische und methodische Vorgehen mit eigenen Untersuchungen zum Spracherwerb ein- und mehrsprachiger sowie sprachentwicklungsgestörter Kinder, aus denen er ableitet, dass mehrsprachige Kinder in den genannten Förderbereichen besondere Defizite hätten und vergleichbar schlechte Leistungen zeigten wie sprachentwicklungsgestörte Kinder. Diese Studien wurden jedoch nicht oder nur in Teilen publiziert, sodass die Ergebnisse keiner wissenschaftlichen Überprüfung zugänglich sind. Damit ist das theoretische Konzept und somit auch die Auswahl der Förderbereiche von vornehrein in Frage zu stellen.

Kontrollierte wissenschaftliche Untersuchungen deuten beispielsweise darauf hin, dass sukzessiv bilinguale Kinder ganz im Gegensatz zu sprachentwicklungsgestörten Kindern im Aufbau der Satzstruktur gerade keine besonderen Schwierigkeiten haben (Chilla, 2008; Rothweiler, 2006; Thoma & Tracy, 2006). Kany und Schöler schreiben im Hinblick auf das Programm von Penner: „Dass es sich bei letzteren (den Förderbereichen, TR/MR) um Schlüsselstrukturen handele, die insbesondere von ‚fremdsprachigen Kindern ohne gezielte Intervention nicht erworben werden können' (Penner 2002a, S. 6), ist kaum mehr als eine Behauptung. Dass es sich um Bereiche handelt, die für den Spracherwerb kritisch sind, wird weder theoretisch überzeugend begründet, noch empirisch belegt" (2007, S. 202).

Auch das Sprachförderprogramm *Elleressemene* zielt auf die Förderung mehrsprachiger Kinder ab (Klatt, 2006, 2007). Die Schwerpunkte der Förderung liegen vor allem im Bereich der semantisch-lexikalischen und der morphosyntaktischen Entwicklung. Auf semantisch-lexikalischer Ebene geht es vor allem um den Aufbau eines Grundwortschatzes, den Erwerb von Wortbedeutungen, um die Organisation des Lexikons (Oberbegriffe, Nebenordnungen, Gegensätze) und Wortbildung. Im Bereich der Grammatik werden u.a. der Artikelerwerb, hier insbesondere die Kasus- und Genusflexion, Satzbildung, die Bildung von Präpositionalphrasen und die Pluralbildung gefördert.

Die Auswahl dieser Förderbereiche begründet die Autorin damit, dass mehrsprachige Kinder in diesen Bereichen besondere Schwierigkeiten hätten. Sie beruft sich dabei vor allem auf ihre langjährige Erfahrung in der Arbeit mit erwachsenen Zweitsprachlernern, mehrsprachigen Jugendlichen und Kindern (Klatt, 2006). Auf aktuelle Literatur zum Spracherwerb mehrsprachiger Kinder wird kein Bezug genommen.

Das Programm weist eindeutige Bezüge zum *Deutsch als Zweitspracherwerb*-Unterricht (DaZ) und *Deutsch als Fremdsprache*-Unterricht (DaF) auf, der für Erwachsene und Jugendliche konzipiert wird und explizite Regelvermittlung einbezieht. Insbesondere im Bereich der Grammatik finden sich Elemente einer expliziten Strukturvermittlung, wie sie auch aus dem DaZ- und DaF-Unterricht bekannt sind. So wird beispielsweise das Genus von Nomen durch unterschiedliche Farbsymbole eingeführt. Um den Erwerb der Satzstruktur zu fördern, sollen die Kinder durch Nachsprechen und mit Hilfe einer Symbolschrift bestimmte Satzmuster einüben. Wie in dem Programm von Penner stehen eigenaktive Spracherwerbsmechanismen von Kindern nicht im Vordergrund. Für die Förderung der semantisch-lexikalischen Entwicklung wird dagegen überwiegend ein kommunikativer und lebensweltbezogener Zugang zu Sprache gewählt.

Das Sprachförderkonzept *Sprache macht stark* (Tracy, 2003, 2009; Tracy & Lemke, 2009) zielt darauf ab, ein- und mehrsprachige Kinder in ihrem natürlichen Spracherwerb zu unterstützen. Tracy geht von der Grundannahme aus, dass Kinder über eine angeborene Spracherwerbsfähigkeit verfügen, die es ihnen erlaubt, auf Basis des sprachlichen Inputs, den sie in natürlichen Kommunikationssituationen erhalten, das Regelsystem der Zielsprache aktiv zu konstruieren. Die Auswahl der Förderbereiche basiert auf zahlreichen und umfassenden wissenschaftlichen Untersuchungen zum Spracherwerb einsprachiger sowie simultan und sukzessiv mehrsprachiger Kinder. Eine ausführliche und verständliche Darstellung der wissenschaftlichen Grundlagen findet sich in Tracy (2007).

Die Auswahl der Fördergegenstände folgt dem Prinzip der Entwicklungsorientierung. Hier ist insbesondere relevant, dass Kinder im Erwerb der Satzstruktur in einer festen Abfolge unterschiedliche Entwicklungsstufen durchlaufen, die durch das Auftreten bestimmter grammatischer Strukturen gekennzeichnet sind. Im Fokus der Förderung stehen solche sprachlichen Strukturen, die in der Erwerbsfolge als nächste erworben werden sollten. Zentrale Förderbereiche sind der Aufbau eines Grundwortschatzes, der Erwerb von Wortbildungsregeln und in Abhängigkeit vom individuellen Sprachentwicklungsstand eines Kindes der Erwerb der Satzstruktur, insbesondere Verbzweitstellung, Subjekt-Verb-Kongruenz und Nebensätze, sowie der Erwerb von Flexionsmorphologie und Kongruenzmarkierungen in der Nominalphrase für die grammatischen Kategorien Kasus, Genus und Numerus.

Im Hinblick auf das methodische Vorgehen wird eine explizite Regelvermittlung abgelehnt. Vielmehr wird die Förderung vom Vertrauen in die Fähigkeiten von Kindern getragen, sprachliche Strukturregeln intuitiv zu entdecken. Um die Kinder hierbei zu unterstützen, werden spielerische Kontexte geschaffen, in denen die zu erwerbenden Strukturen besonders häufig und funktional eindeutig auftreten. Das sprachliche Angebot wird dabei so gestaltet, dass die Kinder Form und Funktion einer grammatischen Struktur leichter erkennen und lexikalische Netze knüpfen können. Weitere grundlegende methodische Prinzipien sind die Verwendung von Sprache als Kommunikationsmedium im KiTa-Alltag, insbesondere die dialogische Interaktion von Erwachsenen und Kindern in alltagsrelevanten Gesprächskontexten mit geteiltem Aufmerksamkeitsfokus sowie die Berücksichtigung der kommunikativen Interessen der einzelnen Kinder.

Es wird deutlich, dass sich die unterschiedlichen Sprachförderansätze erheblich im Hinblick auf die zugrunde liegenden spracherwerbstheoretischen Annahmen, die konkreten Förderbereiche und eingesetzten Methoden unterscheiden. Von Ihnen als Praktikerinnen kann natürlich nicht verlangt werden, dass Sie die wissenschaftliche Fundierung eines Sprachförderprogramms beurteilen. Dennoch lohnt es sich, immer einen Blick auf den theoretischen Hintergrund eines Förderprogramms zu werfen. Finden sich keine Verweise auf wissenschaftliche Untersuchungen oder ausschließlich Verweise auf eigene Studien der Autorin/des Autors, bedeutet das zwar noch nicht, dass ein Programm schlecht sein muss – es sollte sich bei Ihnen jedoch eine gewisse Skepsis einstellen. Umgekehrt sind Verweise auf aktuelle wissenschaftliche Untersuchungen kein Garant für die Qualität eines Sprachförderansatzes. Es gibt genügend Beispiele für Sprachfördermaterialien, die sich zwar auf aktuelle Untersuchungen zum kindlichen Spracherwerb beziehen, die einen solchen Bezug jedoch in der konkreten Umsetzung vollständig vermissen lassen.

1.3 Welches Förderkonzept/Förderprogramm ist das richtige?

Diese Frage ließe sich leicht beantworten, wenn man wüsste, welcher Sprachförderansatz die größte Wirkung auf die Sprachentwicklung der geförderten Kinder hat. Leider gibt es nur sehr wenige Untersuchungen zur Wirksamkeit von Sprachförderung. Nur wenige Sprachförderkonzepte bzw. -programme sind mit wissenschaftlichen Methoden auf ihre Wirksamkeit hin überprüft.

Die wenigen Evaluationsstudien, die es gibt, sind zudem nur bedingt aussagekräftig. Dies liegt nicht zuletzt daran, dass der kindliche Spracherwerb durch eine Vielzahl unterschiedlicher Faktoren beeinflusst wird. Um den Effekt von Sprachfördermaßnahmen zweifelsfrei nachzuweisen, ist es notwendig, diese Einflussfaktoren zu kontrollieren, was die Komplexität eines Untersuchungsdesigns sehr groß macht. Hinzu kommt, dass in den wenigen Fällen, in denen eine wissenschaftliche Evaluation erfolgte, die Ergebnisse aufgrund unterschiedlicher forschungsmethodischer Vorgehensweisen kaum vergleichbar sind (Redder et al. 2011).

Im Rahmen des Projektes *Sag' mal was*, einem groß angelegten Sprachförderprojekt der Landesstiftung Baden-Württemberg, wurde die Wirksamkeit dreier unterschiedlicher Sprachföderansätze untersucht (Schöler & Roos, 2010): das Programm *Neue Wege der sprachlichen Frühförderung von Migrantenkindern* (Penner, 2003), das Sprachförderkonzept *Sprache macht stark* (Tracy, 2003; Tracy & Lemke, 2009) sowie das Sprachförderprogramm *Deutsch für den Schulstart* (Kaltenbacher & Klages, 2007). In dieser Studie wurde gemessen, wie sich der Sprachentwicklungsstand von Kindern, die nach den unterschiedlichen Ansätzen gefördert wurden, im Vergleich zu Kindern entwickelte, die keine spezielle Sprachförderung erhielten. Nach einjähriger Förderung zeigte sich, dass sich alle Kinder gleichermaßen sprachlich weiterentwickelt hatten. Kinder, die nach unterschiedlichen Ansätzen gefördert worden waren, unterschieden sich nicht hinsichtlich ihrer Sprachkompetenz. Sie unterschieden sich jedoch auch nicht von Kindern, die keine spezielle Förderung erhalten hatten. Oder mit den Worten der Autoren dieser Studie: „Für Kinder im Programm *Sag' mal was*, die durch spezielle Sprachförderungen von eigens geschulten Sprachförderkräften durchgeführt wurden, ergeben sich keine Leistungsvorteile gegenüber Kindern mit einem vergleichbaren Sprachförderbedarf, aber ohne eine Förderung durch spezielle Programme und Sprachförderkräfte und lediglich unspezifischer sprachlicher Bildung. Dieses Ergebnis ist das für die Evaluation der Sprachfördermaßnahmen bedeutendste" (Schöler & Roos, 2010, S. 69).

1.4 Was tun?

Wenn die Wirksamkeit von Sprachfördermaßnahmen nicht gesichert ist, ist es dann nicht eigentlich unerheblich, nach welchem Sprachförderprogramm oder Sprachförderkonzept gefördert wird, oder ob überhaupt nach einem bestimmten Programm bzw. Konzept gefördert wird? Ist es also egal, was wir fördern und wie wir fördern? Ist das Angebot an Sprachförderprogrammen, -konzepten und -materialien einfach nur ein großer Basar, auf dem wir uns nach Belieben bedienen können, je nachdem, was gerade angeboten wird, was uns gefällt und was günstig zu haben ist?

Wäre dem so, wäre dieses Buch an dieser Stelle beendet. Im Hinblick auf die Wirksamkeit von Sprachfördermaßnahmen gibt es aber noch einen weiteren Aspekt, der berücksichtigt werden sollte. Wir gehen davon aus, dass es nicht das Sprachförderprogramm, das Sprachförderkonzept oder das Sprachfördermaterial ist, das den Spracherwerb eines Kindes fördert, sondern es ist die Sprachförderkraft, die sich eines bestimmten Sprachförderprogramms, Sprachförderkonzepts oder Sprachfördermaterials bedient, um die Erwerbsbedingungen für ein Kind so zu verbessern, dass das Kind eine Sprache schneller erwirbt, als es das ohne diese Unterstützung tun würde.

Sprachförderung kann nur dann wirksam werden, wenn diejenigen, die die Förderung durchführen, genau wissen, welche Unterstützung und welche sprachlichen Informationen ein Kind gerade aktuell benötigt, wenn sie wissen, wie sie die erforderliche Unterstützung und die erforderlichen Informationen kindgerecht bereitstellen können, und wenn sie wissen, wie die Interaktion mit dem Kind gestaltet sein muss, damit ein Kind diese Unterstützung auch annehmen und für den Spracherwerb nutzen kann. Mit anderen Worten: Sprachförderung muss professionell geplant und durchgeführt werden. Wir plädieren dafür, dass dies ohne eine sprachwissenschaftlich und pädagogisch basierte Kompetenz in den Bereichen Spracherwerb, Sprachdiagnostik und Sprachförderung nicht zu leisten ist (vgl. Rothweiler, Ruberg & Utecht, 2009).

Beispielhaft zeigen dies die Ergebnisse der Evaluation einer Weiterbildung für Erzieherinnen, die im Rahmen des Transferprojekt *Qualifizierungsmodul zu Sprache, Sprachentwicklung, Spracherwerbsstörung und Mehrsprachigkeit für ErzieherInnen* am Sonderforschungsbereich *Mehrsprachigkeit* der Universität Hamburg durchgeführt wurde (weitere Informationen s. www.transfer-sfb538.uni-hamburg.de). Obwohl die meisten Teilnehmerinnen und Teilnehmer bereits an Weiterbildungen im Themenfeld Sprachbeobachtung/Sprachdiagnostik teilgenommen und auch Erfahrungen im Bereich Sprachförderung hatten, konnten sie vor Beginn der Weiterbildung den grammatischen Entwicklungsstand ein- und mehrsprachiger Kinder nicht anhand entwicklungsrelevanter Kriterien beurteilen. Dies wäre jedoch eine wesentliche Voraussetzung dafür, den kindlichen Spracherwerb in diesen Bereichen gezielt fördern zu können. Nach einer linguistisch basierten Weiterbildung, in der grundlegendes Wissen über Sprache und Spracherwerb anwendungsbezogen vermittelt wurde, hatten fast alle Teilnehmerinnen diese Kompetenz erworben, die sich auch noch sechs Monate nach Abschluss der Weiterbildung als stabil erwies (Rothweiler, Ruberg & Utecht, 2010).

Dieses Ergebnis zeigt, dass die Aneignung linguistischer Kompetenzen das sprachpädagogische Handeln frühpädagogischer Fachkräfte nachhaltig professionalisieren kann. Das vorliegende Buch soll hier eine Hilfestellung geben, indem grundlegende Aspekte des kindlichen Spracherwerbs wissenschaftlich fundiert dargestellt und hieraus Konsequenzen für die sprachpädagogische Praxis in den Bereichen Sprachdiagnostik und vor allem für die Sprachförderung abgeleitet werden. Die Darstellung orientiert sich an aktuellen Erkenntnissen der Spracherwerbsforschung.

Hierbei sollten Sie sich jedoch eines bewusst machen: Viele Fragen zum kindlichen Spracherwerb sind derzeit noch unbeantwortet. Zu der Frage, wie Kinder Sprache(n) erwerben, gibt es in der Wissenschaft unterschiedliche modellhafte Vorstellungen, die bestimmte und z.T. gegensätzliche Annahmen über den kindlichen Spracherwerb machen. Diese Annahmen müssen im Rahmen empirischer Untersuchungen überprüft und die zugrunde liegenden Modelle immer wieder angepasst und weiterentwickelt werden. *Die eine* Spracherwerbstheorie gibt es also nicht. Vielmehr gibt es unterschiedliche Spracherwerbstheorien oder Modelle des Spracherwerbs, die zudem ständig weiterentwickelt werden. Aktuell existiert keine Spracherwerbstheorie, die den kindlichen Spracherwerb umfassend erklären könnte. Alle Spracherwerbstheorien stoßen in einem oder mehreren sprachlichen Bereichen an ihre Grenzen, weil sich bestimmte Aspekte des kindlichen Spracherwerbs mit ihnen (noch) nicht schlüssig erklären lassen. Jede dieser Theorien hat jedoch ihre Berechtigung und liefert aus ihrem spezifischen Blickwinkel heraus ihren eigenen Beitrag zum Verständnis des kindlichen Spracherwerbs. Außerdem muss man immer prüfen, für welchen sprachlichen Bereich eine Theorie oder ein Modell einen Erklärungsanspruch formuliert, denn viele Modelle konzentrieren sich nur auf den Erwerb eines ausgewählten sprachlichen Bereichs.

Auch die Darstellungen in diesem Buch folgen bestimmten theoretischen Annahmen über den kindlichen Spracherwerb. Wir konzentrieren uns für den Erwerb von strukturellen Aspekten von Sprache, also für den Grammatikerwerb, auf Ergebnisse, die im Rahmen generativer Erwerbstheorien gewonnen wurden. Der Erwerb des Lexikons, von Semantik und Pragmatik folgt anderen Gesetzmäßigkeiten als der Grammatikerwerb. In der Darstellung des Lexikonerwerbs orientieren wir uns an verschiedenen Modellen, aber nicht an einer übergreifenden Theorie.

Unterschiedliche Vorstellungen davon, wie Kinder Sprache(n) erwerben, führen auch zu unterschiedlichen Vorstellungen davon, wie wir Kinder im Spracherwerb unterstützen können. Auch der in diesem Buch vertretene Sprachföderansatz ist deutlich von den hier favorisierten Theorien und Modellen zum Spracherwerb geprägt, aber grundsätzlich mit allen Theorien kompatibel, die das Kind als eigenaktives Individuum sehen, das sich Sprache mehr oder weniger „nebenbei" und im Wesentlichen auf einer unbewussten Ebene aneignet. Es geht hierbei nicht darum, *den* Sprachföderansatz zu präsentieren. Den gibt es ebenso wenig, wie es *die* Spracherwerbstheorie gibt. Das Ziel dieses Buches ist auch nicht, eine neue „Wunderwaffe" in der Sprachförderung zu präsentieren. Auch die gibt es nicht. Das hier vorgestellte Konzept ist auch nicht vollständig neu. Viele Aspekte finden sich in ähnlicher Weise auch in anderen Sprachföderansätzen wieder. Das besondere Anliegen unseres Föderansatzes und damit dieses Buches ist, durch eine sprachwissenschaftliche Fundierung das sprachpädagogische Handeln frühpädagogischer Fachkräfte so zu professionalisieren, dass sie in der Lage sind, im Hinblick auf die Planung und Durchführung von Sprachfördermaßnahmen eigenständige und begründete Handlungsentscheidungen zu treffen.

Das Buch bearbeitet in insgesamt zehn Kapiteln folgende Aspekte:
Das zweite Kapitel gibt einen groben Überblick über den kindlichen Spracherwerb und weist dabei auf grundsätzliche Fragen und Probleme hin, die sich im Hinblick auf generalisierende Aussagen zum kindlichen (ein- und mehrsprachigen) Erwerb ergeben.

Im dritten Kapitel werden auf der Basis grundlegender Annahmen zum kindlichen Spracherwerb förderrelevante Leitlinien formuliert.

In Kapitel 4 erfahren Sie etwas über den Begriff der Diagnostik und seine Verwendung im elementarpädagogischen Kontext, über die Anforderungen die in den Bildungsplänen an die diagnostischen Kompetenzen frühpädagogischer Fachkräfte gestellt werden, über den Zusammenhang zwischen Diagnostik und Förderung und die Anforderungen an eine sprach(pädagogische) Diagnostik im elementarpädagogischen Kontext. Zudem werden verschiedene Arten von Verfahren zur Sprachdiagnostik und ihre Eignung für eine Sprachdiagnostik im Kontext von Sprachförderung diskutiert.

Kapitel 5 thematisiert die Rolle des sprachlichen und nicht-sprachlichen Interaktionsverhaltens Erwachsener für den kindlichen Spracherwerb. Insbesondere geht es um die Wirksamkeit intuitiver Sprachlehrstrategien im Hinblick auf Sprachförderung und um deren gezielten Einsatz in Form von Modellierungstechniken.

Das Kapitel 6 gibt einen Überblick über die kindliche Aussprachentwicklung. Zunächst werden einige Aspekte der physiologischen Lautbildung dargestellt, die notwendig sind, um grundlegende Beschreibungskategorien und Prozesse der kindlichen Aussprachentwicklung nachvollziehen zu können. Anschließend erfolgt eine überblicksartige Darstellung der frühen vorsprachlichen Lautentwicklung sowie des phonologischen Erwerbs. Abschließend werden Möglichkeiten und Grenzen der Förderung durch frühpädagogische Fachkräfte diskutiert.

Kapitel 7 befasst sich mit den linguistischen Grundlagen von Semantik und Lexikon, mit dem semantisch-lexikalischem Erwerb sowie mit Diagnostik und Förderung in diesem Bereich. Die in Kapitel 2 skizzierte semantisch-lexikalische Entwicklung wird zunächst sowohl für den Erstspracherwerb genauer beschrieben, bevor dann Besonderheiten in der mehrsprachigen Entwicklung vorgestellt werden. Nach einigen Überlegungen zur Ermittlung von Förderzielen wird unser Ansatz zur Nutzung von Skripten in der lexikalischen Förderung vorgestellt. Es folgen zwei Beispiele zu unterschiedlichen Förderschwerpunkten und dem konkreten Vorgehen in der lexikalischen Förderung.

Kapitel 8 vertieft zunächst den bereits in Kapitel 2 überblicksartig dargestellten Bereich der grammatischen Entwicklung. Hierzu werden zunächst einige grundlegende Aspekte der Grammatik und des Grammatikerwerbs ein- und mehrsprachiger Kinder dargestellt und diese anschließend auf die Bereiche Sprachdiagnostik und Sprachförderung bezogen. Einen besonderen Stellenwert nimmt in diesem Kapitel die Analyse kindlicher Äußerungen, die Einordnung in ein Entwicklungsmodell, die entwicklungslogische Ableitung des Förderziels sowie die Planung und Gestaltung von Fördersituationen im Hinblick auf die gezielte Förderung des Erwerbs grammatischer Strukturen ein.

Kapitel 9 befasst sich mit der Nutzung von Sprachförderprogrammen und Sprachfördermaterialien. Vor dem Hintergrund der in Kapitel 3 formulierten *Leitlinien der Sprachförderung* werden zunächst einige Aspekte der Nutzung von Sprachförderprogrammen diskutiert. Die Anwendung der Leitlinien zur Bewertung von Sprachfördermaterialien wird exemplarisch am Beispiel von Bilderbüchern erläutert. Anschließend wird die praktische Umsetzung der Leitlinien bei der Planung und Durchführung von Sprachfördermaßnahmen in Form eines Förderplans dargestellt.

Kapitel 10 enthält eine kleine Sammlung exemplarisch ausgearbeiteter Fördereinheiten mit dem Schwerpunkt auf der Förderung zentraler grammatischer Strukturen sowie zur Förderung der semantisch-lexikalischen Entwicklung, in denen das Vorgehen bei der Planung konkreter Sprachfördermaßnahmen praktisch erläutert wird.

1.5 Zusammenfassung

Die frühe sprachliche Förderung ein- und mehrsprachiger Kindern wird im Hinblick auf die Persönlichkeitsentwicklung, gesellschaftliche Teilhabe und Bildungschancen von Kindern als zentrale Aufgabe von Bildungseinrichtungen formuliert. Im Elementarbereich ist Sprachförderung mittlerweile in den Bildungsplänen aller Bundesländer verankert. Während in allen Bildungsempfehlungen die ganzheitliche Förderung von Sprache im Alltag im Vordergrund steht, wird in den Bildungsempfehlungen einiger Bundesländer gefordert, eine ganzheitliche Förderung durch gezielte Sprachfördermaßnahmen zu ergänzen. Darüber hinaus sind in fast allen Bundesländern am Übergang von der KiTa zur Grundschule zusätzliche intensive Sprachfördermaßnahmen für Kinder mit einem besonderen sprachlichen Förderbedarf vorgesehen. Große Unterschiede bestehen jedoch im Hinblick auf die Umsetzung von Sprachfördermaßnahmen. Unterschiede zeigen sich vor allem im Hinblick auf die Zielgruppe, Auswahl und Begründung der Förderbereiche, die Methodik und die zugrunde liegenden Annahmen zum kindlichen Spracherwerb.

Frühpädagogische Fachkräfte müssen in der Lage sein, aus dem Angebot an Sprachförderprogrammen/Konzepten/Materialien eine begründete Auswahl zu treffen. Hierfür benötigen sie eine sprachwissenschaftlich und pädagogisch basierte Kompetenz in den Bereichen Spracherwerb, Sprachdiagnostik und Sprachförderung.

1.6 Literatur zum Weiterlesen

Jampert, K., Best, P., Guadatiello, A., Holler, D. & Zehnbauer, A. (Hrsg.). (2007). *Schlüsselkompetenz Sprache. Sprachliche Bildung und Förderung im Kindergarten. Konzepte, Projekte und Maßnahmen* (2., aktual. u. überarb. Aufl.). Weimar/Berlin: Verlag das Netz.
Dieses Buch bietet einen Überblick über aktuelle Verfahren zur Sprachdiagnostik sowie über gängige Sprachförderkonzepte und Sprachförderprogramme.

Kany, W. & Schöler, H. (2010). *Fokus: Sprachdiagnostik. Leitfaden zur Sprachstandsbestimmung im Kindergarten* (2., erw. Aufl.). Berlin: Cornelsen Scriptor.
Dieses Buch führt in die Grundlagen der Sprachdiagnostik ein und stellt überblicksartig aktuelle Verfahren zur Sprachdiagnostik sowie einzelne Sprachförderprogramme vor.

2 Einsprachig, zweisprachig – Spracherwerb hat viele Facetten

> Dieses Kapitel gibt einen ersten Überblick über den kindlichen Spracherwerb im Deutschen, so wie er von einsprachigen, sprachunauffälligen Kindern vollzogen wird, aber auch im Hinblick auf den Erwerb des Deutschen als zweite Sprache. Zu Beginn werden einige grundlegende Aspekte von Sprache als strukturiertes System und als Mittel zur Kommunikation vorgestellt.

2.1 Sprache als Mittel der Kommunikation

Sprache ist ein Kommunikationssystem. In diesem Wort stecken schon die beiden wichtigsten Seiten von Sprache. Einerseits hat Sprache eine zentrale Funktion, sie dient der Kommunikation zwischen Menschen, d. h. der sozialen Interaktion und der Vermittlung von Information. Zum anderen ist sie ein System aus Symbolen und strukturellen Regeln, mit deren Hilfe diese kommunikative Funktion umgesetzt wird. Zu den strukturellen Komponenten des Sprachsystems gehört das Lautsystem (Phonologie) und die Grammatik im engeren Sinn, also die Regeln zur Wortbildung (Morphologie), zur Bildung von Wortformen (Flexionsmorphologie) und die Regeln zum Aufbau von Äußerungen, Sätzen oder auch von Texten (Syntax). Die Komponente für die Bedeutung sprachlicher Einheiten ist die Semantik, die Komponente für die Sprachverwendung ist die Pragmatik. Auch Semantik und Pragmatik sind regelgeleitete Systeme, aber sie sind sehr viel enger mit dem Wissen aus anderen kognitiven Bereichen verknüpft als die strukturellen Komponenten von Sprache. Semantik und Pragmatik sind sprachliche Komponenten, die auf Weltwissen, Konzeptwissen und soziales Handlungswissen zurückgreifen.

Alle genannten sprachlichen Ebenen haben Zugriff auf das mentale Lexikon, den großen Wortspeicher, über den wir verfügen. Zu den lexikalischen Informationen gehören nicht nur die Bedeutung, sondern auch Informationen über die Aussprache und über grammatische Eigenschaften wie Wortart oder beispielsweise die Genusinformation bei Nomen. Im mentalen Lexikon sind neben einfachen und komplexen Wörtern (wie *Haus* und *Verwaltungseinheit*) auch Morpheme gespeichert. Morpheme sind kleinste bedeutungstragende Einheiten wie *Haus*, *brauch-* oder *-bar*, aus denen Wörter zusammengesetzt sein können und die zur Bildung neuer Wörter gebraucht werden (wie *un-brauch-bar*). Auch Flexive wie *-t* (in *geh-t*) sind Morpheme: Sie tragen grammatische Informationen und werden zur Bildung von Wortformen genutzt (*brauch-t*). All diese Einheiten und Komponenten gehören zum System Sprache, interagieren miteinander und müssen erworben und ihre Verwendungsregeln beherrscht werden, um kommunikativ angemessene Äußerungen bilden zu können. Damit deutet sich der Umfang der Erwerbsaufgabe an, der ein kleines Kind gegenübersteht, aber auch jeder Mensch, der eine zweite oder dritte Sprache lernt.

Für den Erwerb der Muttersprache wie auch für den frühen Erwerb weiterer Sprachen stehen dem Kind Spracherwerbsmechanismen zur Verfügung, die ermöglichen, dass sich Kinder Sprache (scheinbar) mühelos und ohne explizite Anleitung oder Korrekturen aneignen. Dass „mühelos" als relativer Begriff gesehen werden muss – also mühelos im Vergleich z. B. zum Fremdsprachenlernen in der Schule –, sieht man daran, dass den Kindern während des Spracherwerbs systematische Fehler unterlaufen (z. B. *geschwimmt*, vgl. Kap. 3 und 7), die zeigen, dass manche Formen und Strukturen nicht auf Anhieb dem zielsprachlichen System entsprechen, dass dem Kind also noch sprachliche Informationen fehlen.

Exkurs 1

Spracherwerbstheorien

Eine Theorie zum Spracherwerb sollte zumindest Aussagen in dreierlei Hinsicht machen:

(A) Welche Phänomene sollen erfasst werden?
(B) Wie kann der Erwerb dieser Phänomene beschrieben werden? Wie sieht der Erwerbsverlauf für diese Phänomene aus?
(C) Wie kann der Erwerb dieser Phänomene bzw. der Erwerbsverlauf erklärt werden?

Eine Spracherwerbstheorie muss also ihren Gültigkeitsbereich definieren, sie muss beschreibungs- und im Idealfall auch erklärungsadäquat sein. Ein großer Teil der Auseinandersetzung zwischen Vertreterinnen und Vertretern unterschiedlicher Theorien geht um die Frage der Erklärungsangemessenheit. Schauen wir auf Spracherwerbsmechanismen, dann geht es darum, mit welchen grundlegenden Fähigkeiten Kinder ausgestattet sind, die ihnen den Erwerb bestimmter sprachlicher Phänomene ermöglichen. Es geht um die Frage, ob es sich um generelle kognitive Fähigkeiten handelt, die unter anderem auch für den Erwerb von Sprache eingesetzt werden, oder ob es sich um sprachspezifische Erwerbsmechanismen handelt, die ausschließlich für den Erwerb von Sprache zur Verfügung stehen. Aktuell besonders diskutiert sind zwei theoretische Richtungen.

In kognitiv-konstruktivistischen (oder kognitiv-funktionalen) Ansätzen zum Spracherwerb wie z. B. in der *usage-based theory* von Tomasello (2003) (s. auch Behrens, 2009) wird die erste Meinung vertreten. Kognitive Fähigkeiten, die es dem Menschen ermöglichen, Ähnlichkeiten und Muster zu erkennen, Distributionsanalysen zu machen, Kategorien und Analogien zu bilden, senso-motorische Schemata zu entwickeln sowie zu erkennen und zu antizipieren, was andere Menschen denken (könnten) (*theory of mind*), werden als hinreichende Ausrüstung für den Erwerb von Sprache erachtet.

In nativistischen Spracherwerbsansätzen, die sich an generativen Theorien zur Sprache orientieren (vor allem an Arbeiten von Chomsky – z. B. Chomsky, 1981,

1996), geht man davon aus, dass der Mensch mit sprachspezifischen Erwerbsmechanismen ausgestattet ist, die ihm insbesondere die Entschlüsselung der grammatischen Struktur von Sprachen und damit die Aneignung zentraler, abstrakter Formen und Strukturen ermöglicht (Pinker, 1984, 1995, 1999; Meisel, 2011). Generativ-nativistische Ansätze zum Spracherwerb beziehen sich nicht auf den Aufbau des Lexikons oder auf den Erwerb pragmatischer Regeln, sondern auf die strukturellen Aspekte von Sprache, auf Grammatik. Das Kind verfügt über ein *language acquisition device*, ein Spracherwerbsmodul, in dem ein universelles Wissen über den grammatischen Aufbau natürlicher Sprachen verankert ist, eine abstrakte Universalgrammatik. Dieses implizite Wissen steuert den Erwerb von einzelsprachlichen Grammatiken.

In beiden theoretischen Ansätzen spielt der Input eine große Rolle: Nur auf der Basis von Sprache, die das Kind in unterschiedlichsten Kontexten hört und erfährt, kann das Kind Sprache erwerben. Ein wichtiger Unterschied aber ist, dass aus kognitiv-funktionaler Sicht der angebotene Input (im Normalfall) ausreicht, um alle Regeln einer Sprache abzuleiten, während aus generativ-nativistischer Sicht der Input zu unvollständig und fehlerhaft ist, um ohne sprachspezifische „Grundausstattung" eine Sprache, vor allem abstrakte grammatische Regeln, zu erwerben.

Wir konzentrieren uns in diesem Buch auf Erwerbsabfolgen und beschreiben diese, d.h. stellen sie deskriptiv dar. An der Frage, welche sprachlichen Formen und Strukturen aus unserer Sicht relevant sind, wird allerdings deutlich, welcher theoretischen Richtung wir folgen. Wir orientieren uns vor allem in der Darstellung des grammatischen Erwerbs an Studien, die im generativen Rahmen entstanden sind (z.B. Clahsen, 1988). Auch wenn es um Unterschiede zwischen Erst- und Zweitspracherwerb geht, werden theoretische Überlegungen relevant. Der kindliche Erstspracherwerb und der ungesteuerte Zweitspracherwerb Erwachsener unterscheiden sich ganz wesentlich voneinander (Rothweiler, 2007a; Meisel, 2007, 2011). Diese Unterschiede können nicht allein darauf zurück geführt werden, dass ein Zweitsprachlerner immer schon über eine Sprache verfügt, die dann den Erwerb der zweiten Sprache beeinflusst. Auch wenn solche Transfereffekte eine Rolle spielen, so können sie doch nicht erklären, wieso der kindliche Erstspracherwerb normalerweise zu einem vollständigen Sprachsystem führt, während das im Zweitspracherwerb Erwachsener nur in Ausnahmefällen gelingt.

Hier setzt die Annahme von sensiblen oder kritischen Phasen für den Spracherwerb an, die mit dem generativ-nativistischen Ansatz gut vereinbar ist: Die angeborenen Fähigkeiten zum Spracherwerb müssen in einer bestimmten Phase genutzt werden. Diese Idee geht auf Lenneberg (1967) zurück, der von einer *Critical Period Hypothesis* spricht. Wird in dieser Phase *keine* Sprache erworben, ist ein späterer Erwerb nicht mehr möglich, wie die vielen Geschichten von sogenannten Wolfskindern zeigen (z.B. Kaspar Hauser). Solche Kinder können (einige) Wörter lernen, aber grammatische Strukturen bleiben ihnen verschlossen. Auch für den Erwerb einer zweiten Sprache im Erwachsenenalter ist das *language acquisition device* nicht mehr in vollem Umfang zugänglich. Der kognitiv-funktionale Ansatz hat mit der Erklärung dieser Beobachtungen ein Problem:

> Die oben angeführten kognitiven Fähigkeiten, mit denen Sprache erworben werden soll, stehen dem Menschen das ganze Leben zur Verfügung. Wir brauchen sie, um die Welt zu erfassen, Kategorien zu bilden, Wörter zu lernen und Probleme zu lösen und auch um mit anderen Menschen kommunizieren zu können. Und so ist auch der Erwerb von Wörtern über das ganze Leben hinweg möglich, und grammatische Regeln einer zweiten oder dritten Sprache können wir ebenfalls damit erschließen. Wenn wir Sprache aber mit diesen Fähigkeiten allein erlernen würden, dann dürfte sich das Erwerbsresultat bei erwachsenen Lernern von dem Erwerb einer ersten Sprache im Kindesalter nicht unterscheiden. Und das ist ein starkes Argument dafür, dass Kinder zumindest für den Grammatikerwerb mit sprachspezifischen Fähigkeiten ausgestattet sind.

Im Folgenden soll in einem Schnelldurchgang der Spracherwerb von Kindern vorgestellt werden, die Deutsch als Erstsprache oder als eine zweite oder dritte Sprache erwerben. Dabei soll der Spracherwerb ab Beginn des zweiten Lebensjahres im Mittelpunkt stehen. Auf zentrale sprachliche Bereiche gehen wir in den Kapiteln 6 bis 8 ein, sodass diese in diesem Kapitel nur skizziert werden. In den Infokästen finden Sie knappe Zusammenfassungen dazu, was ein einsprachiges Kind im Alter von 18 bis 24 Monaten, im dritten Lebensjahr und bis zum Alter von sechs Jahren erworben haben sollte. Wie bereits in der Einleitung hervorgehoben wurde, stellen der Erwerb des Wortschatzes und der Erwerb des grammatischen Systems (insbesondere Flexionsmorphologie und Satzbau) Schwerpunkte in der Sprachförderung dar. Auch wenn Sie in Sprachfördersituationen diese zentralen Aspekte des Sprachsystems in den Mittelpunkt stellen, werden Sie damit immer auch die Aussprache einerseits und die Sprachverwendung und die kommunikativen Fähigkeiten andererseits fördern, solange Sie eine Sprachförderung nicht im Sinne reiner Strukturübungen durchführen. In einer Sprachförderung, die bestimmten Fördergrundsätzen folgt, wie wir sie in Kapitel 3 als Leitlinien vorstellen, werden verschiedene sozial relevante Kommunikationsebenen, kulturell beeinflusste Besonderheiten des sprachlichen Umgangs und die eigenaktive Rolle des Kindes und seine Interessen berücksichtigt (vgl. auch die von Rothweiler skizzierten Fördergrundsätze in Chilla, Rothweiler & Babur, 2010, S. 117 ff.).

2.2 Erste Schritte in die Sprache

Einer der wichtigsten Schritte im Erstspracherwerb ist die Produktion der ersten Wörter etwa zum Ende des ersten Lebensjahres. Bis zu diesem Zeitpunkt hat das Kind schon viel sprachlichen Input erhalten und auch „analysiert". Schon im Laufe des ersten Lebensjahres gelingt es dem Kind, Wörter aus dem Lautstrom zu isolieren, eine wesentliche Voraussetzung, um Wörter zu verstehen und später auch produzieren zu können. Dazu nutzt das Kind prosodische Eigenschaften der Inputsprache, also z.B. das trochäische Muster (betonte Silbe – unbetonte Silbe), das TAda-Muster (RA*be*, LAU*fen*, LI*la*), das für deutsche Wörter typisch ist. Hier zeigt sich, wie wichtig ein umfangreiches Sprachangebot für Babies ist und wie sinnvoll, zu diesem Zweck jede Interaktion mit dem Kind sprachlich zu begleiten, auch und gerade in Versorgungssituationen wie baden, wickeln, anziehen und füttern.

2.3 Wortschatz

Schon vor Abschluss des ersten Lebensjahres versteht das Kind eine Reihe von Wörtern, was nichts anderes bedeutet, als dass es bereits begonnen hat, ein mentales Lexikon aufzubauen. Die Aussprache der ersten selbst produzierten Wörter ist noch stark vereinfacht und schließt an die lautlichen Fähigkeiten aus der Lallphase an. Das bedeutet, dass die Wörter zunächst nur aus ein bis zwei Silben bestehen, die überwiegend nur aus einem Konsonanten und einem Vokal zusammengesetzt sind, wobei insbesondere das Inventar an Konsonanten noch sehr begrenzt ist. Die ersten Wörter werden oft situationsbegleitend (z. B. *Auto* für die Situation des Im-Auto-Fahrens) und nicht referentiell verwendet, wenn auch unter den ersten Wörtern schon solche mit einem klaren referentiellen Bezug (z. B. *Auto* für das Objekt Auto) vorkommen.

Ein wesentliches Merkmal der Interaktion zwischen dem Kind und seinen Bezugspersonen ist die sogenannte *joint attention*, die gemeinsam geteilte Aufmerksamkeit (vgl. Kap. 5). Dieser Aspekt der dyadischen Kommunikation zwischen Kind und Bezugsperson spielt schon im ersten Lebensjahr eine Rolle. Damit ist gemeint, dass sich die Gesprächsakteure (nonverbal) einigen, auf welchen Gegenstand oder welches Ereignis sie ihre Aufmerksamkeit gemeinsam richten. Zur Herstellung dieser gemeinsam geteilten Aufmerksamkeit spielen Zeigegesten und Besonderheiten der *an das Kind gerichteten Sprache* (Szagun, 2010) wie z. B. erhöhte Stimmlage, ausgeprägte Satzmelodie und vereinfachter Satzbau eine große Rolle. Damit wird eine wichtige Grundlage für den Erwerb von Wörtern geschaffen: In solchen Situationen hat das Kind eine Chance, ein Wort auf einen Gegenstand oder eine Situation zu beziehen und so ein neues Wort in seinen Wortschatz aufzunehmen.

Wenn der Wortschatz im Alter von 18 Monaten etwa auf 50 Wörter (rezeptiv etwa 250 Wörter) angestiegen ist, kommt der Spracherwerb in eine neue Phase. Äußerungen waren bisher Einwortäußerungen. Nun aber beginnt das Kind Wörter zu Zwei- und Dreiwortäußerungen zu verknüpfen: Das Kind hat das syntaktische Prinzip entdeckt. Wörter sind Wortsymbole, und damit beginnt der Wortschatzspurt, und das Kind nimmt jetzt täglich mehrere neue Wörter in seinen Wortschatz auf. Wenige Monate später, etwa zum zweiten Geburtstag, umfasst der produktive Wortschatz etwa 200–300 Wörter.

Auf dieser Basis kann das Kind nun erste Flexive identifizieren, Funktionswörter als lexikalisch-grammatische Einheiten erkennen und Wortarten unterscheiden. Spätestens zu Beginn des dritten Lebensjahres setzt der Wortschatzspurt ein, und bis weit in das Schulalter hinein wird der Wortschatz zügig ausgebaut. Der Erwerb von Wörtern, die Erweiterung von lexikalischen Einträgen bereits erworbener Wörter und die Organisation und Umorganisation des mentalen Lexikons sind lebenslang stattfindende Prozesse. Welche Aspekte des lexikalischen und semantischen Erwerbs insbesondere für die Diagnostik und Förderung von Bedeutung sind, wird in Kapitel 7 weiter ausgeführt.

> **Was kann ein Kind im Alter von 18 bis 24 Monaten?**
>
> *Aussprache/Phonologie*
> - Vokale und begrenztes Konsonsanteninventar (z. B. *b, p, m, n, d, t*)
> - vereinfachte Aussprache (phonologische Prozesse), z. B.
>   - Tilgung unbetonter Silben (*'nane* für *Banane*)
>   - Reduktion von Konsonantenverbindungen (*bat* für *Blatt*)
>   - Vorverlagerung der Artikulationsstelle, z. B. alveolar für velar (*tate* für *Katze*)
>   - Assimilation (*babel* für *Gabel*)
>   - Tilgung initialer und finaler Konsonanten (*iede* für *Fliege, ba* für *Ball*)
>   - Verschlusslaut ersetzt Reibelaut (Plosivierung) (*donne* für *Sonne*)
>
> *Lexikon und Semantik*
> - mit 18 Monaten: zwischen 10 und 50 Wörter im produktiven Wortschatz, rezeptiv bis 250
> - ab 18 Monaten: Wortschatzspurt (nach der 50-Wort-Phase)
> - vor allem Nomen (*puppa*) und Verbpartikeln (*auf*), aber auch sozial-pragmatische Wörter wie *nein* oder *hallo*, mit zwei Jahren auch erste Adjektive und Verben
>
> *Grammatik*
> - Einwortäußerungen und erste Kombinationen von zwei Wörtern (ab einem Wortschatz von 50 Wörtern)
> - mit 24 Monaten auch Mehrwortäußerungen, meist mit Verbendstellung
> - wenig Flexion
> - Auslassung von Funktionswörtern
> - Auslassung von Subjekten
>
> *Pragmatik*
> - versteht Äußerungen als Aufforderungen oder als Informationen
> - produziert Aufforderungen und Fragen über Intonation; einfache Aussagen

2.4 Der Ausbau des Lautsystems

Der Erwerb des Lautsystems dauert bis zur Mitte des vierten Lebensjahrs. Manche Kinder haben mit den „ch"- und „sch"-Lauten und komplexen Konsonantenverbindungen wie in *springen* oder *Wurst* bis zum Ende des fünften Lebensjahrs noch Schwierigkeiten. Im Erwerb des phonologischen Regelsystems treten phonologische Prozesse auf. Darunter versteht man systematische Abweichungen der kindlichen Lautproduktion vom Erwachsenensystem. Dazu gehört beispielsweise das Auslassen unbetonter Erstsilben (*funden* für *gefunden*), die Vereinfachung von Konsonantengruppen, die Angleichung (Assimilation) von Lauten an Nachbarlaute (*grei* für *drei*), die Vorverlagerung von Lauten, inbesondere von Velaren zu Alveolaren (*tint* für *Kind*). Diese Prozesse zeigen einerseits, dass die artikulatorischen Fähigkeiten noch nicht hinreichend ausgebildet sind. Andererseits belegen sie, dass das phonologische System noch im Aufbau ist und phonemische Oppositionen (*k* vs. *t*), Silbenstrukturen und Regeln für mögliche Lautkombinationen noch ausdifferenziert werden müssen. (Weitere Prozesse s. Kästen.)

2.5 Der Aufbau des Satzes

Der Aufbau des grammatischen Systems erfolgt in wohl geordneten Entwicklungsschritten. Tracy (1991) beschreibt die Entwicklungsstadien der grammatischen Entwicklung als vier Meilensteine, Clahsen (1988) als fünf Phasen. Phase I bzw. Meilenstein 1 beschreiben die Phase der Einwortäußerungen, Meilenstein 4 bzw. Phase V beziehen sich auf die Phase, in der das Kind die Satzstruktur des Deutschen erworben hat und erste Nebensätze bildet. Mit Abschluss des vierten Lebensjahres können die meisten Kinder korrekte Haupt- und Nebensätze und Fragestrukturen bilden.

Mit der Entdeckung des syntaktischen Prinzips tritt das Kind in die Phase II/ Meilenstein 2 ein. Die zweijährige Simone ist genau in dieser Phase, wie das folgende Beispiel (1) zeigt. (Im Kapitel 8 werden die Erwerbsschritte in die Grammatik ausführlicher mit Beispielen vorgestellt.) Die Daten von Simone stammen aus einem umfangreichen Sprachkorpus von Miller (1976, 1979), die in einer großen internationalen Datenbank mit Spracherwerbsdaten (Childes) gesammelt sind (MacWhinney, 2000).

Beispiel
(1) Simone (2;01)
- puppa habe.
- maxe auch puppa habe.
- mone auch puppa habe.

In dieser Phase sind Sätze noch unvollständig, sogenannte Funktionswörter wie Artikel, Präpositionen und Hilfsverben (Auxiliare) fehlen noch häufig, in vielen Sätzen steht das Verb am Satzende und ist nicht korrekt flektiert, d. h. es passt nicht zum Subjekt, sondern wird in der Infinitivform oder als Stammform verwendet. Die Beispiele von Simone zeigen dies: Da Simone aus dem süddeutschen Raum kommt, endet die Infinitivform auf dem sogenannten Schwa-Laut.

Die nächsten Schritte sind der Erwerb der Verbflexion, sodass die Verben zu den Subjekten passen (Subjekt-Verb-Kongruenz), und die korrekte Verbstellung. Diesen Entwicklungsstand, Meilenstein 3 bzw. Phase IV, hat Simone im folgenden Beispiel (2) erreicht. In dieser Phase gibt es kaum noch Auslassungen obligatorischer Satzelemente wie Verben, Auxiliare, Artikel, Präpositionen oder Subjekte.

Beispiel
(2) Simone (2;04)
- du sollst stall baun.
- der spuckt hier immer aus.
- die mama kann mehr einkaufe.

Die letzte Entwicklungsstufe im Erwerb der zentralen Eigenschaften von deutschen Sätzen ist der Meilenstein 4 bzw. die Phase V, die durch den Erwerb von Nebensätzen und dem Ausbau des Kasussystems gekennzeichnet ist. Noch vor Abschluss des dritten Lebensjahres hat Simone diese Phase erreicht, wie das folgende Beispiel (3) belegt.

> *Beispiel*
> (3) Simone (2;10), Vater Max .
>   Max   Warum weint der?
>   Simone weil die ente weg is.
>   Max   Die is weg?
>   Simone mhm. die wird geschlachtet.

Die meisten einsprachigen Kinder erreichen diese Phase im Alter zwischen 2;6 und 3;6 Jahren. Doch die Variation ist groß. Manche Kinder bilden schon kurz nach dem zweiten Geburtstag erste Nebensätze, eine ganze Reihe von Kindern ist erst mit 3;6 bis 4;0 Jahren so weit. Wenn allerdings ein vierjähriges Kind diese Erwerbsstufe noch nicht erreicht hat, dann sollte die Sprachentwicklung dieses Kindes diagnostisch überprüft werden.

> **Was erwirbt ein Kind im dritten Lebensjahr?**
>
> *Aussprache/Phonologie*
> - Ausbau des Konsonanteninventars (z. B. *v, f, l, j, x, h, k, s/z, r, g, k, ng*)
> - viele phonologische Prozesse dauern an
> - viele phonologische Prozesse werden überwunden: Tilgung initialer und finaler Konsonanten, Vereinfachung von Konsonantenverbindungen, Assimilationen, Rückverlagerung, Plosivierung
>
> *Lexikon und Semantik*
> - weiterer Ausbau des Wortschatzes, im rezeptiven Wortschatz 500 bis 1000 Wörter
> - alle Wortarten treten auf, auch Funktionswörter wie Konjunktionen und Präpositionen
> - Genusfehler treten auf, aber mit dem Ausbau des Nomenwortschatzes wird auch Genus erworben
>
> *Grammatik*
> - erste Hälfte des 3. LJs
> - einfache korrekte Hauptsätze
> - einfache W-Fragen (mit *wo, was, wie*)
> - Verbflexion
> - zweite Hälfte des 3. LJs (bis ins 4. LJ hinein)
> - Fragen (mit *wen, wem* usw.)
> - Nebensätze
> - Kasusmarkierungen (Nominativ und Akkusativ vor Dativ), auch Übergeneralisierungen von Nom/Akk in Dativkontexten (*ich geb das die mama*)

- ab dem 3. Lj.
- Plural am Nomen, auch Übergeneralisierungen (*mausen* für *Mäuse*)
- Partizipien, auch Übergeneralisierungen (*geschwimmt* für *geschwommen*)

2.6 Der Erwerb von Wortformen

Parallel zum Erwerb der Satzstruktur werden morphologische Markierungen erworben, dazu zählen die Verbflexion (mit den Merkmalskategorien Numerus, Person, Tempus und Modus) sowie im nominalen Bereich die Kasusflexion, Genusformen und Pluralmarkierungen sowie die Regeln für die Kongruenz in der Nominalphrase, d.h. für die Übereinstimmung von Artikel, Adjektiv und Nomen hinsichtlich der Merkmale Genus, Numerus und Kasus. Entscheidende Schritte dazu findet man erst ab Stufe III/Meilenstein 2. Der Erwerb von Wortformen wird in den Kapiteln 3, 7 und 8 näher ausgeführt.

2.7 Was dann noch kommt ...

Ausbau des Systems bis zum sechsten Geburtstag

Aussprache/Phonologie
- Vervollständigung des Lautinventars (*ch, ts, sch*)
- Abbau der letzten phonologischen Prozesse, z.B. Tilgung unbetonter Silben, Vorverlagerung

Lexikon und Semantik
- weiterer Ausbau des Wortschatzes, produktiver Wortschatz 3000 bis 5000 Wörter, rezeptiver Wortschatz bis 14 000 Wörter

Grammatik
- Verständnis von W-Fragen
- Ausbau des Kasussystems
- Nebensätze

Pragmatik
- Widergabe kurzer Geschichten
- angemessene Anredeformen

Es gibt eine Reihe von sprachlichen Aspekten, die Kinder sogar erst nach Eintritt in die Schule erwerben bzw. sicher verwenden. Dazu gehören z.B. abstrakte Begriffe wie *Wut* oder Ironie und Sprichwörter. Während für die frühen Phasen des Spracherwerbs gilt, dass das Verständnis der Produktion vorausgeht, gilt das für die hier genannten sprachlichen Phänomene nicht. Die Kinder verwenden solche Begriffe, aber in Verständnistests wird deutlich, dass nicht immer alle relevanten Bedeutungsaspekte mit dem Begriff verbunden sind.

Im Bereich der Grammatik gehören der Konjunktiv sowie Infinitiv- und Passivkonstruktionen zu den spät erworbenen Strukturen. Es gibt große Unterschiede in der Entwicklung: Manche Kinder beherrschen diese Formen und Strukturen bei Schuleintritt, viele erwerben sie erst nach dem siebten Lebensjahr.

2.8 Und wenn Deutsch nicht die erste Sprache ist?

Sprachförderung in KiTa und Schule wird häufig nur in Bezug auf mehrsprachig aufwachsende Kinder gedacht, obwohl auch für viele einsprachige Kinder eine gezielte Sprachförderung wichtig ist. Die wichtigste Ursache für eine sprachliche Entwicklungsverzögerung und die sich daraus ergebende Notwendigkeit einer Sprachförderung liegen in einem unzureichenden Sprachangebot und mangelnder sprachlicher Interaktion im familiären Umfeld. Die Ursachen dafür sind vielfältig: Sie sind häufig sozial bedingt und auf fehlende Einsicht und/oder Bildung der Eltern zurückzuführen.

In Familien mit Migrationshintergrund kann es vorkommen, dass das Sprachangebot im Deutschen entweder durch fehlende deutsche Sprachkompetenz der Eltern begrenzt ist und/oder in den ersten Lebensjahren zugunsten der Erstsprache eingeschränkt ist. In den wenigsten Fällen gestaltet sich ein mehrsprachiger Erwerb so, dass das Kind von Geburt an ein systematisches Sprachangebot in zwei Sprachen bekommt, von jeweils muttersprachlich kompetenten Sprechern. Ein nach dem Prinzip *eine Person – eine Sprache* gestaltetes Sprachangebot, das beide Sprachen in etwa demselben Umfang anbietet, ermöglicht einen doppelten Erstspracherwerb. Dabei entwickeln sich beide Sprachen weitgehend unabhängig voneinander und jeweils innerhalb der einsprachigen Normen (Meisel, 2004, 2011). Wenn in dieser Konstellation eine der beiden Sprachen Deutsch ist, wird sich das Kind im Deutschen unauffällig entwickeln. Da das Deutsche dann auch die Gesellschaftssprache ist, wird sich im Laufe der Vorschulzeit Deutsch wahrscheinlich zur dominanten Sprache entwickeln.

Häufiger sind Konstellationen, in denen Eltern mit dem Kind eine oder zwei nicht-deutsche Sprachen zu Hause sprechen und das Kind erst mit Eintritt in die KiTa einen konsequenten und regelmäßigen Deutschinput bekommt. Wenn in solchen Familien Deutsch gesprochen wird, ist es oft entweder das Deutsch eines Zweitsprachlerners mit den dann typischen Besonderheiten und Fehlern, oder das Deutsche kommt über Kinder in die Familie, die bereits zur Schule gehen. In solchen Fällen kann der Erwerb des Deutschen einige Besonderheiten im Vergleich zum einsprachigen Erwerb aufweisen, Besonderheiten, die allerdings nicht als Schwierigkeiten oder Rückstände zu deuten sind.

Nur bei einer kleinen Gruppe von Kindern sind die Erwerbsumstände so ungünstig und das sprachliche Angebot und die Spracherfahrungen im Deutschen so unzureichend, dass in diesen Fällen die KiTa zu dem Ort wird, an dem das Sprachangebot und die sprachliche Interaktion so gestaltet werden müssen, dass Rückstände aufgeholt werden können.

Der mehrsprachige Erwerb unterscheidet sich vom einsprachigen Erwerb in vielerlei Hinsicht. Bei Kindern, die mehrsprachig aufwachsen, kommen von Anfang an Sprachmischungsphänomene vor. Einerseits beobachtet man das „Ausleihen" von Wörtern aus der einen Sprache in die andere, und dies ist meist durch noch bestehende lexikalische Lücken bedingt. Andererseits nutzen Kinder ihre Sprachen kreativ, mischen sie und wechseln zwischen den Sprachen in mehrsprachigen Kommunikationssituationen, d. h. genau dann, wenn auch die Gesprächspartner mehrsprachig sind. Kinder verhalten sich in diesem Fall wie erwachsene Mehrsprachige. Schon Zweijährige sind für diese Zusammenhänge sensibel, d. h. sie verhalten sich im Gespräch mit einem einsprachigen Gesprächspartner anders als mit einem mehrsprachigen Partner. Weiß das Kind, dass sein Gegenüber ebenfalls mehrsprachig ist, dann mischt es die Sprachen und wechselt zwischen den Sprachen, wie es gerade passt. Mit anderen Worten: Es nutzt seine Mehrsprachigkeit. Weiß das Kind, dass der Gesprächspartner nur Deutsch spricht, dann bemüht es sich, möglichst alles auf Deutsch auszudrücken und produziert dann möglicherweise mehr Fehler, weil es bei schwierigen Konstruktionen nicht auf seine Erstsprache ausweicht (Kroffke & Rothweiler, 2004). Hier zeigt sich eine hohe kommunikative Kompetenz.

Obwohl zweisprachig aufwachsende Kinder die Systeme ihrer Sprachen früh klar trennen, können sich die beiden Sprachen im Erwerb durchaus beeinflussen. Dabei geht es bei Kindern, die früh mit zwei Sprachen konfrontiert sind, nicht um die Übernahme von Strukturen aus Sprache A in die Sprache B (das wäre Transfer), sondern die Einflüsse betreffen vor allem die Geschwindigkeit des Erwerbs und die Häufigkeit des Auftretens bestimmter Formen (Müller, Cantone, Kupisch & Schmitz, 2002).

In Deutschland wachsen mehr Kinder sukzessiv zweisprachig auf als simultan. Viele Kinder aus Migrantenfamilien oder auch aus Familien, in denen Eltern oder Großeltern irgendwann seit den 1960er Jahren nach Deutschland gekommen sind, wachsen so auf, dass sie zunächst die jeweilige Familiensprache erwerben, also Türkisch, Italienisch, Spanisch, Vietnamesisch, Pashtu oder eine andere Sprache. In vielen Familien werden auch mehrere nicht-deutsche Sprachen gesprochen, insbesondere wenn die Eltern nicht dieselbe Muttersprache haben oder wenn die Familien aus Ländern kommen, in denen Mehrsprachigkeit selbstverständlich ist, wie beispielsweise in afrikanischen Staaten.

Von einem sukzessiven Erwerb von zwei oder mehreren Sprachen spricht man, wenn das Kind in den ersten zwei bis drei Lebensjahren eine (oder auch mehrere) Sprachen erwirbt und erst im dritten Lebensjahr oder später mit einer weiteren Sprache konfrontiert wird. Für die hiesigen Verhältnisse heißt das in der Regel, dass Deutsch dann die (frühe) zweite Sprache ist. Da der Erwerb des Deutschen zu einem Zeitpunkt beginnt, zu dem die Erstsprache in den wesentlichen Grundzügen bereits erworben ist, ist auch der Begriff früher Zweitspracherwerb angemessen, auch wenn dieser Erwerbstyp noch sehr viel Gemeinsamkeit mit einem doppelten Erstspracherwerb hat (s. u.).

Für die Diagnostik eines individuellen Sprachentwicklungsstandes (s. Kap. 3) und für die Sprachförderung sind beim sukzessiven Erwerb des Deutschen eine Reihe von Faktoren zu berücksichtigen. Einer davon ist der Zeitpunkt des Erwerbsbeginns, das sogenannte *age of onset* (AO). Die kindliche Spracherwerbsfähigkeit ändert sich im Laufe der Kindheit, sodass ein früher Erwerbsbeginn zu einem Erwerbsverlauf führt, der dem Erstspracherwerb gleicht (insbesondere im Hinblick auf den Aufbau der Satzstruktur), während ein späterer Beginn (nach dem vierten Lebensjahr etwa) zu Erwerbsverläufen führt, die Formen und Strukturen aufweisen, die aus dem Zweitspracherwerb bei Erwachsenen bekannt sind, auch wenn diese Besonderheiten nur Übergangsstadien kennzeichnen (Chilla, 2008; Meisel, 2007, 2011; Rothweiler, 2006; Thoma & Tracy, 2006; für einen Überblick siehe Paradis, 2007; Chilla et al., 2010) (vgl. Exkurs 1). Besonders typisch sind dafür Wortstellungsfehler, wobei dann meist das Verb in dritter Position im Satz steht oder das finite und das infinite Verb einer Verbklammer nicht getrennt werden.

Im Unterschied zu erwachsenen Lernern gelingt es aber viel mehr kindlichen Zweitsprachlernern (auch nach einem AO von 4–7 Jahren), eine Sprachkompetenz zu erreichen, die sich von einer Erstsprachkompetenz nicht oder nur wenig unterscheidet. Erwachsenen Lernern gelingt dies selten, und dabei spielt u.a. die Motivation für das Sprachlernen eine sehr große Rolle, ein Aspekt, der auch für den kindlichen Spracherwerb nicht unterschätzt werden sollte. Wird die neue Sprache als sozial und kommunikativ relevant erfahren, können sprachliche Handlungsziele nur in der neuen Sprache umgesetzt werden, und wird ein Kind über die Interaktion in der Gruppe in die neue Sprache „hinein gezogen", dann wird der Erwerb der zweiten Sprache dadurch unterstützt.

Ein weiterer Aspekt, in dem sich Erst- und kindlicher Zweitspracherwerb unterscheiden, ist der Umfang des sprachlichen Angebots pro Sprache. Der Wortschatz ist bei (simultan und sukzessiv) mehrsprachigen Kindern meist weniger umfangreich als bei einsprachigen Kindern. Das sprachliche Angebot ist in der Summe pro Sprache geringer (was allein schon zeitlich begründet ist) und umfasst abhängig von den Situationen, in denen die jeweilige Sprache gesprochen wird, für die Sprachen unterschiedliche lexikalische Bereiche. Für die meisten Kinder wird nach und nach die Gesellschaftssprache, also Deutsch, die dominante Sprache (durch Kindergarten- und Schulbesuch), und im Grundschulalter schließen viele Kinder im Wortschatz an einsprachige Normen auf. Aber nicht allen Kindern gelingt das, und so ist gerade die Förderung des Wortschatzes ein zentraler Bereich in der Sprachförderung in der KiTa.

Ein letzter unterscheidender Aspekt zwischen Erst- und Zweitspracherwerb ist die Zeitspanne, in der ein Kind Kontakt mit der Sprache hat. Diese Dauer des Kontakts mit einer Sprache wird bei mehrsprachigen Kindern üblicherweise in Kontaktmonaten (KM) angegeben. Ein Kind, das beispielsweise vor zehn Wochen ohne Deutschkenntnisse in die KiTa kam, befindet sich im dritten Monat des Kontakts mit dem Deutschen und hat auf jeden Fall zwei abgeschlossene Monate lang Kontakt mit dem Deutschen gehabt: Die Angabe ist dann KM 2 (so wie ein Kind im Alter von zwei Jahren bereits zwei abgeschlossene Jahre und vielleicht ein paar Monate Leben hinter sich hat). Der Faktor *Kontaktdauer* ist besonders für die Einschätzung der grammatischen Entwicklung von Bedeutung. Hier geht es um den Erwerb der Satzstruktur und den Erwerb von grammatischen Formen, also von Flexiven und Flexionsparadigmen. Bisherige Studien zeigen, dass Kinder mit einem Erwerbsbeginn im dritten oder vierten Lebensjahr die zentralen syntaktischen Strukturen des Deutschen (Verbzweitstellung, Verbklammer usw., vgl. Kap. 8) weitgehend so erwerben, wie das einsprachige Kinder tun. Sie sind dabei eher schneller. Einige Kinder haben das System schon nach sechs bis acht KM durchschaut und produzieren korrekte Verbzweitsätze und kurz darauf auch Nebensätze. Langsamere Lerner schaffen dies aber auf jeden Fall nach 18–24 KM (Kroffke & Rothweiler, 2006; Rothweiler, 2006; Tracy & Thoma, 2006).

Auch wenn es viele Parallelen zum einsprachigen Grammatikerwerb gibt, fallen doch auch einige Besonderheiten bei sukzessiv mehrsprachigen Kindern auf, wie z. B. der Fehler, den das Kind Yusuf nach etwa 18 Monaten Kontakt mit dem Deutschen produziert (s. Bsp. (5)) (vgl. dazu auch Kap. 7.4).

Beispiel
(5) Yusuf, 4;9
- da *esst* die katze von dem baum blätter da

Solche Fehler darf man nicht als Grammatikfehler im eigentlichen Sinn deuten. Diese Fehler sind lexikalisch bedingt: Ganz offensichtlich weiß Yusuf noch nicht, dass es für *essen* zwei Verbstämme gibt (*ess-* und *iss-*). Gleichzeitig beweist Yusuf mit dieser Form, dass er das syntaktische System und Subjekt-Verb-Kongruenzregeln weitgehend beherrscht. Mit anderen Worten: Die Grammatikentwicklung ist bei diesem Kind weit fortgeschritten, lexikalische Sonderformen aber sind noch nicht vollständig erworben. Es gibt noch eine Vielzahl grammatischer Phänomene, deren Erwerb im kindlichen Zweitspracherwerb noch nicht hinreichend genau untersucht ist, sodass es durchaus sein kann, dass diese Kinder noch weitere Übergangsphänomene produzieren, die sie von Erstsprachlernern unterscheiden.

Es gibt noch eine Reihe weiterer Faktoren, die man in den Blick nehmen muss, wenn man den Sprachentwicklungsstand eines mehrsprachigen Kindes einschätzen möchte. Dazu gehören z. B. die Faktoren Umfang und Qualität des Inputs. So muss es nicht verwundern, wenn ein sukzessiv mehrsprachiges Kind nur sehr langsam Deutsch lernt, wenn es in einer KiTa-Gruppe ist, in dem keine oder nur sehr wenige deutschsprachige Kinder sind. Ebenso hinderlich kann es sein, wenn die Erzieherinnen in der Gruppe wenig sprechen, kaum Dinge des Alltags, Handlungen und Ereignisse mit Sprache begleiten, erklären und kommentieren. Ein weiterer wichtiger Faktor ist die Motivation des Kindes, Deutsch zu lernen, ein Faktor, der natürlich von den gerade genannten Faktoren mit bedingt wird. Mit Sicherheit sind noch weitere Faktoren für den Erfolg des Spracherwerbs von Bedeutung: Eine Reihe davon wird in den folgenden Kapiteln weiter ausgeführt.

2.9 Zusammenfassung

Der kindliche Spracherwerb erfolgt in interindividuell vergleichbaren Schritten. Das gilt für einsprachige Kinder, aber auch für simultan oder früh sukzessiv mehrsprachige Kinder. Solche Erwerbsschritte können für verschiedene sprachliche Bereiche ermittelt werden, für den Erwerb der Aussprache, des Wortschatzes und für Syntax und Morphologie. Die relevanten Etappen im Spracherwerb wurden in diesem Kapitel bereits in „Alterskästen" zusammengefasst.

2.10 Literatur zum Weiterlesen

Rothweiler, M. (2007). Bilingualer Spracherwerb und Zweitspracherwerb. In M. Steinbach et al. (Hrsg.), *Schnittstellen der germanistischen Linguistik* (S. 103–135). Stuttgart/Weimar: Metzler.
Dieser Beitrag gibt einen Überblick über den kindlichen Erwerb zweier oder mehrerer Sprachen sowie über den Zweitspracherwerb bei Erwachsenen.

Rothweiler, M. (2007). Spracherwerb. In J. Meibauer, et al. (Hrsg.), *Einführung in die germanistische Linguistik* (2. Aufl., S. 253–295). Stuttgart/Weimar: Metzler.
Dieser Beitrag gibt einen Überblick über den kindlichen Erstspracherwerb mit einem Schwerpunkt auf dem Erwerb des Deutschen.

Behrens, H. (2009). Konstruktionen im Spracherwerb. *Zeitschrift für Germanistische Linguistik (ZGL), 20*, 427–444.
Dieser Aufsatz thematisiert Aspekte des kognitiv-konstruktivistischen Erwerbsansatzes.

Meisel, J. (2007). Mehrsprachigkeit in der frühen Kindheit: Zur Rolle des Alters bei Erwerbsbeginn. In T. Anstatt (Hrsg.), *Mehrsprachigkeit bei Kindern und Erwachsenen. Erwerb, Formen, Förderung* (S. 93–114). Tübingen: Narr.
Dieser Aufsatz thematisiert Fragen des kindlichen Zweitspracherwerbs und Fragen des Erwerbsbeginns aus generativ-nativistischer Sicht.

3 Das Fundament – Leitlinien guter Sprachförderung

> Im ersten Teil dieses Kapitels erfahren Sie etwas darüber, welche Aspekte für die Betrachtung des kindlichen Spracherwerbs wichtig sind. Welche Rolle spielen z.B. Imitationen für den Spracherwerb insgesamt? Wie sind von der Zielsprache abweichende Formen und Strukturen zu erklären und zu bewerten? Wie gelingt es einem Kind, aus dem sprachlichen Angebot Regeln abzuleiten, und welche Rolle spielt dabei die Frequenz des Auftretens von Formen und Strukturen im Input? Im zweiten Teil werden grundlegende didaktische und methodische Prinzipien als Leitlinien guter Sprachförderung formuliert, die auf relevante Aspekte des kindlichen Spracherwerbs Bezug nehmen.

3.1 Wie funktioniert der Spracherwerb und wie nicht ...

Sie haben schon im vorhergehenden Kapitel einiges über den kindlichen Spracherwerb und modellhafte Vorstellungen über Zusammenhänge erfahren. Spracherwerbstheorien und Modelle zur Erklärung des kindlichen Spracherwerbs unterscheiden und ähneln sich u.a. in der Frage, ob Sprache ein spezifisches kognitives Modul ist und damit eigenen Gesetzmäßigkeiten folgt oder ob Sprache ein Teil der allgemeinen Kognition ist und Spracherwerb mit denselben kognitiven Mechanismen und Strategien erfolgt wie der Erwerb anderer kognitiver Fähigkeiten.

Auch die Frage, welche Rolle der Input, d.h. die sprachliche Umgebung und die sprachliche Interaktion mit dem Kind für den Spracherwerb spielt, wird sehr unterschiedlich beantwortet, auch wenn es keinen Streit darüber gibt, *dass* die sprachliche Interaktion für den Spracherwerb sehr wichtig ist. So gehen die Meinungen darüber auseinander, ob das Kind mit einem „Wissen" über bestimmte strukturelle Eigenschaften von Sprache ausgestattet ist und mit Hilfe der Umgebungssprache, des Inputs, nur noch für bestimmte Aspekte der zu erwerbenden Zielgrammatik aus gegebenen Alternativen auswählen muss, oder ob es mit generellen kognitiven Strategien den Input analysieren und Regelmäßigkeiten ableiten muss.

Grundsätzlich beziehen sich diese kontroversen Sichtweisen vor allen Dingen auf den Erwerb der Grammatik, d.h. auf strukturelle Aspekte von Sprache (vgl. dazu Kap. 2). Der Erwerb von Wortbedeutungen und Begriffen oder von pragmatischen Regeln, also Regeln der Sprachverwendung, ist weit weniger umstritten. Der Erwerb von Wörtern ist eng mit der Begriffsbildung und damit der allgemeinen Kognition verknüpft, und der Erwerb von Sprachhandlungsfähigkeiten ist eng an den Aufbau kulturellen und interaktiv-kommunikativen Wissens gebunden.

Wir möchten in diesem Kapitel grundlegende didaktische und methodische Prinzipien als Leitlinien guter Sprachförderung formulieren, die auf relevante Aspekte des kindlichen Spracherwerbs Bezug nehmen. Mit diesen Leitlinien sind die folgenden Fragen verbunden: *Warum* muss oder soll etwas gefördert werden? *Was* soll oder muss gefördert werden? *Wie* soll gefördert werden? In vielen Vorschlägen zur Sprachförderung und zu Material, das zur Sprachförderung angeboten wird, werden diese Aspekte nicht transparent gemacht. Oft werden implizite Annahmen (die häufig eher Vermutungen sind) zum Spracherwerb gemacht, die dann Konsequenzen für die Art der Förderung haben, ohne im Vorfeld hinterfragt zu werden. Kenntnisse über den kindlichen Spracherwerb und Erklärungen für die beobachteten Verläufe und Besonderheiten aber bilden den Ausgangspunkt zur Beantwortung der genannten Fragen. Die Beantwortung der genannten Förderfragen setzt die Beantwortung einer Reihe von Fragen an den Spracherwerb an sich voraus. Zu diesen Fragen gehören:

(1) Welche Rolle spielt Imitation für den Erwerb von Grammatik bzw. für den Spracherwerb insgesamt?
(2) Wie entstehen von der Zielsprache abweichende Formen und Strukturen, also Fehler?
(3) Wie gelingt dem Kind die Ableitung von Regeln?
(4) Welche Rolle spielen Häufigkeiten, also die Frequenz des Auftretens von Formen und Strukturen im Input für den Erwerb?

Beginnen wir mit der ersten Frage und schauen uns an, ob Kinder Sprache über Imitation erwerben. Schauen Sie sich das folgende Beispiel (6) an:

> *Beispiel*
> (6) Simone (2;4) und ihr Vater beim Essen.
> Vater: Wem gehört der Löffel?
> Simone: ich.
> Vater: Wem gehört der Löffel?
> Simone: ich.
> Vater: Mir.
> Simone: ja.
> Vater: Wem gehört der Löffel?
> Simone: mir.
> Vater: Wem gehört der Löffel?
> Simone: mir.
> Vater: Mir. Und das bist du, ne?
> Simone: ja. gehört mir.
> (Daten nach Miller, 1976, 1979; Quelle: Childes).

Es ist eine noch immer weit verbreitete Vorstellung, dass Kinder eine Sprache erwerben, indem sie Äußerungen Erwachsener wiederholen bzw. imitieren. Dass zumindest manche Kinder, wie auch die 2;4 Jahre alte Simone, einzelne Wörter,

Äußerungsteile oder ganze Äußerungen wiederholen, ist unbestritten. Kinder wiederholen z. B. gerne Wörter, die sie gerade erwerben: Sie üben sie, vor allem die Aussprache. Sie „imitieren" (und kontrollieren) dabei ihre eigene Vorgabe oder die eines Gesprächspartners. Die Frage ist jedoch, welche Funktion solche Imitationen für den Erwerb von grammatischen Regeln haben. Initiieren Imitationen den Erwerb von Formen und Strukturen?

In dem oben genannten Beispiel wären die expliziten Korrekturen des Vaters das Imitationsvorbild zum Erwerb der Dativform *mir*. Tatsächlich imitiert Simone die korrekte Form *mir* schließlich. Der weitere Verlauf des Gesprächs nimmt allerdings eine unerwartete Wendung und weckt grundlegende Zweifel daran, ob die Imitation der Form *mir* zum Erwerb dieser Form führt (7).

Beispiel
(7) Simone (2;4) und ihr Vater beim Essen.
    Vater: Wem gehört der Löffel?
    Simone: ich.
    Vater: Mir! Wem gehört der Löffel?
    Simone: mir.
    Vater: Wem gehört die Flasche?
    Simone: Mone.
    Vater: Mone. Und wem gehört der Pullovernacht?
    Simone: ich.
    Vater: Mir!
    Simone: mir heißt das.
    Vater: Mir heißt das. Mir heißt das.
    Simone: mir.
    Vater: Hast du verstanden, ne? Wem gehört die Hose?
    Simone: ich.
    Vater: Mir heißt das doch.
    Simone: nein.
    Vater: Doch.
    Simone: nein.

Die expliziten Korrekturen durch den Vater bewirken zwar, dass Simone die korrekte Form *mir* imitiert. Dies ist jedoch nur ein kurzfristiger Effekt. Es gelingt Simone nicht, die Zielstruktur *mir* auf andere Kontexte zu übertragen. Obwohl die Fragen des Vaters immer die gleiche grammatische Struktur aufweisen und die Antwort immer die gleiche Form fordert, führen bereits kleine lexikalische Veränderungen in der Frageäußerung dazu, dass Simone in ihr altes Äußerungsmuster zurück fällt. Dies ist ein deutliches Anzeichen dafür, dass Simone die grammatische Funktion von *mir* noch nicht entschlüsselt hat. In besonderer Weise wird dies am Ende der Gesprächssequenz deutlich, wenn Simone die zielsprachliche Form *mir* als falsch zurückweist. Offenbar produziert Simone die korrekte Form *mir* nur, um ihren Vater zufrieden zu stellen. In Wirklichkeit scheint sie weiterhin davon überzeugt zu sein, dass nicht *mir*, sondern *ich* die richtige Form ist.

Es gibt viele Beispiele in der Spracherwerbsliteratur, die genau das zeigen: Imitation führt nicht zum Erwerb von Strukturen. Ein Kind übernimmt neue Strukturen und Formen nur dann in sein Sprachsystem, wenn dieses System „soweit ist", also für die Aufnahme einer neuen Struktur bereit ist. Entsprechend kann ein Kind mit einer expliziten Korrektur nur dann etwas anfangen, wenn die korrigierte Struktur in seinem Entwicklungshorizont liegt, d. h. wenn das Kind im Prinzip „verstehen" kann, was hier eigentlich korrigiert wird und worin der Fehler liegt. Dies setzt voraus, dass das Kind die der Korrektur zugrunde liegenden sprachstrukturellen Regeln bereits in Grundzügen erworben hat.

Wie aber gelingt dem Kind die Ableitung von Regeln? Und welche Rolle spielen dabei Fehler, die das Kind produziert, also von der Zielsprache abweichende Formen und Strukturen? Bei der Beantwortung dieser Frage hilft das folgende Beispiel (8), das zeigt, dass Kinder im Verlauf ihres Spracherwerbs Formen bilden, die sie in ihrer Umgebung noch nie gehört haben können.

Beispiel
(8) Tim (5;0) und E. betrachten Bilder, auf denen immer zwei gleiche Objekte zu sehen sind.
Tim: da is auch ein mädchen.
E.: Moment. Wir kucken mal. Das sind zwei Schweine. Das sind zwei?
Tim: mädchens.
E.: Und hier sind zwei?
Tim: gabelns.
hier sind zwei entens.
hier sind zwei rorillas. (Gorillas)
hier sind zwei vögel.
hier sind zwei messers.

Tim hat Formen wie *mädchens* oder *messers* sicherlich nicht aus seiner Umgebung übernommen und kann sie folglich auch nicht imitiert haben. Andererseits sind die Fehler auch nicht abwegig, denn das Flexiv -s ist im Deutschen eine zulässige Pluralmarkierung (Sofas, LKWs) und bei *gorillas* die korrekte Pluralendung. Tim wendet das -s allerdings auch auf Nomen an, die den Plural mit einem anderen Flexiv bilden. Dabei entstehen Übergeneralisierungen, womit gemeint ist, dass eine sprachliche Form über den eigentlichen Anwendungsbereich hinaus verwendet wird (*messers, mädchens*).

Solche Übergeneralisierungen treten im kindlichen Spracherwerb immer wieder auf und werden als Indiz für einen kreativen Umgang mit Sprache interpretiert. Kinder setzen sich aktiv mit dem sprachlichen Input auseinander (mit Hilfe angeborener sprachspezifischer oder allgemein kognitiver Mechanismen), bilden Hypothesen über sprachliche Formen und Strukturen und konstruieren ein sprachliches Regelsystem, das sie auch „überanwenden". Wenn Tim nicht weiß, wie der Plural eines Nomens gebildet wird, dann nutzt er die Regel „Plural am Nomen = -s". Diese Regel ist Teil seines aktuellen sprachlichen Systems. Fehler in der kindlichen Sprache zeigen also an, wie das kindliche System zu einem gegebenen Zeitpunkt aussieht.

Interessant ist in diesem Zusammenhang auch, dass Tim für die Pluralmarkierung ausgerechnet das Flexiv -s wählt. Dieses tritt nämlich im Deutschen am seltensten auf, ist aber auch im zielsprachlichen System das Flexiv, das man verwendet, wenn man nicht weiß, wie die Pluralform heißen soll. Ein Beispiel: Das Wort „trotzdem" ist ein Adverb und kann daher keine Information über eine Pluralform haben. Machen Sie ein Nomen draus: „Dein TROTZDEM geht mir auf die Nerven." und bilden Sie davon nun die Pluralform: „Deine ewigen TROTZDEM??? gehen mir auf die Nerven." Sie haben wohl kaum TROTZDEMEN gewählt oder? obwohl -(e)n die häufigste Pluralmarkierung im Deutschen ist. Denken Sie in diesem Zusammenhang auch an die meteorologischen Begriffe *Hoch* und *Tief*, die aus Adjektiven abgeleitet wurden.

Hier nun nähern wir uns auch der letzten Frage, der Frage nach der Rolle von Frequenz. Würde im kindlichen Spracherwerb der Aufbau von Flexionsregeln ausschließlich in Abhängigkeit vom Input erfolgen, würde man erwarten, dass Tim für die Pluralmarkierung dasjenige Flexiv wählt, das er in seiner sprachlichen Umgebung am häufigsten gehört hat. Das Gegenteil aber ist der Fall. Tatsächlich ist es so, dass viele Kinder wie Tim für den besonderen Status von -s sensibel sind und -s für das reguläre Pluralflexiv halten, während andere Kinder eher auf Frequenz reagieren und dann *-(e)n* (das häufigste) oder *-e* (das zweit häufigste) Pluralflexiv im Deutschen übergeneralisieren. Die Häufigkeit einer Form im Input kann also eine Rolle spielen. Zugleich aber zeigt das Beispiel von Tim, dass Kinder auch für andere Aspekte von Sprache sensibel sind (also eine bestimmte Ausstattung für den Spracherwerb mitbringen), z. B. dafür, dass ein reguläres Flexiv eines ist, das keinen Bedingungen folgt. (Ein weiteres Beispiel dafür ist die Partizipflexion, wie im Kapitel 7 gezeigt wird.)

Auch für den Erwerb von Wörtern ist die Frage nach der Bedeutung der Inputfrequenz differenziert zu betrachten. Die Aufnahme eines Wortes in das mentale Lexikon gelingt einem Kind schon nach ein- oder zweimaligem Hören. Damit ist aber nur eine erste „Spur" angelegt. Der Ausbau der lexikalischen Informationen zu einem Wort erfolgt dadurch, dass das Wort immer wieder im Input auftritt und dies in unterschiedlichen Kontexten, sodass das Kind Bedeutungsnuancen, die genaue Aussprache, aber auch grammatische Merkmale des Wortes allmählich ausbauen kann.

Imitation ist also für den Erwerb von Grammatik nicht ausschlaggebend, und Frequenz ist nur ein Faktor neben anderen. Für die Annahme, dass Kinder mit bestimmten Grundlagen für den Erwerb struktureller Eigenschaften von Sprache ausgestattet sind, spricht auch die Beobachtung, dass das sprachliche Angebot der Inputgeber qualitativ höchst unzureichend ist. Die Sprache erwachsener Sprecher ist keineswegs immer korrekt. Wenn Sie eine Tonaufnahme ihrer eigenen Sprachproduktion in einer alltäglichen Kommunikationssituation verschriftlichen, werden Sie überrascht sein, wie viele Versprecher, Äußerungsabbrüche und falsche Formen Sie produzieren.

Es stellt sich die Frage, wie ein Kind erkennen kann, welche Äußerungen im sprachlichen Angebot korrekt sind und welche nicht. Auf Rückmeldungen seiner Kommunikationspartner kann es sich hierbei nur bedingt verlassen, da Erwachsene auf fehlerhafte Äußerungen von Kindern nicht konsequent reagieren (Tracy,

1990; vgl. auch Kap. 5). Explizite Korrekturen von sprachlichen Formen und Strukturen, wie Simones Vater sie äußert, treten in der Kommunikation zwischen Erwachsenen und Kindern eher selten auf und sind im Übrigen auch wenig wirksam. Zur Ehrenrettung von Simones Vater sei gesagt, dass dieser Linguist ist und vermutlich genau dies zeigen wollte.

Kinder verfügen über die (angeborene) Fähigkeit, in den ersten Lebensjahren problemlos eine oder mehrere Sprachen zu erwerben. „Sprachunterricht" ist hierfür weder notwendig noch sinnvoll. Denn Kinder sind in der Lage, sich aus dem sprachlichen Angebot, das sie in natürlichen Kommunikationssituationen erhalten, genau die Informationen herauszuholen, die sie für den Spracherwerb, genauer: für den jeweils notwendigen Erwerbsschritt, benötigen. Dass es sich hierbei um eine interaktive Kommunikationssituation handeln muss, ist von zentraler Bedeutung. Sprachlicher Input alleine ist nicht ausreichend. Insbesondere jüngere Kinder können medial dargebotenen Input z. B. aus dem Fernsehen, Radio oder aus Hörspielen nicht oder nur sehr eingeschränkt für die Erweiterung ihrer sprachlichen Kompetenzen nutzen (vgl. Kap. 5). Die Interaktion mit realen Personen, und damit die eigene Sprachproduktion, ist also eine wesentliche Voraussetzung für den kindlichen Spracherwerb.

Aber was genau hilft Kindern bei der Erweiterung ihrer sprachlichen Kompetenzen? An dieser Stelle setzen interaktionistische Erklärungsmodelle des kindlichen Spracherwerbs an. Diese Ansätze gehen davon aus, dass die an das Kind gerichtete Sprache speziell auf seine Bedürfnisse und sprachlichen Fähigkeiten zugeschnitten ist und qualitative Merkmale aufweist, die den kindlichen Spracherwerb unterstützen (vgl. Bruner, 1983; Snow & Ferguson, 1977).

Tatsächlich konnten in der Kommunikation zwischen Erwachsenen und kleinen Kindern eine Reihe spezifischer Merkmale identifiziert werden (eine ausführliche Darstellung erfolgt in Kap. 5). Die Merkmale der an das Kind gerichteten Sprache unterscheiden sich in Abhängigkeit vom jeweiligen Sprachentwicklungsstand des Kindes. So ist die Sprache Erwachsener in der Kommunikation mit sehr kleinen Kindern gekennzeichnet durch einen einfachen Satzbau, einen kindgerechten Wortschatz und eine übertriebene Satzmelodie. Die Sprache Erwachsener in der Kommunikation mit etwa zweijährigen Kindern weist dagegen Merkmale auf, denen eine unterstützende Funktion für den Erwerb der Grammatik zugeschrieben wird. So geben Erwachsene den Kindern eine Rückmeldung über die sprachliche Form ihrer Äußerungen, indem sie die kindlichen Äußerungen aufgreifen und dabei Satzelemente umstellen, hinzufügen oder Fehler korrigieren.

Auch bei dieser Form der Rückmeldung werden die Äußerungen der Kinder korrigiert. Im Unterschied zu den Korrekturen von Simones Vater aus Beispiel (7) sind diese Korrekturen jedoch nicht explizit, d. h. das Kind wird nicht ausdrücklich auf seine Fehler hingewiesen (wie dies in dem Beispiel mit Simone der Fall war), sondern die Korrekturen werden in einen kommunikativen Kontext eingebettet. Im Rahmen der Kommunikation wird dem Kind ein korrigiertes Modell seiner eigenen fehlerhaften Äußerung zur Verfügung gestellt, wodurch es eine indirekte, eine implizite Rückmeldung über die sprachliche Form seiner Äußerung erhält, ohne explizit auf seinen Fehler hingewiesen zu werden. Aus diesem Input kann das Kind dann die Informationen ableiten, die es zum Erwerb neuer Strukturen braucht, oder es kann bestimmte Informationen ignorieren, sofern diese in der aktuellen Phase des Spracherwerbs noch nicht relevant sind. Im Vordergrund steht also nicht die sprachliche Form, sondern immer die Funktion von Sprache als Mittel zur Kommunikation. In einem indirekten Sinn spielt in diesem Zusammenhang auch Frequenz eine unterstützende Rolle: Das Kind bekommt in Abhängigkeit von seinem aktuellen Entwicklungsstand bestimmte sprachliche Formen und Strukturen gehäuft angeboten.

Wir können also festhalten, dass Erwachsene in der Lage sind (und das gilt auch schon für ältere Kinder), ihre Äußerungen in der Komplexität so dem kindlichen Entwicklungsstand anzupassen, dass sie dem Kind spezifische neue Information für den nächsten Entwicklungsschritt liefern (*Zone der nächsten Entwicklung*, Vygotskij, 2003).

Erklärungsbedürftig ist in diesem Zusammenhang allerdings die Beobachtung, dass das Auftreten spezifischer Merkmale einer kindgerichteten Sprache einer kulturellen Prägung unterliegt. So gibt es Kulturen, in denen solche Merkmale in der Kommunikation mit Kindern vollständig fehlen. Da die Kinder in diesen Kulturen dennoch ihre Umgebungssprache erwerben, stellen die Merkmale kindgerichteter Sprache offenbar keine notwendige Voraussetzung für den Spracherwerb dar. Dennoch konnte für viele dieser Merkmale ein förderlicher Effekt auf den kindlichen Spracherwerb nachgewiesen werden. Dies bedeutet: Die kindgerichtete Sprache ist für den Spracherwerb zwar nicht notwendigerweise erforderlich, aber sehr hilfreich.

Die im folgenden Abschnitt formulierten Leitlinien von Sprachförderung sollen als ein Versuch verstanden werden, aus den vorgestellten Besonderheiten des kindlichen Spracherwerbs sprachförderrelevante Aspekte abzuleiten. Diese Leitlinien überschneiden sich mit den in Chilla et al. (2010) formulierten Fördergrundsätzen (Fördergrundsätze 1 bis 6).

3.2 Didaktische und methodische Prinzipien

Was ist Ihre Motivation, Kinder im Spracherwerb, speziell im Erwerb des Deutschen zu fördern? Sicherlich werden Sie auf diese Fragen antworten, dass die Beherrschung des Deutschen hilfreich für die soziale Einbindung und der Schlüssel für eine erfolgreiche Bildungskarriere ist. Insofern besteht Ihr Ziel darin, die Kinder darin zu unterstützen, sich das für einen erfolgreichen Schulbesuch notwendige sprachliche Rüstzeug anzueignen, um dadurch die Bildungschancen der einzelnen Kinder zu verbessern. Hierzu gehören vor allem der Erwerb des grammatischen Systems und der Aufbau eines umfangreichen Wortschatzes.

Die Frage, warum ein Kind Deutsch erwerben soll, lässt sich auch aus einer anderen Perspektive stellen, nämlich aus der Perspektive des Kindes. Die Motivation von Kindern für den Erwerb einer Sprache liegt keineswegs darin, diese Sprache möglichst vollständig zu beherrschen. Kinder wissen auch nicht um die Bedeutung des Deutschen für ihre Zukunft. Bei Kindern ist der Gebrauch einer Sprache an bestimmte Situationen oder Personen geknüpft ist. Die Motivation von Kindern, eine Sprache zu lernen, hängt dabei wesentlich vom Gebrauchswert ab, d.h. von dem Nutzen, den ein Kind aus der Verwendung einer Sprache zum Erreichen seiner Handlungsziele ziehen kann.

Die Möglichkeit, eigene Wünsche mitzuteilen und die Verwirklichung persönlicher Ziele mit sprachlichen Mitteln voranzutreiben, nimmt in dem Maße zu, in dem ein Kind seine sprachlichen Fähigkeiten erweitert. Je besser ein Kind eine Sprache beherrscht, desto größer sind auch seine Handlungsmöglichkeiten. Man spricht in diesem Zusammenhang auch von sprachlicher Handlungsfähigkeit (Kracht, 2000). Oder anders ausgedrückt:

Das Kind versteht die Sprache, spricht sie, denkt in ihr, denkt aber nicht an sie. Die Sprache ist das Medium für seine Ziele, nicht das Ziel selbst. (Wieczerkowski, 1965, S. 18)

Der Begriff der sprachlichen Handlungsfähigkeit beschränkt sich nicht nur auf das Deutsche, sondern schließt alle Sprachen eines Menschen mit ein. In einsprachig geprägten, aber auch in sprachlich sehr heterogenen Gruppen ist zwar die gemeinsame Sprache meist die Mehrheitssprache, also in Deutschland das Deutsche, es gibt jedoch auch Erwerbskonstellationen, in denen der Gebrauch des Deutschen nicht zwingend ist, beispielsweise in sprachlich homogenen Gruppen mit einem hohen Anteil mehrsprachiger Kinder, die neben dem Deutschen über eine andere gemeinsame Sprache verfügen. In solch einer Konstellation kann ein Kind durchaus auch mit sehr geringen Deutschkenntnissen sprachlich handlungsfähig sein, da ihm für die Kommunikation noch eine andere Sprache zur Verfügung steht. Entscheiden sich Kinder in einem solchen Fall, mehrheitlich in der anderen Sprache miteinander zu kommunizieren, kann sich das negativ auf die Geschwindigkeit und den Erfolg im Erwerb des Deutschen auswirken (Pfaff, 1994).

Damit wird deutlich: Die Ziele von Eltern oder pädagogischen Fachkräften im Hinblick auf den kindlichen Spracherwerb unterscheiden sich möglicherweise fundamental von den Zielen der Kinder. Sprachförderung kann nur dann gelingen, wenn wir die kindliche Perspektive, insbesondere die kindliche Motivation für den Spracherwerb, angemessen berücksichtigen. Dies bedeutet, dass Sprachförderung immer in Situationen eingebettet sein muss, die von den Kindern als bedeutsam empfunden werden. Sprachförderung kann nur in solchen Situationen funktionieren, in denen Kinder ein bestimmtes Ziel erreichen wollen und Sprache als geeignetes Instrument zum Erreichen dieses Ziels erkennen.

Leitlinie 1: Sprachförderung erfolgt in Situationen, in denen Kinder Sprache als Instrument zum Erreichen persönlicher Ziele einsetzen können.

Inwiefern Kinder Sprache als Kommunikationsmittel einsetzen, wird wesentlich durch den situativen Kontext bestimmt, in dem die Kommunikation stattfindet. Ob sich eine kommunikative Interaktion zwischen Kind und Sprachförderkraft entwickelt, hängt auch davon ab, ob das Thema der Kommunikation die Lebenswelt der Kommunikationspartner berührt. Hierbei unterscheiden sich Kinder gar nicht so sehr von Erwachsenen. Ein echtes Gespräch findet auch bei Erwachsenen meist nur dann statt, wenn das Thema an den Interessen und an den persönlichen Erfahrungen beider Kommunikationspartner anknüpft.

So wird beispielsweise ein Gespräch über Genese und minimalinvasive Therapiemöglichkeiten der chronischen Sinusitis bei den wenigsten Menschen auf ein ausgeprägtes Interesse stoßen. Da dieses Thema nicht an den eigenen lebensweltlichen Erfahrungen anknüpft, würde ein Gespräch sehr einseitig verlaufen und wäre sicherlich schon nach kurzer Zeit beendet. Zwei Menschen mit chronischer Nasennebenhöhlenentzündung (= Sinusitis) dagegen könnten sich vermutlich stundenlang über dieses Thema unterhalten. Nicht anders verhält es sich bei Kindern. Damit sich ein echter Gedankenaustausch entwickelt, sollte Sprachförderung in Situationen eingebettet sein, die sich thematisch und inhaltlich an der Lebenswelt eines Kindes orientieren.

Bei der Gestaltung von Sprachfördersituationen ist zudem entscheidend, ob die Situation auch zum Sprachgebrauch herausfordert. Ein Memoryspiel beispielsweise mag zwar für Kinder eine unterhaltsame Beschäftigung sein und knüpft sicherlich auch an den Erfahrungen der meisten Kinder an. Da die einzelnen Mitspieler die Spielhandlung jedoch alleine für sich ausführen können, ohne sich mit anderen Mitspielern absprechen zu müssen, fordert das Spiel kaum die Entstehung kommunikativer Prozesse heraus. Ein Rollenspiel, in dem beispielsweise das Kind die Rolle eines Polizisten übernimmt und die Sprachförderkraft die Rolle einer Person, die ständig Verbote übertritt, regt weit mehr zum Sprechen an, da die einzelnen Akteure sich über ihr Handeln verständigen müssen. Und das beste Mittel zur Verständigung ist Sprache.

> **Leitlinie 2:** Sprachförderung erfolgt in Situationen, die zum Sprechen anregen und inhaltlich und thematisch an der Lebenswelt des Kindes anknüpfen.

Das oberste Ziel von Sprachförderung ist, Kinder im Spracherwerb und im Erwerb ihrer sprachlichen Handlungsfähigkeit zu unterstützen. Dieses Ziel muss jedoch weiter verfeinert werden. Letztlich geht es bei Sprachförderung darum, die Spracherwerbsbedingungen eines Kindes durch bestimmte Maßnahmen so zu verbessern, dass ein Kind seine Sprachkompetenzen schneller erweitert, als es dies ohne diese Maßnahmen tun würde. Dies setzt ein zielorientiertes Handeln voraus. Eine Förderung „ins Blaue hinein" ist hierbei wenig effektiv. Welche Maßnahmen konkret zu ergreifen sind, hängt vom individuellen Spracherwerbshintergrund und vom aktuellen Sprachentwicklungsstand ab.

> **Leitlinie 3:** Sprachförderung erfolgt zielorientiert.

Das Gelingen des kindlichen Spracherwerbs ist von einer Vielzahl von Einflussfaktoren abhängig, wie beispielsweise von der Qualität und Quantität des sprachlichen Inputs und der sprachlichen Interaktion insgesamt, vom Alter bei Erwerbsbeginn, von der Kontaktdauer und von anderen Faktoren mehr (vgl. Kap. 2). Die Unterschiede zwischen verschiedenen Kindern sind groß, in Bezug auf Erwerbsgeschwindigkeit, Umfang des Lexikons, Sprechfreude und Ausdrucksfähigkeit usw. Dennoch folgt der kindliche Spracherwerb gewissen Gesetzmäßigkeiten und Erwerbsfolgen. Dies zeigt sich insbesondere im Erwerb der Grammatik, mit Einschränkungen aber auch im Bereich der semantisch-lexikalischen Entwicklung (vgl. Kap. 7 und 8). Die Reihenfolge der Förderziele, d.h. die Abfolge, in welcher der Erwerb sprachlicher Strukturen gefördert wird, sollte sich am natürlichen Entwicklungsverlauf kindlicher Sprachentwicklung orientieren.

In diesem Zusammenhang ist das Konzept der Zone der nächsten Entwicklung von erheblicher Relevanz, insbesondere für die Förderung des Grammatikerwerbs (Vygotskij, 2003). Kinder erweitern ihr grammatisches System Schritt für Schritt. Nacheinander durchlaufen sie bestimmte Phasen oder erreichen Meilensteine, die durch die Verwendung bestimmter grammatikalischer Strukturen gekennzeichnet sind. Die Reihenfolge, in der diese Strukturen erworben werden, ist dabei keineswegs beliebig. Vielmehr erwerben Kinder die zentralen Strukturen der Grammatik in einer festen Abfolge (vgl. Kap. 8). Sowohl einsprachige Kinder (Clahsen, 1986; Tracy, 1991) als auch simultan bilinguale Kinder (Meisel, 1994, 1997) und sukzessiv bilinguale Kinder, die bis zu einem Alter von vier Jahren mit dem Zweitspracherwerb beginnen, folgen dieser Erwerbsabfolge (Chilla, 2008; Rothweiler, 2006).

Aufgrund dieser natürlichen Erwerbsabfolge lassen sich bei Kenntnis des aktuellen sprachlichen Entwicklungsstandes Vorhersagen darüber treffen, welche grammatische Struktur in der Zone der nächsten Entwicklung liegt, also welche Struktur ein Kind im natürlichen Erwerbsverlauf als nächste erwerben sollte. Aufgabe von Sprachförderung ist es dann, das sprachliche Angebot so aufzubereiten, dass das Kind genau die Informationen vorfindet, die es zum Erwerb dieser Struktur benötigt.

Ein solches Vorgehen wurde im deutschen Sprachraum erstmals von Dannenbauer in seinem entwicklungsproximalen Ansatz zur Therapie von Sprachentwicklungsstörungen beschrieben und eingesetzt (Dannenbauer, 1984, 1990, 1999; Hansen, 1996). Das didaktische Prinzip der Entwicklungsproximalität ist auch für die Sprachförderung bei unauffälligen Kindern grundlegend und wird daher als eigene Leitlinie aufgeführt.

> **Leitlinie 4:** Sprachförderung orientiert sich am natürlichen Entwicklungsverlauf. Die Auswahl der Förderziele folgt dem Prinzip der Entwicklungsproximalität.

Wie sollte nun Sprachförderung methodisch umgesetzt werden? Wie bereits im ersten Teil dieses Kapitels dargestellt wurde, führen explizite Korrekturen nicht dazu, dass Kinder ihr grammatisches System erweitern. Auch Satzmuster- und Nachsprechübungen, wie sie häufig im Fremdsprachenunterricht eingesetzt werden, haben bei Kindern keinen nachhaltig förderlichen Einfluss auf den Spracherwerb. Es kann zwar vorkommen, dass Kinder kurzfristig die gewünschten Formen oder Strukturen verwenden, dies ist jedoch in der Regel nur von kurzer

Dauer. Wenn die Funktion einer Struktur nicht erkannt wurde, verschwindet sie nach kurzer Zeit wieder, und die Kinder greifen wieder auf ihr ursprüngliches Regelsystem zurück (Dannenbauer, 1991).

Kinder verfügen über andere Fähigkeiten zum Spracherwerb als Erwachsene. Und auch in der Art und Weise, wie sie eine Sprache erwerben, unterscheiden sich Kinder von Erwachsenen. Kinder sind in der Lage, sich aus dem sprachlichen Angebot, das sie in natürlichen Kommunikationssituationen erhalten, genau das herauszuholen, was sie für den nächsten Entwicklungsschritt benötigen. Im Hinblick auf Sprachförderung ist zunächst einmal wichtig, einem Kind auch genau die Informationen zur Verfügung zu stellen, die es gerade benötigt. Es geht also darum, die Sprachfördersituation so zu gestalten, dass diejenigen Strukturen, die für ein Kind in der Zone der nächsten Entwicklung liegen, besonders häufig und besonders prägnant im sprachlichen Input des Kindes auftreten (Homburg, 1991). Wenn ein Kind beispielsweise gerade am Erwerb des Akkusativs „arbeitet", sollte das sprachliche Angebot auch genügend Beispiele für Akkusativformen bereithalten. Wenn ein Kind gerade seinen Wortschatz in einem bestimmten semantischen Feld erweitert, sollten Sprachfördersituationen auch ausreichend viele Kontexte für den Gebrauch dieser Wörter bieten.

> **Leitlinie 5:** Die Umsetzung einer entwicklungsproximalen Förderung erfolgt strukturzentriert.

Eine wichtige Rolle spielt zudem das Sprachverhalten der erwachsenen Bezugspersonen. Auch wenn eine spezifisch kindgerichtete Sprache für das Gelingen des kindlichen Spracherwerbs nicht zwingend erforderlich ist, weist doch eine Reihe von Untersuchungen darauf hin, dass sie den kindlichen Spracherwerb beschleunigen kann. Insofern stellen implizite Sprachlehrstrategien, wie sie viele Erwachsene unbewusst in der Kommunikation mit Kindern einsetzen, eine geeignete Technik für die Sprachförderung dar. Zu einer Sprachfördertechnik werden sie jedoch erst, wenn sie bewusst eingesetzt werden. Auf unsere Intuition können wir uns nicht verlassen, denn die Häufigkeit, mit der Erwachsene die einzelnen Sprachlehrstrategien einsetzen, ist von Person zu Person und auch situationsabhängig sehr unterschiedlich.

Hinzu kommt, dass die einzelnen sprachlichen Verhaltensmuster der an das Kind gerichteten Sprache in sehr unterschiedlicher Weise auf den kindlichen Spracherwerb wirken. Einige wirken sich beispielsweise förderlich auf den Wortschatzerwerb aus, andere auf den Grammatikerwerb (vgl. Kap. 5). Insofern sollte der Einsatz einzelner Sprachlehrstrategien bewusst und in Abhängigkeit vom jeweiligen Förderziel erfolgen.

> **Leitlinie 6:** Sprachförderung nutzt implizite Sprachlehrstrategien in natürlichen Kommunikationssituationen.

Die Arbeit nach den bisher formulierten Leitlinien setzt die Beantwortung einer Reihe von Fragen voraus. Welche sprachlichen Bereiche liegen für ein Kind in der Zone der nächsten Entwicklung? Welche Förderziele sind vorrangig? Wie kann die angezielte Struktur verstärkt präsentiert werden? In welchen Situationen kann ein Kind Sprache zum Erreichen seiner persönlichen Handlungsziele einsetzen? Welche Themen sind für das Kind von Bedeutung?

Die Beantwortung dieser Fragen hat weitreichende Konsequenzen für die Planung und Gestaltung von Sprachförderung. Diese Fragen lassen sich jedoch nur auf Basis von Informationen über den Erwerbshintergrund, den Sprachstand und die Spracherwerbsbedingungen eines Kindes einschließlich der lebensweltlichen Bedingungen und Sprachhandlungserfahrungen beantworten. Nur dann, wenn man weiß, wie weit ein Kind sprachlich entwickelt ist, kann man beurteilen, ob es eine spezifische Förderung benötigt. Nur wenn man weiß, woran ein Kind gerade „arbeitet", kann man es auch gezielt dabei unterstützen. Nur wenn man die individuellen lebensweltlichen Bedingungen eines Kindes kennt, kann man Sprachfördersituationen so gestalten, dass sie von einem Kind als sinnvoll erlebt werden.

Eine gezielte, am Sprachentwicklungsstand eines Kindes ansetzende Förderung setzt damit notwendigerweise eine genaue und differenzierte Erfassung all dieser Aspekte im Rahmen eines diagnostischen Prozesses voraus. Die Informationen, die im Rahmen einer solchen Entwicklungsdiagnostik gewonnen werden, bilden die Grundlage für alle weiteren Förderentscheidungen.

Eine differenzierte Sprachbeobachtung ist aber noch aus einem anderen Grund wichtig. Es gibt Kinder, die trotz intensiver Förderung das sprachliche Angebot nicht ausreichend für ihren Spracherwerb nutzen können, beispielsweise aufgrund einer Sprachentwicklungsstörung. Solche Kinder benötigen eine andere, nämlich eine therapeutische Unterstützung durch Sprachheilpädagogen oder Logopädinnen. Frühpädagogische Fachkräfte sollten in der Lage sein, Entwicklungsrisiken und etwaige Entwicklungsprobleme zu erkennen, damit ein Kind möglichst frühzeitig die notwendige therapeutische Unterstützung durch eine Fachfrau/einen Fachmann erhalten kann.

Es wird deutlich, dass Sprachbeobachtung bzw. Sprachdiagnostik eine zentrale Rolle für das sprachpädagogische Handeln spielt. Daher ist das nächste Kapitel diesem Thema gewidmet, bevor es in den dann folgenden Kapiteln um die konkrete Planung und Umsetzung von Sprachförderung geht.

> **Leitlinie 7:** Grundlage von Förderentscheidungen bildet die diagnostische Erfassung des Erwerbshintergrundes, des Sprachstandes und der Spracherwerbsbedingungen eines Kindes.

3.3 Zusammenfassung

Kinder bringen eine ganze Reihe von (angeborenen) Fähigkeiten mit, die ihnen den Erwerb einer Sprache ermöglichen. Vor allem sind sie in der Lage, das sprachliche Angebot, das sie in natürlichen Kommunikationssituationen erhalten, dafür zu nutzen, Schritt für Schritt ihre sprachlichen Fähigkeiten zu erweitern. Frühpädagogische Fachkräfte müssen das sprachliche Angebot so gestalten, dass die Kinder immer genau die Informationen bekommen, die sie aktuell für den nächsten Entwicklungsschritt benötigen. Dies erfordert einerseits eine sprachdiagnostische Bestimmung des aktuellen Entwicklungsstands und andererseits ein Modell kindlicher Sprachentwicklung, aus dem sich ableiten lässt, welche sprachlichen Strukturen für ein Kind in der Zone der nächsten Entwicklung liegen.

Die Planung und Gestaltung von Sprachfördersituationen zielt darauf ab, Kontexte für diese Strukturen zu schaffen. Hierbei sind die Förderziele in Einklang mit der Funktion von Sprache im kindlichen Erwerbskontext zu bringen. Außerdem muss die Fördersituation dem jeweiligen Kind jederzeit die Möglichkeit geben, Sprache als sinnvolles Instrument zum Erreichen persönlicher Handlungsziele einzusetzen. Hieraus ergibt sich notwendigerweise die Forderung, dass Sprachförderung in Handlungszusammenhänge eingebettet ist, die durch das Kind als sinnvoll und bedeutsam erlebt werden. Die Fördersituation sollte daher so gestaltet sein, dass sie inhaltlich und thematisch an den Interessen und an der Lebenswelt des Kindes anknüpft.

Auch die eingesetzten Methoden zur Sprachförderung knüpfen an natürlichen Erwerbsprozessen kindlicher Sprachentwicklung an. Implizite Lehrmethoden, wie sie aus der Interaktion zwischen Erwachsenen und Kindern in natürlichen Kommunikationssituationen abgeleitet werden können, sind zu bevorzugen. Dagegen werden explizite Lehrmethoden wie Satzmuster- oder Nachsprechübungen dem kindlichen Sprachlernen nicht gerecht und haben im Methodenrepertoire einer Sprachförderkraft nichts verloren.

3.4 Literatur zum Weiterlesen

Rothweiler, M. (2007). Spracherwerb. In J. Meibauer, et al. (Hrsg.), *Einführung in die germanistische Linguistik* (2. Aufl., S. 253–295). Stuttgart/Weimar: Metzler.
Dieser Beitrag gibt einen Überblick über den kindlichen Erstspracherwerb mit einem Schwerpunkt auf dem Erwerb des Deutschen.
Szagun, G. (2010). *Sprachentwicklung beim Kind: Ein Lehrbuch* (3., aktual. Aufl.). Weinheim: Beltz.
In Kapitel 10 des Buchs *Sprachentwicklung beim Kind: Ein Lehrbuch* werden unterschiedliche theoretische Ansätze zur Erklärung des kindlichen Spracherwerbs ausführlich erläutert und diskutiert. Insbesondere nativistische Ansätze zur Erklärung des kindlichen Spracherwerbs werden kritisch hinterfragt. Insofern bietet die Lektüre dieses Kapitels eine gute Ergänzung zu diesem Kapitel.

3.5 Lernkontrolle

Aufgabe 1: Beantworten Sie die Frage (2) (S. 39) mit Ihren eigenen Worten: Wie entstehen von der Zielsprache abweichende Formen und Strukturen, also Fehler?

Aufgabe 2: Der Erwerb des Genussystems stellt besonders für mehrsprachige Kinder eine große Herausforderung dar. Um den Genuserwerb zu fördern, wird in einigen Sprachförderprogrammen das Genus von Nomen durch unterschiedliche Farben symbolisiert, beispielsweise Maskulinum durch Blau, Femininum durch Rot und Neutrum durch Gelb. In der Förderung erhalten Kinder dann Bildkarten, auf denen das Genus des Nomens durch einen Punkt in der entsprechenden Farbe markiert ist. Die Kinder sollen die Bilder benennen und hierbei einen Artikel verwenden. Kommentieren Sie dieses Vorgehen vor dem Hintergrund der Überlegungen im ersten Teil dieses Kapitels.

4 Detektivarbeit – Sprachbeobachtung und Sprachdiagnostik

> Dieses Kapitel befasst sich im ersten Teil mit dem Begriff der Diagnostik und seiner Verwendung im elementarpädagogischen Kontext sowie mit den Anforderungen, die in den Bildungsplänen an die diagnostischen Kompetenzen von Erzieherinnen und Erziehern gestellt werden. Im zweiten Teil erfahren Sie etwas über unterschiedliche Ziele von Sprachdiagnostik, verschiedene Typen von Verfahren zur Sprachdiagnostik und ihre Anwendungsbereiche im elementarpädagogischen Kontext sowie über mögliche Stolperfallen bei der Anwendung sprachdiagnostischer Verfahren.

4.1 Diagnostik in der Elementarpädagogik?

Der Begriff *Diagnostik* ist im Alltagswissen meist mit Krankheiten verbunden. Menschen, die diagnostizieren, sind nach diesem Verständnis Ärzte. Aber auch in pädagogischen und psychologischen Kontexten spielt Diagnostik schon lange eine Rolle, und besonders nach den PISA-Ergebnissen werden diagnostische Kompetenzen in pädagogischen Kontexten gefordert, ja vorausgesetzt. Lehrerinnen und Lehrer müssen die Fähigkeiten und Problemlagen ihrer Schüler und Schülerinnen diagnostisch erfassen können, und so gehört die Diagnostik z. B. im Sinne einer Lernstands-, aber auch Fähigkeitsermittlung zu den Ausbildungsinhalten für das Lehramt. Für den Bereich Sprache betrifft dies das Unterrichtsfach Deutsch und damit die Sprachstandsermittlung. Dies schließt auch das Erkennen und Beschreiben von Problemlagen in der Sprachentwicklung ein- und mehrsprachiger Kinder mit ein.

Eine große Frage ist, inwieweit frühpädagogische Fachkräfte sprachdiagnostisch tätig sein sollen und können. In der Praxis herrscht zu dieser Frage nach wie vor große Unsicherheit. Frühpädagogische Fachkräfte fühlen sich nicht hinreichend ausgebildet, um Sprachdiagnostik zu betreiben eine Einschätzung, die in der Regel durchaus richtig ist. Sie sehen ihre Aufgabe häufig „nur" in der Beobachtung und Dokumentation der sprachlichen Entwicklung der Kinder. Für die Durchführung von Sprachstands- und Testverfahren oder für die detaillierte Analyse kindlicher Sprache fühlen sie sich nicht kompetent (Fried, 2007). Diese Einschätzung wird durch die eher kritische Haltung gegenüber einer Sprachtestung noch verstärkt, die sich in vielen Veröffentlichungen zur Sprachförderung von Kindern im Elementarbereich findet.

Zu diesen Vorbehalten ist zunächst anzumerken, dass Beobachtung und Dokumentation an sich schon diagnostische Tätigkeiten sind (vgl. Kany & Schöler,

2010). Je stärker diese Tätigkeiten standardisiert sind, umso eindeutiger handelt es sich um diagnostisches Handeln. Das gilt z. B., wenn die Sprachbeobachtung mit Hilfe von Beobachtungsbögen erfolgt. Es stellt sich allerdings die Frage, ob die „bloße Beobachtung" der Kinder als Ausgangspunkt für die Bewältigung der Aufgaben ausreicht, die Erzieherinnen und Erzieher laut den Bildungsplänen der Länder in der Förderung von Kindern im Bildungsbereich Sprache übernehmen sollen. Es ist zu überlegen, ob standardisierte Testverfahren hier nicht Vorteile bringen, also Entscheidungen und Einschätzungen vereinfachen und diese vor allem deutlich von der einschätzenden Person unabhängig machen.

Die Anforderungen an frühpädagogisches Fachpersonal werden in Bildungsplänen definiert. Hier wird z. B. gefordert, dass die Förderung am sprachlichen Entwicklungsstand des Kindes ansetzen soll (vgl. Bildungsempfehlungen der Bundesländer; JMK/KMK, 2004; KMK, 2000; Sens, 2007). Diese Forderung setzt voraus, dass das Kind im Hinblick auf seine sprachlichen Fähigkeiten eingeschätzt wird, also die sprachlichen Fähigkeiten diagnostiziert werden müssen. Als mögliche Instrumente werden dazu Beobachtungsverfahren benannt. Aber auch die Durchführung von Sprachtests wird als Planungsgrundlage für die Sprachförderung gefordert, zumindest in einigen Bundesländern. Die Anforderungen gehen teilweise so weit, dass Erzieherinnen und Erzieher auch in der Lage sein sollen, Entwicklungsrisiken zu erkennen. Dies darf jedoch nicht dahingehend missverstanden werden, dass frühpädagogische Fachkräfte hier die Aufgaben von Sonderschullehrerinnen im Förderschwerpunkt Sprache und Sprachtherapeutinnen oder Logopädinnen übernehmen sollen, also Aufgaben von Professionen, die sich mit der Diagnose von Sprachentwicklungsstörungen bei Kindern befassen.

Eine fundiert durchgeführte elementarpädagogische Diagnostik kann durchaus Entwicklungsauffälligkeiten aufdecken und so erste Hinweise auf eine Entwicklungsproblematik gewinnen. Die nächsten Schritte aber, d. h. eine differenzierte sonderpädagogische und/oder logopädische Diagnostik, muss in die Hände von entsprechendem Fachpersonal gelegt werden (vgl. Rothweiler et al., 2009).

Allen Bildungsplänen gemeinsam ist, dass Diagnostik im elementarpädagogischen Kontext als notwendige Voraussetzung für die bestmögliche Förderung betrachtet wird (vgl. Baumert et al., 2001; Graf & Moser Opitz, 2007). Kany und Schöler (2010, S. 83) bezeichnen Diagnostik bzw. die Kenntnis diagnostischer Verfahren daher zu Recht als *Grundlage frühpädagogischen Handelns*.

Aber Vorsicht: Die Ziele von Sprachdiagnostik und auch die Zielgruppe können sehr unterschiedlich sein. Und einzelne Verfahren sind meist nur für ein bestimmtes Ziel und für eine bestimmte Zielgruppe konzipiert. Daher sind sprachdiagnostische Verfahren nicht beliebig einsetzbar. Welche Probleme sich ergeben können, wenn der Anwendungsbereich eines diagnostischen Verfahrens nicht beachtet wird, soll im Folgenden zunächst an einem Beispiel verdeutlicht werden. Anschließend werden unterschiedliche Ziele von Sprachdiagnostik zusammen gestellt und auf verschiedene Arten von Verfahren bezogen. Aufgrund der großen Anzahl sprachdiagnostischer Verfahren, die derzeit im Elementarbereich eingesetzt werden, wird in diesem Kapitel auf eine Darstellung einzelner Verfahren weitgehend verzichtet. Einen guten Überblick über die derzeit eingesetzten Verfahren, über ihre Möglichkeiten, aber auch ihre „Risiken und Nebenwirkungen" finden Sie in Kany und Schöler (2010, Kap. 6 und 7). Darüber hinaus werden dort auch die theoretischen Grundlagen von Sprachdiagnostik wie beispielsweise diagnostische Methoden, Kriterien für die Beurteilung der Qualität einzelner Verfahren (Testgütekriterien) und unterschiedliche Verfahrenstypen umfassend und anschaulich erläutert (Kany & Schöler, 2010, Kap. 5 und 6).

4.2 Sprachdiagnostik in der KiTa

Stellen Sie sich folgende Situation vor. In Ihre Gruppe kommen drei neue Kinder: Erdem, Imran und Cem. Alle drei Kinder verfügen über keinerlei Deutschkenntnisse. Imran und Erdem sind zum Zeitpunkt des Kitaeintritts 3;0 Jahre alt, Cem ist 5;0 Jahre alt. Die Erwerbsbedingungen in Ihrer Gruppe sind optimal. Alle drei Kinder knüpfen schnell Freundschaften zu einsprachigen Kindern, die ihnen als Sprachvorbild dienen können. Sie haben genügend Zeit, den Kindern im Alltag ein ausreichendes und abwechslungsreiches sprachliches Angebot anzubieten und initiieren regelmäßig individuelle Sprachförderangebote für die Kinder. Erdem und Cem machen schnell Fortschritte. Bei Imran dagegen sieht es anders aus. Seine Fähigkeiten im Deutschen entwickeln sich nur langsam. Auch seine Eltern zeigen sich besorgt. Sie äußern Ihnen gegenüber, dass Imran auch in der Erstsprache nur langsam Fortschritte macht (Abb. 4.2).

Drei neue Kinder

(A) Erdem Alter: 4;0 Jahre
AO: 3;0 Jahre
12. Kontaktmonat
Sprachentwicklungsstand entspricht nicht dem gleichaltriger einsprachiger Kinder.

(B) Imran Alter: 4;0 Jahre
AO: 3;0 Jahre
12. Kontaktmonat
Sprachentwicklungsstand entspricht nicht dem gleichaltriger einsprachiger Kinder oder dem zweisprachiger Kinder mit vergleichbaren Erwerbsbedingungen.
Produziert für einsprachige Kinder untypische Fehler.
Macht nur langsam Fortschritte. Eltern äußern sich besorgt über die Sprachentwicklung in der Erstsprache.

(C) Cem Alter: 6;0 Jahre
AO: 5;0 Jahre
12. Kontaktmonat
Sprachentwicklungsstand entspricht nicht dem gleichaltriger einsprachiger Kinder.
Produziert für einsprachige Kinder untypische Fehler.

Nach etwa einem Jahr kommt eine Lehrerin in Ihre Gruppe, um zu überprüfen, ob die Kinder bereits die für den Schulbesuch notwendigen sprachlichen Fähigkeiten erworben haben. Hierfür setzt sie einen Sprachtest ein, der für einsprachige Kinder entwickelt wurde. Sie kommt zu dem Ergebnis, dass die sprachlichen Fähigkeiten aller drei Kinder weit hinter denen gleichaltriger einsprachiger Kinder zurückbleiben. Bei Cem (AO 5;0) und Imran (AO 3;0) ist der Entwicklungsrückstand noch größer als bei Erdem (AO 3;0). Darüber hinaus produzieren Cem und Imran Fehler, wie sie bei normal entwickelten einsprachigen Kindern so nicht beobachtet werden. Beispielsweise produzieren die beiden Kinder auch infinite Verben in Zweitstellung, z.B. *der laufen hier*. Für alle drei Kinder wird die Teilnahme an einem Sprachförderprogramm veranlasst. Zusätzlich wird den Eltern von Cem und Imran geraten, die Kinder in logopädische Behandlung zu geben.

Wie ist diese Einschätzung zu bewerten? Zunächst einmal erwerben alle drei Kinder das Deutsche erst seit einem Jahr. Selbstverständlich kann man nicht erwarten, dass ein mehrsprachiges Kind innerhalb eines Jahres den gleichen Sprachentwicklungsstand erreicht wie ein gleichaltriges einsprachiges Kind, das das Deutsche bereits seit vier bzw. sechs Jahren erwirbt. Ein Vergleich der Sprachkompetenzen mit gleichaltrigen einsprachigen Kindern ist hier schlicht unfair. Ein wichtiger Aspekt für die Bewertung des Sprachentwicklungsstandes ist nicht das chronologische Alter, sondern die Kontaktdauer, d.h. wie lange ein Kind bereits regelmäßigen Kontakt zu einer Sprache hat.

Bei Cem kommt hinzu, dass er erst im Alter von fünf Jahren mit dem Erwerb des Deutschen begonnen hat und daher nicht mehr über die gleichen Spracherwerbsfähigkeiten verfügt wie einsprachige Kinder bzw. wie Kinder, die im Alter von drei Jahren mit dem Erwerb des Deutschen begonnen haben (vgl. Kap. 2). Dies ist ein weiterer wichtiger Aspekt für die Bewertung des Sprachentwicklungsstandes: Je später der Erwerb beginnt, um so mehr Übergangsformen und -strukturen treten auf, die im Erstspracherwerb nicht beobachtet werden. Dies äußert sich darin, dass Cem andere Fehler produziert als unauffällig entwickelte einsprachige Kinder bzw. als unauffällig entwickelte mehrsprachige Kinder, die im Alter von drei Jahren mit dem Erwerb des Deutschen begonnen haben.

Anders verhält es sich dagegen im Falle von Imran. Imran hat mit dem Erwerb des Deutschen im Alter von 3;0 Jahren begonnen und sollte daher den Spracherwerb sehr ähnlich meistern wie einsprachige Kinder. Dass Imran trotzdem Fehler produziert, die für einsprachige Kinder untypisch sind, deutet darauf hin, dass hier tatsächlich eine Sprachentwicklungsstörung vorliegt. Ein weiteres Indiz dafür ist, dass Imrans Eltern von Auffälligkeiten in der Erstsprache berichten. Hier ist eine umfassende Diagnostik durch eine Logopädin oder Sprachtherapeutin unbedingt angezeigt. Bei Erdem und Cem dagegen ist zu erwarten, dass diese Kinder das sprachliche Angebot im KiTa-Alltag selbstständig nutzen werden, um ihre sprachlichen Fähigkeiten zu erweitern und sich so zu kompetenten Sprechern des Deutschen entwickeln. Eine logopädische Behandlung ist bei diesen Kindern nicht notwendig, eine Sprachförderung kann hilfreich sein, vor allem bei Cem, der in Kürze eingeschult werden soll.

Es ist offensichtlich, was wir aus diesem Gedankenspiel lernen können: Um den Sprachentwicklungsstand eines Kindes angemessen bewerten zu können, müssen immer auch eine Reihe von Faktoren berücksichtigt werden, die den Spracherwerb unmittelbar beeinflussen. Die Kontaktdauer und das Alter bei Erwerbsbeginn sind solche Faktoren. Daneben wurden bereits in Kapitel 2 eine Reihe weiterer wichtiger Faktoren benannt wie Qualität und Quantität des sprachlichen Angebots oder die Motivation, eine neue Sprache zu erwerben. Bleiben diese Aspekte unberücksichtigt, erfolgt die Bewertung des Sprachentwicklungsstandes möglicherweise unter falschen Prämissen. Die Anwendung monolingualer Entwicklungsnormen auf mehrsprachige Kinder kann dann dazu führen, dass ein sich unauffällig entwickelndes Kind irrtümlich als förderbedürftig oder gar sprachentwicklungsgestört eingestuft wird. Der umgekehrte Fall liegt vor, wenn die Entwicklungsprobleme eines Kindes nicht erkannt werden, etwa weil die schlechten Sprachleistungen als Folge der Mehrsprachigkeit erklärt werden (Genesee, Paradis & Crago, 2004; Rothweiler, 2007a).

Dass beide Fälle keine Seltenheit sind, zeigt eine Analyse der Schülerzahlen an Sonderschulen für Sprachbehinderte. Da für spezifische Sprachentwicklungsstörungen eine genetische Ursache angenommen wird, würde man vermuten, dass der Anteil mehrsprachiger Kinder an der Schülerschaft in Sonderschulen oder Sonderklassen für Sprachbehinderte in etwa dem Anteil mehrsprachiger Kinder an der Gesamtzahl der Schüler entspricht. Dies ist jedoch nicht so. In Berlin beispielsweise sind mehrsprachige Kinder an Schulen/Klassen für Sprachbehinderte unterrepräsentiert (Moser, 2007). Es ist also davon auszugehen, dass in Berlin ein gewisser Teil mehrsprachiger Kinder mit einer Sprachentwicklungsstörung unerkannt bleibt, während im sicherlich auch auftretenden umgekehrten Fall bei einem Teil der unauffällig entwickelten mehrsprachigen Kinder irrtümlich eine Sprachentwicklungsstörung angenommen wird.

Beide Fehleinschätzungen lassen sich nur vermeiden, wenn bei der Feststellung des Sprachentwicklungsstandes eines Kindes seine individuellen Entwicklungsbedingungen berücksichtigt werden. Wissen über unterschiedliche Sprachentwicklungsverläufe ein- und mehrsprachiger Kinder in Abhängigkeit von solchen Faktoren, Wissen über Sprachentwicklungsstörungen und Wissen über Sprache an sich bilden hierfür die notwendige Basis.

Eine Bewertung des Sprachentwicklungsstandes mehrsprachiger Kinder kann also nie ausschließlich vor dem Hintergrund einer monolingualen Altersnorm erfolgen, sondern muss immer eine Reihe von Faktoren berücksichtigen, die den kindlichen Zweitspracherwerb beeinflussen. Hierzu gehören vor allem das Alter bei Erwerbsbeginn, die Kontaktdauer, Qualität und Quantität des sprachlichen Angebots und möglicherweise noch weitere Faktoren. Dies bedeutet aber nicht, dass sich Sprachdiagnostik ausschließlich an der Entwicklungsnorm mehrsprachiger Kinder orientieren muss. Bei bestimmten Fragestellungen kann es sinnvoll sein, Normen anzulegen, die für einsprachige und mehrsprachige Kinder gleichermaßen gelten. Es ist beispielsweise nicht nur legitim, sondern sogar notwendig, festzulegen, über welche sprachlichen Fähigkeiten ein Kind im Alter von fünf Jahren für einen erfolgreichen Schulbesuch ab sechs Jahren verfügen sollte. Erreicht ein Kind diese Fähigkeiten nicht, ist eine intensive Sprachförderung notwendig, damit sich das Kind möglichst schnell, d.h. bis zum Schuleintritt und gegebenenfalls während der ersten Schuljahre die für eine erfolgreiche Bildungskarriere notwendigen Sprachkompetenzen aneignen kann. Vor diesem Hintergrund sollte Cem (6;0 Jahre) eine intensive Sprachförderung erhalten, um die verbleibende Zeit bis zum Schuleintritt optimal für den Spracherwerb nutzen zu können. Erdem (4;0 Jahre) dagegen hat noch genügend Zeit, sich die erforderlichen Sprachkompetenzen in einem anregungsreichen Kita-Alltag anzueignen.

Es wird deutlich, dass man mit einer Sprachdiagnostik unterschiedliche Ziele verfolgen kann. Diese Ziele müssen im Vorfeld des sprachdiagnostischen Prozesses eindeutig definiert werden, da unterschiedliche Zielsetzungen auch ein jeweils anderes diagnostisches Vorgehen erforderlich machen. Besteht das Ziel beispielsweise darin, Kinder zu identifizieren, die im Hinblick auf die für den Schulbesuch geforderten sprachlichen Leistungen einen Förderbedarf haben, genügt ein Verfahren, welches die für den Schulbesuch relevanten Sprachleistungen überprüft und einen Vergleich der Sprachleistungen eines Kindes vor dem Hintergrund der Altersnorm ermöglicht. Eine Berücksichtigung der individuellen Entwicklungsvoraussetzungen ist hier nicht notwendig, denn die sprachlichen Anforderungen für einen erfolgreichen Schulbesuch sind für alle Kinder gleich. Häufig werden hierfür sogenannte *Screeningverfahren* eingesetzt, mit denen überprüft wird, ob bei einem Kind ein sprachlicher Förderbedarf besteht oder nicht. Ein Förderbedarf wird dann angenommen, wenn ein Kind bei der Bearbeitung der Testaufgaben einen kritischen Wert unterschreitet. Solche Verfahren sind in der Regel sehr zeitökonomisch, d.h. sie lassen sich mit einem geringen Zeitaufwand durchführen und auswerten, was einen flächendeckenden Einsatz und damit eine flächendeckende Identifikation von Risikokindern ermöglicht. Solche Verfahren sagen allerdings insbesondere bei mehrsprachigen Kindern nichts darüber aus, wie erfolgreich der Spracherwerb eines Kindes vor dem Hintergrund seiner individuellen Entwicklungsbedingungen bisher verlaufen ist. Auch geben solche Verfahren keine ausreichend differenzierten Hinweise darauf, in welchen Bereichen genau ein Förderbedarf besteht; für diesen Zweck werden solche Verfahren aber auch nicht konzipiert. Beispiele sind Sprachstandstests, mit denen der Entwicklungsstand von großen Gruppen ermittelt werden soll, z.B. bei allen Kindern einige Monate oder ein Jahr vor der Einschulung. Dazu zählen der *Cito*-Test (Konak & Duindam, 2008), der in Bremen zum Einsatz kommt, oder das Verfahren *Delfin-4* (Fried, 2008), das in Nordrhein-Westfalen eingesetzt wird.

Ein anderes Ziel ist es zu überprüfen, wie erfolgreich ein Kind in seinem individuellen Spracherwerb ist. Hierzu werden die Sprachleistungen eines einzelnen Kindes mit den Sprachleistungen einer Gruppe von Kindern verglichen, die über vergleichbare Entwicklungsvoraussetzungen verfügen. Um hierbei zu einem aussagekräftigen Ergebnis zu kommen, muss das eingesetzte Diagnostikverfahren hinreichend objektiv sein, d.h. die Ergebnisse dürfen nicht von äußeren Faktoren wie der untersuchenden Person oder Untersuchungssituation beeinflusst werden. Ein Verfahren muss aber auch zuverlässig und exakt (reliabel) messen. Und schließlich muss ein Verfahren valide sein, d.h. es muss auch tatsächlich das messen, was es zu messen vorgibt (Kany & Schöler, 2010). Um diesen diagnostischen Gütekriterien zu genügen, werden bei einsprachigen Kindern standardisierte und normierte Testverfahren eingesetzt. In solchen Verfahren sind die sprachlichen

Anforderungen und die Situation, in der diese sprachlichen Anforderungen gestellt werden, für alle Kinder idealerweise identisch.

Um die Sprachleistungen eines mehrsprachig aufwachsenden Kindes im Deutschen zu erfassen, ist vor allem die Anwendung der richtigen Bezugsnorm wichtig. Bewertungsgrundlage müssen hier Vergleichswerte oder -normen sein, die individuelle Einflussfaktoren wie Alter bei Erwerbsbeginn, Kontaktdauer und Inputbedingungen berücksichtigen. Das Verfahren *LiSe-Daz* (Schulz & Tracy, 2011) berücksichtigt die Faktoren Alter bei Erwerbsbeginn und Kontaktdauer. Das Verfahren eignet sich für ein- und mehrsprachige Kinder im Alter von 3;0 bis 7;11 Jahren. Es ist normiert für Kinder, die Deutsch als Muttersprache (DaM) erwerben, also für einsprachige und simultan bilinguale Kinder, und es ist normiert für Kinder, die Deutsch als Zweitsprache (DaZ) erwerben, also Kinder, die im Alter von 2;0 bis 3;11 Jahren mit dem Erwerb des Deutschen beginnen. Unterschiedliche Vergleichsgruppen (bei DaM-Kindern nach Alter, bei DaZ-Kindern nach Kontaktdauer) erlauben eine Einschätzung, ob der Sprachentwicklungsstand eines Kindes im Deutschen im Hinblick auf die Erwerbsdauer entwicklungsgemäß ist oder ob in den untersuchten Bereichen ein sprachlicher Förderbedarf besteht. Das Verfahren ist damit geeignet, in der Gruppe von mehrsprachig aufwachsenden Kindern Risikokinder zu identifizieren, die dann einer differenzierten logopädischen Diagnostik zugeführt werden müssen.

Ein weiteres sinnvolles Ziel von Diagnostik ist es, Ansatzpunkte für die sprachliche Förderung eines Kindes zu identifizieren. Dann geht es nicht um die Frage, ob der Spracherwerb eines Kindes verglichen mit anderen Kindern schnell oder langsam verläuft, sondern es geht darum, herauszufinden, an welchen sprachlichen Strukturen ein Kind gerade „arbeitet", um es dann im Erwerb dieser Strukturen gezielt unterstützen zu können. Hierzu bedarf es notwendigerweise eines fundierten Modells kindlicher Sprachentwicklung, auf dessen Basis eine differenzierte Einschätzung möglich ist. Es soll ermittelt werden, an welchem Punkt der Sprachentwicklung ein Kind gerade steht und welches seine nächsten Entwicklungsschritte sind oder sein sollten. Ein Diagnostikverfahren, das zu diesem Zweck eingesetzt werden soll, muss offen legen, welches Entwicklungsmodell der Überprüfung zugrunde gelegt wird, und es muss genau solche sprachlichen Strukturen überprüfen, die eine eindeutige Einordnung in dieses Entwicklungsmodell ermöglichen.

Die derzeit größte Verbreitung im Elementarbereich haben die Verfahren *Sismik* (Ulich & Mayr, 2003) und *Seldak* (Ulich & Mayr, 2006). Das Verfahren *Sismik* ist für mehrsprachige Kinder konzipiert, das Verfahren *Seldak* für einsprachige Kinder. Bei beiden Verfahren handelt es sich um Beobachtungsverfahren, mit denen das Sprach- und Kommunikationsverhaltens eines Kindes in unterschiedlichen Alltagssituationen anhand vorgegebener Beobachtungsfragen beobachtet und eingeschätzt wird. Beobachtungsverfahren haben gegenüber standardisierten Verfahren eine Reihe von Vorteilen. Da das Sprachverhalten der Kinder in Alltagssituationen beobachtet wird, lässt sich die Durchführung dieser Verfahren besser in den pädagogischen Alltag einer Einrichtung integrieren. Des Weiteren bieten solche Verfahren die Möglichkeit, ein Kind über einen längeren Zeitraum und in verschiedenen Situationen zu beobachten, und liefern dadurch nicht nur einen kurzen „Schnappschuss" der sprachlichen Fähigkeiten eines Kindes. Dennoch sollte man sich einiger Probleme bewusst sein, wenn man mit Beobachtungsverfahren arbeitet. So sind Beobachtungen in der Regel deutlich subjektiver als standardisierte Verfahren. Zum einen sind die sprachlichen Anforderungen und Aufgaben, die ein Kind bewältigen muss, nicht vordefiniert, und infolge dessen sind die Ergebnisse auch weniger objektiv und vergleichbar. Zum anderen sind die Beobachtungskriterien häufig nicht eindeutig definiert. In den Verfahren *Sismik* und *Seldak* müssen Frühpädagoginnen und Frühpädagogen beispielsweise auf einer Einschätzskala ankreuzen, ob eine bestimmte sprachliche Form oder ein bestimmtes sprachliches Verhalten „nie", „sehr selten", „selten", „manchmal", „oft" oder „sehr oft" auftritt. Was ein Beobachter unter „selten", „manchmal" oder „oft" versteht, kann von Person zu Person durchaus verschieden sein. Hinzu kommt, dass Beobachterinnen und Beobachtern häufig bestimmte „Fehler" unterlaufen, die die Objektivität und damit die Vergleichbarkeit der Beobachtungsergebnisse weiter einschränken. Beispielsweise zeigen manche Personen beim Beobachten mit Hilfe von Einschätzskalen eine *zentrale Tendenz*, d.h. sie neigen dazu, eher eine mittlere Kategorie anzukreuzen. Vom *Hofeffekt* oder auch *Überstrahlungseffekt* (engl. *halo effect*) spricht man, wenn Beobachter sich bei ihrer Bewertung von einem besonders auffälligen Merkmal leiten lassen, das dann die Bewertung anderer Merkmale überstrahlt, d. h. positiv oder negativ beeinflusst. Beispielsweise werden Genusfehler an Artikeln (*Das ist eine Affe.*) häufig als besonders auffällig wahrgenommen. Produziert ein Kind besonders viele solcher Fehler, kann dies dazu führen, dass ein Beobachter zu dem Schluss kommt, das Kind mache auch in anderen Bereichen viele Fehler selbst wenn das objektiv gar nicht so ist.

Diagnostische Verfahren unterscheiden sich nicht nur hinsichtlich ihres Aufbaus und Typs (und damit hinsichtlich ihrer Einsetzbarkeit für unterschiedliche Zwecke), ein wichtiges Unterscheidungsmerkmal diagnostischer Verfahren ergibt sich auch daraus, welche sprachlichen Bereiche ein Verfahren überprüft. Nicht alle Verfahren decken das gesamte Spektrum sprachlicher Fähigkeiten ab. Beispielsweise liegt der Schwerpunkt der Verfahren *Sismik* und *Seldak* auf der Beobachtung des Kommunikationsverhaltens von Kindern und ihrem Interesse für Schrift und liefert hier relevante Hinweise für die Sprachförderung. „Sprachliche Kompetenz im engeren Sinn" wie Wortschatz, Aussprache und Grammatik soll in beiden Verfahren zwar ebenfalls erfasst werden, allerdings erlauben die Beobachtungsfragen insbesondere in den Bereichen „Sprechweise" und „Wortschatz" allenfalls eine grobe Einschätzung des Sprachentwicklungsstands, die im Hinblick auf eine gezielte Förderung zu undifferenziert ist.

Der Schwerpunkt des Verfahrens *Lise-DaZ* liegt dagegen auf der Erfassung des grammatischen Entwicklungsstands sowie einzelner Bereiche der semantischen und lexikalischen Entwicklung. Überprüft werden die produktiven Fähigkeiten in den Bereichen Satzstruktur (Satzklammer, Subjekt-Verbkongruenz, Nebensätze), Kasus (Akkusativ, Dativ) und Wortklassen sowie das Verstehen von Verbbedeutungen, W-Fragen und Negation. Das Verfahren erlaubt damit eine differenzierte Einschätzung v.a. des grammatischen Entwicklungsstandes und möglicher Anknüpfungspunkte in der Förderung.

Je nach diagnostischer Fragestellung sind unterschiedliche Anforderungen an ein Verfahren zu stellen und unterschiedliche Verfahren zu wählen. Aufgabe einer Diagnostikerin ist es, im Vorfeld das Ziel ihres sprachdiagnostischen Handelns genau zu bestimmen und dann aus der Vielzahl verfügbarer sprachdiagnostischer Verfahren diejenigen Verfahren auszuwählen, mit denen sich dieses Ziel am besten erreichen lässt. Folgende diagnostische Leitfragen sollten diesen Prozess begleiten:

- Welches Ziel verfolge ich?
- Welche sprachlichen Bereiche will ich überprüfen?
- Welche Norm ist die Basis für die Beurteilung der Ergebnisse?
- Liefert mir das Verfahren alle notwendigen Informationen?
- Welche Konsequenzen ziehe ich aus den Ergebnissen?

Inwiefern es einer frühpädagogischen Fachkraft gelingt, die Ergebnisse einer Sprachstandserhebung für ihre sprachpädagogische Arbeit zu nutzen, hängt letztlich auch von ihren sprachanalytischen und sprachpädagogischen Kompetenzen ab. So genügt es nicht, ein sprachdiagnostisches Verfahren durchzuführen und auszuwerten. Sprachdiagnostik ist kein Selbstzweck, sondern immer nur ein Hilfsmittel, um begründete Handlungsentscheidungen treffen zu können. Hierfür muss eine frühpädagogische Fachkraft die Ergebnisse interpretieren und die richtigen Schlüsse für die Förderung ziehen können. Für diesen Schritt ist ein sprachwissenschaftlich fundiertes Wissen über Sprache und kindlichen Spracherwerb zwingend notwendig. Dies kann am Beispiel des Verfahrens *Sismik* verdeutlicht werden (Ulich & Mayr, 2003). Die Beobachtungsfragen in diesem Verfahren zielen vor allem auf das Kommunikationsverhalten, berücksichtigen aber auch Aspekte des Wortschatz- und Grammatikerwerbs. So lauten beispielsweise die Fragen 3 bis 6 aus dem Teil „Satzbau, Grammatik":

> 3. *Das Kind bildet Nebensätze, z. B. mit „weil", „dass", „wo" oder „wenn", Beispiel: „… weil der ist blöd"; „… der will, dass ich mein Stuhl gebe"*
> 4. *Das Kind verwendet Artikel, z. B. „das ist **ein** Haus", „… ich gebe dir **das** Buch"*
> 5. *Wie geht das Kind mit dem Verb um, wird das Verb gebeugt? wenn es z. B. sagen will „ich spiele …" oder „du spielst …" oder „die spielen …"*
> 6. *Im Hauptsatz steht das Verb an der richtigen Stelle, z. B. „der **macht** immer so", „… ich **habe** Durst", „… ich **muss** (auf die) Toilette"*

(Ulich & Mayr, 2003, S. 8)

Diese Fragen thematisieren durchaus relevante Bereiche und Entwicklungsschritte des kindlichen Grammatikerwerbs (vgl. Kap. 8). Allerdings werden sie nicht in einen entwicklungslogischen Zusammenhang gestellt. So geht der Erwerb der Subjekt-Verb-Kongruenz dem Erwerb der Verbzweitstellung in Hauptsätzen unmittelbar voraus (Clahsen, 1988). Beide Phänomene werden hier jedoch getrennt voneinander abgefragt und nicht in Bezug zueinander gesetzt. Auch die Reihenfolge der überprüften grammatischen Strukturen entspricht nicht der erwerbslogischen Abfolge im kindlichen Spracherwerb. Frage 3 zielt auf den Erwerb von Nebensätzen, die nachfolgenden Fragen 5 und 6 auf den Erwerb der Hauptsatzstruktur. Entwicklungslogisch erfolgt der Erwerb von Nebensätzen jedoch erst nach dem Erwerb der Hauptsatzstruktur (vgl. Rothweiler, 1993; Tracy, 2007).

Der diagnostische Nutzen des Verfahrens ist eingeschränkt, wenn man kein entsprechendes Modell kindlicher Sprachentwicklung nutzt, um die Ergebnisse vor diesem Hintergrund einzuschätzen. Nur mit dem entsprechenden Wissen erhält man auch wichtige Hinweise darauf, an welcher Stelle eine gezielte sprachliche Förderung individuell ansetzen muss. Dieses Beispiel macht deutlich, dass ein diagnostisches Instrument immer nur ein Hilfsmittel ist, um ein bestimmtes Ziel zu erreichen. Wie gut es seine Aufgabe erfüllt, hängt auch von der Person ab, die sich dieses Instrument zunutze macht. Etwas verkürzt könnte man auch sagen: Ein Diagnostikverfahren ist nur so gut wie der Diagnostiker, der es einsetzt.

4.3 Zusammenfassung

Tabelle 4.1: Empfehlungen für Sprachbeobachtung und Sprachdiagnostik

Was Sie tun sollten …	Was Sie nicht tun sollten …
Vor jedem diagnostischen Prozess die folgende Fragen klären: • Welches Ziel verfolge ich? • Welche sprachlichen Bereiche muss ich überprüfen? • Welche Norm ist die Basis für die Beurteilung der Ergebnisse? • Welche Typen von Verfahren eignen sich zur Erreichung meines diagnostischen Ziels? (Test, Beobachtungsverfahren, Screeningverfahren etc.) Für das einzelne Verfahren folgende Fragen klären: • Für welche Zielgruppe ist das Verfahren vorgesehen und ggfs. normiert? • Fällt mein Kind in diese Gruppe? • Welche sprachlichen Bereiche werden überprüft? • Liefert mir das Verfahren alle notwendigen Informationen, oder muss ich ergänzende Informationen einholen? Nach Durchführung der Ergebnisse folgende Fragen klären: • Wie sind die Ergebnisse zu bewerten (z. B. Förderbedarf/kein Förderbedarf/Hinweise auf eine Sprachentwicklungsstörung)? • Welche Konsequenzen ergeben sich für mein pädagogisches Handeln (z. B. Bestimmung von Förderzielen, Eltern zum Besuch beim Kinderarzt und Logopäden raten)?	• Sprachförderung durchführen, ohne den Sprachentwicklungsstand und die Erwerbsbedingungen eines Kindes diagnostisch zu erfassen • Ein diagnostisches Verfahren durchführen, weil Sprachdiagnostik nun mal Pflicht ist • Ein Verfahren nur anwenden, weil es gerade zur Verfügung steht • Ein Verfahren nur anwenden, weil es schnell durchführbar und/oder leicht auszuwerten ist • Eine unangemessene Entwicklungsnorm bei der Beurteilung der Ergebnisse anlegen • Die Ergebnisse der Diagnostik schnell in der Schublade verschwinden lassen, ohne Konsequenzen für die Förderpraxis abzuleiten • Bei unklaren/unvollständigen/fehlenden Informationen es dabei belassen und nicht noch einmal mit einem anderen Verfahren „nachbohren"

4.4 Literatur zum Weiterlesen

Kany, W. & Schöler, H. (2010). *Fokus: Sprachdiagnostik. Leitfaden zur Sprachstandsbestimmung im Kindergarten* (2., erw. Aufl.). Berlin: Cornelsen Scriptor.
Dieses Buch führt ausführlich in die theoretischen Grundlagen von Sprachbeobachtung und Sprachdiagnostik ein und gibt einen Überblick über gängige Verfahren.

5 Eltern auf den Mund geschaut – Förderliches Sprachverhalten

In diesem Kapitel erfahren Sie etwas über die Bedeutung des sprachlichen und nicht-sprachlichen Interaktionsverhaltens Erwachsener für den kindlichen Spracherwerb. Insbesondere geht es um die Wirksamkeit intuitiver Sprachlehrstrategien im Hinblick auf Sprachförderung und um deren gezielten Einsatz in Form von Modellierungstechniken.

Abbildung 5.1: Irrtümer und Wahrheiten des Spracherwerbs
Zeichnung: Ray Subahri

Kinder verfügen über eine angeborene Fähigkeit zum Spracherwerb, die sie in die Lage versetzt, jede erdenkliche Sprache zu erwerben, sei es Deutsch oder Rumänisch oder eine andere Sprache. Ein Kind rumänischer Eltern wird in Rumänien Rumänisch lernen, aber wenn es in einer deutschsprachigen Umgebung aufwächst, wird es selbstverständlich auch oder auch nur Deutsch erwerben, wie ein Kind deutschsprachiger Eltern. Umgekehrt wird ein Kind deutscher Eltern, welches in einer rumänischsprachigen Umgebung aufwächst, Rumänisch erwerben.

Diese Feststellung mag auf den ersten Blick trivial erscheinen. Aber stimmt das wirklich? Erwerben Kinder eine Sprache mühelos, wenn sie nur genügend Input in dieser Sprache bekommen? Dies dachten sich möglicherweise die gehörlosen Eltern zweier hörender Kinder in den USA. Der lautsprachliche Input der Kinder beschränkte sich auf ausgiebiges Fernsehen, jedoch lernten die Kinder dadurch die Sprache nicht (Ervin-Tripp, 1971).

Einen ähnlichen Fall beobachteten Sachs, Bard und Johnson (1981). Auch hier waren zwei hörende Kinder gehörloser Eltern bis zum Alter von 3;9 bzw. 1;8 Jahren hauptsächlich über das Fernsehen der Lautsprache ausgesetzt, abgesehen von losen Kontakten zu hörenden Kindern in der Nachbarschaft. Auch diese beiden Kinder erwarben dadurch lediglich rudimentäre Sprachkompetenzen. Erst nachdem die Kinder intensiven Kontakt zu sprechenden Personen bekamen, setzte die sprachliche Strukturentwicklung ein, und die Kinder konnten den Rückstand zu ihren Altersgenossen aufholen. Offenbar ist sprachlicher Input alleine nicht ausreichend, um Kindern den Erwerb einer Sprache zu ermöglichen.

5.1 Kindgerichtete Sprache (KGS)

Kinder erwerben eine Sprache nur in Interaktion mit kompetenten Sprechern dieser Sprache, d.h. in realen Kommunikationssituationen. Dies wirft jedoch eine entscheidende Frage auf: Was leisten reale Kommunikationspartner, was das Fernsehen nicht leistet? Was genau sind die Merkmale sprachlicher Interaktion, die Kindern den Spracherwerb erst ermöglichen?

Um dies herauszufinden, wurde vielfach untersucht, ob das Sprachverhalten erwachsener Bezugspersonen in der Kommunikation mit Kindern besondere Merkmale aufweist, die Kindern helfen könnten, aus dem Input die relevanten Informationen über Struktur und Bedeutung von Sprache herauszufiltern. Und tatsächlich konnten solche Merkmale gefunden werden. Wenn Eltern mit ihren Kindern sprechen, tun sie das auf eine ganz bestimmte Art und Weise. Sie sprechen dann nicht wie mit Erwachsenen, sondern modifizieren ihre Äußerungen in bestimmten Merkmalen. Und nicht nur Eltern tun dies.

Bestimmt haben Sie sich schon selbst einmal ertappt, wie sie vor einem Kinderwagen standen und unwillkürlich den Drang verspürten, in einer hohen Stimmlage „dudududu" zu rufen – um anschließend Ihre eigene geistige Gesundheit in Frage zu stellen. Hierfür gibt es jedoch keinen Grund. Wenn wir mit Kleinkindern sprechen, verändern wir unser Sprach- und Sprechverhalten ganz automatisch. Da ein solches Sprachverhalten nicht nur bei Müttern, sondern ganz allgemein bei den meisten Erwachsenen und sogar schon bei vierjährigen Kindern gegenüber jüngeren Kindern beobachtet wurde (Shatz & Gelman, 1973), wird häufig der Terminus *Kindgerichtete Sprache* (KGS) oder der englische Begriff *child directed speech* verwendet.

Die Merkmale der KGS variieren in Abhängigkeit vom sprachlichen Entwicklungsstand des Kindes. Daher wird vermutet, dass der KGS eine lehrende oder zumindest unterstützende Funktion zukommt, indem die Bezugspersonen ihren sprachlichen Input so variieren, dass dem Kind der Zugang zu sprachlichen Strukturen leichter fällt.

5.2 Ammensprache (babytalk)

Babys bis zum Alter von ca. 12 Monaten konzentrieren sich auf das Verstehen von Sprache, das Identifizieren von Wortgrenzen (und damit von Wörtern) und den Erwerb von Lauten. Dementsprechend ist das Sprachverhalten der Bezugspersonen vor allem durch die Hervorhebung prosodischer und lautlicher Sprachmerkmale gekennzeichnet. Diese Art zu sprechen nennt man *Ammensprache* oder *baby talk*. Herausragende Merkmale sind

- eine erhöhte Stimmlage,
- eine übertriebene Betonung,

- Pausen an Phrasengrenzen,
- ein verlangsamtes Sprechtempo,
- die Verwendung kurzer, einfach strukturierter Sätze,
- die Verwendung eines kindgerechten Wortschatzes.

Normalerweise sprechen Erwachsene in einer Stimmlage von 190–250 Hz. Kleinkindern gegenüber erhöht sich die Stimmlage auf 400–600 Hz. Dies lässt sich damit erklären, dass Kleinkinder diesen Frequenzbereich besonders gut wahrnehmen können. Durch die Erhöhung der Stimmlage wird die Aufmerksamkeit des Kindes stärker auf sprachliche Äußerungen gelenkt. So konnten Untersuchungen zeigen, dass Mütter die Tonhöhe in Abhängigkeit von der Aufmerksamkeit ihres Kindes verändern. Reagiert das Kind auf sprachliche Äußerungen, senkt die Mutter die Tonhöhe. Richtet das Kind seine Aufmerksamkeit auf etwas anderes, hebt die Mutter die Stimme (Niwano & Sugai, 2003).

Die übertriebene Satzmelodie dient wahrscheinlich dazu, lautliche Kontraste hervorzuheben. So können bereits vier Monate alte Kinder durch eine übertriebene Satzmelodie bestimmte lautliche Kontraste wahrnehmen, die sie bei normaler Sprechweise nicht wahrnehmen (Karzon, 1985). Auch ein vereinfachter und kindgerechter Wortschatz hilft beim Erwerb von Wörtern, aber auch von Lauten und Silbenstruktur. Wenn wir mit Kindern in der Ammensprache sprechen, verwenden wir häufig einfache Silben aus einem Konsonant und einem Vokal, wie *du-du-du-du* und *da-da-da-da*. Häufig verwenden wir auch Lautmalereien, die einen ikonischen Bezug zu einem Gegenstand oder Lebewesen haben wie *wauwau* für Hund oder *tatütata* für Feuerwehr. Mit diesen vereinfachten Formen geben wir eine Einstiegshilfe in den Erwerb von Wörtern und in den Erwerb der Lautbildung und der Silbenstruktur.

Eine wesentliche Voraussetzung für den Erwerb neuer Wörter ist es, Wörter als solche zu identifizieren. Erinnern Sie sich, wie Sie eine völlig fremde Sprache wahrnehmen! Zunächst nehmen Sie die Sprache als einen ununterbrochenen Strom von Lauten wahr. Um aus diesem Lautstrom einzelne Wörter zu isolieren, müssen Sie lernen, diesen Lautstrom zu segmentieren. Das müssen Babys auch. Das ist allerdings gar nicht so leicht. Denn woher sollen Kinder wissen, dass der Satz *Das is Opa.* nicht aus den Wörtern *Dasi Sopa* oder *Da siso Pa* besteht? Die Antwort lautet: Wir geben ihnen deutliche Hinweise. Zum einen erleichtert ein langsames und betontes Sprechen die Analyse des Lautstroms. Zum anderen markieren wir durch längere Pausen, wo eine Phrase aufhört und die nächste Phrase beginnt: *Das* (Pause) *ist* (Pause) *Opa* (Kuhl et al., 1997). Experimente mit etwa acht Monate alten Kindern zeigen, dass es Kindern tatsächlich leichter fällt, den Lautstrom in Wörter zu segmentieren, wenn ihnen Äußerungen in der Ammensprache präsentiert werden (Thiessen, Hill & Saffran, 2005).

Weitere Merkmale der Ammensprache sind einfache Sätze, in denen die Satzglieder in der Reihenfolge Subjekt – Verb – Objekt stehen. Und schließlich schauen wir das Kind direkt an, wenn mir mit ihm sprechen. Interessanterweise halten wir, wenn wir mit Kleinkindern sprechen, häufig einen Abstand von etwa 25 cm zum Gesicht des Kindes ein. Dies hat allerdings nichts mit dem Spracherwerb zu tun, sondern damit, dass Babys in diesem Bereich besonders scharf sehen.

5.3 Stützende Sprache (scaffolding)

Etwa im Alter von 12 Monaten beginnen Kinder, ihre ersten Wörter zu sprechen. Dann steht vor allem der Aufbau des Wortschatzes im Zentrum der Sprachentwicklung. Auch das Sprachverhalten der Bezugspersonen passt sich dieser neuen Aufgabe an. Man spricht dann von *stützender Sprache* oder *scaffolding*.

Im Vordergrund des mütterlichen Sprachverhaltens steht die Einführung neuer Wörter, insbesondere von Nomen. Durch häufige Objektbenennungen werden die Kinder im Aufbau eines nominalen Wortschatzes unterstützt. Kinder in dieser Phase des Spracherwerbs sind aufgrund ihrer noch eingeschränkten Sprachkompetenz in besonderer Weise auf die Interaktion mit Bezugspersonen angewiesen, um einen Bezug zwischen einzelnen Wörtern („Worthülsen") im sprachlichen Input und ihrer Bedeutung herzustellen. Eine wesentliche Rolle spielt dabei ein gemeinsamer Aufmerksamkeitsfokus zwischen Kind und Bezugsperson, die sogenannte *joint attention* (Bruner, 1981). Die Interaktion ist dabei durch bestimmte Merkmale gekennzeichnet, die die Aufmerksamkeit des Kindes so lenken, dass es sprachliche Äußerungen und Handlungen bzw. das Handlungsobjekt unmittelbar aufeinander beziehen kann.

Indem das Kind der Blickrichtung der Bezugsperson folgt, versichert es sich, worauf sich eine sprachliche Äußerung bezieht. Über den gemeinsamen Blickkontakt wird somit die Aufmerksamkeit des Kindes auf einen eng umgrenzten Ausschnitt seiner Umgebung gelenkt, wodurch es einen unmittelbaren Bezug zwischen einer sprachlichen Äußerung und einem bestimmten Objekt oder einer Handlung herstellen kann (s. Abb. 5.2). Kind, Bezugsperson und Bezeichnetes bilden hierbei ein Dreieck oder eine Triangel. Man spricht daher in diesem Zusammenhang auch von Triangulierung oder Triangulation.

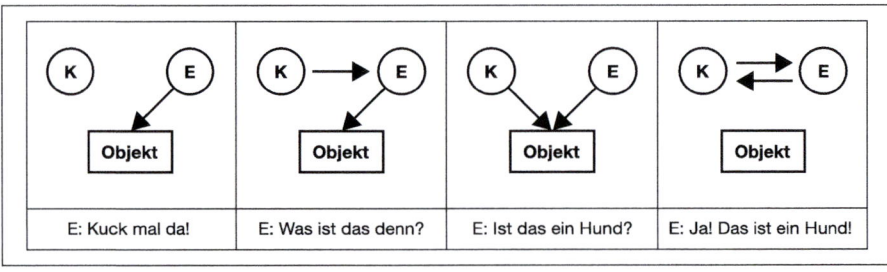

Abbildung 5.2: Gemeinsamer Aufmerksamkeitsfokus

Eine wichtige Rolle für den frühen kindlichen Spracherwerb spielen nach Bruner (1987) auch standardisierte Interaktionsmuster mit einer festgelegten und wiederkehrenden (sprachlichen) Handlungsabfolge, sogenannte *Formate*. Häufig finden solche Formate in Form ritualisierter Spiele statt, beispielsweise Dinge verschwinden und wieder erscheinen lassen.

Auch die sprachlichen Äußerungen Erwachsener weisen in solchen Formaten eine festgelegte und wiederkehrende Abfolge auf. So erfolgt beispielsweise bei der gemeinsamen Bilderbuchbetrachtung die Benennung einzelner Objekte häufig nach einem bestimmten Äußerungsmuster. Zu Beginn sichert die Bezugsperson durch einen Ausruf die Aufmerksamkeit des Kindes. Es folgt die Frage nach einem bestimmten Objekt, welches anschließend benannt wird. Im nächsten Schritt wird die (sprachliche) Reaktion des Kindes bestätigt und das Objekt nochmals benannt (vgl. Beispiel 9).

Beispiel
(9) Beispiel für ein Äußerungsformat
 Ausruf: „Kuck mal da!"
 Frage: „Was ist denn da?"
 Bezeichnung: „Ist das eine Katze?"
 Rückmeldung und Bezeichnung: „Ja! Das ist eine Katze!"

Solche Formate weisen eine geringe Komplexität auf und beziehen sich inhaltlich vor allem auf Situationen und Gegenstände, die im unmittelbaren Erfahrungshorizont des Kindes liegen, d. h. Äußerungen, die sich auf das „Hier und Jetzt" beziehen. Durch die Abfolge der Äußerungen wird die Aufmerksamkeit des Kindes einerseits auf einen bestimmten Ausschnitt seiner Umgebung gelenkt. Andererseits bietet die festgelegte und wiederkehrende Abfolge und Struktur solcher Formate dem Kind ein stabiles Gerüst für den Wortschatzerwerb. Die sprachliche Information wird so begrenzt, dass es für das Kind einfacher wird, relevante Elemente der sprachlichen Äußerung zu identifizieren und zu seiner unmittelbaren Umgebung in Bezug zu setzen (Grimm, 1999). Da die Äußerungen auch eine geringe grammatische Komplexität aufweisen, sind sie für Kinder in dieser Phase des Spracherwerbs leichter zugänglich und hilfreich für den Einstieg in den Erwerb der Satzstruktur.

Anfangs wird die Kommunikation zwischen Bezugsperson und Kind noch stark von der Bezugsperson dominiert. Auf Fragen wird noch keine lautsprachliche Reaktion des Kindes erwartet. Benennung und Bestätigung erfolgen unabhängig von der sprachlichen Reaktion des Kindes. Dies ändert sich jedoch mit der wachsenden Sprachkompetenz des Kindes. Sobald ein Kind beginnt, auf Fragen mit einzelnen Lauten oder Lautketten zu reagieren, fordert die Bezugsperson eine solche Reaktion auf ihre Fragen auch ein. Sobald das Kind in der Lage ist, Wörter zu produzieren, akzeptiert die Bezugsperson keine Lalläußerungen mehr und erwartet als Reaktion auf ihre Frage die Produktion von Wörtern (vgl. Grimm, 1999). Auch erwarten Bezugspersonen zunehmend, dass sich das Kind aktiv an der Kommunikation beteiligt. Hierdurch wird das Kind zunehmend dazu herausgefordert, seine wachsende Sprachkompetenz auch aktiv einzusetzen.

5.4 Lehrende Sprache (motherese)

Etwa im Alter von 24 Monaten steigen Kinder verstärkt in den Erwerb der Grammatik ein. Auch das Sprachverhalten der Bezugspersonen verändert sich. Die Äußerungen der Bezugspersonen werden länger und weisen eine zunehmende Komplexität auf. Zudem setzen die Bezugspersonen intuitiv bestimmte Strategien ein, die nicht mehr nur Wortschatz und Bedeutung, sondern verstärkt auch sprachliche Strukturelemente fokussieren. Es wird vermutet, dass es sich bei diesen Merkmalen um intuitive Sprachlehrstrategien handelt, die das Kind gezielt im Erwerb formaler Aspekte von Sprache unterstützen (Snow, 1977). Dieses Sprachregister wird daher als *lehrende Sprache* oder *motherese* (Mutterisch) bezeichnet.

Die wichtigsten Merkmale lehrender Sprache sind in Tabelle 5.1 zusammengefasst.

Tabelle 5.1: Merkmale lehrender Sprache

Sprachlehrstrategie	Beispiel (K = Kind, E = Erzieherin)
Korrektives Feedback	*auf morphosyntaktischer Ebene:* K: Der Junge holt **der** Ball. E: Stimmt. Der Junge holt **den** Ball K: Junge Ball holen. E: Hm. Der Junge holt den Ball. *auf phonetisch-phonologischer Ebene:* K: Das is eine **T**atze. E: Ja. Das is eine **K**atze. *auf semantisch-lexikalischer Ebene:* K: Da is ein **Wauwau**. E. Ja, da is ein **Hund**.
Expansion (Erweiterung)	K: Das ist ein Hund. E: Oh ja. Da ist ein **ganz kleiner** Hund.
Transformation (Umformung)	K: Das ist ein Hund. E: Hm. Ein Hund ist das.
Extension	K: Hundi belle. E: Ja, der hat Angst.
offene Frage	E: Was macht denn der Junge da? K: Der spielt mit Ball.

Von einer *Wiederholung* spricht man, wenn die kindliche Äußerung oder Teile der kindlichen Äußerung unverändert wiederholt werden. Häufig werden kindliche Äußerungen jedoch nicht einfach wiederholt, sondern es werden formalsprachliche und lexikalische Merkmale korrigiert oder hinzugefügt, sodass eine – im Vergleich zur Zielsprache – abweichende kindliche Äußerung in eine korrekte Form überführt wird. Der Inhalt der kindlichen Äußerung bleibt dabei unverändert. Man spricht dann von *korrektivem Feedback* (korrigierende Rückmeldung). Dieses Feedback kann sich auf die grammatische, die phonetisch-phonologische oder semantisch-lexikalische Ebene beziehen.

Korrektives Feedback liefert dem Kind ein korrigiertes Modell seiner eigenen, Äußerungen, und zwar ohne das Kind bewusst auf seine Fehler hinzuweisen und ohne die Fehler des Kindes explizit zu korrigieren. Dem Kind wird die Möglichkeit gegeben, seine eigene Äußerung mit dem Modell abzugleichen, ohne dass die Kommunikation hierdurch beeinträchtig wird.

Werden der kindlichen Äußerung noch weitere Elemente hinzugefügt, die jedoch für die Grammatikalität einer Äußerung nicht unbedingt notwendig wären, spricht man von *Expansionen* (Erweiterungen). Expansionen sind häufig mit korrektivem Feedback verbunden:

Beispiel
(10) Beispiel für eine Expansion
   K: Da Hund.
   E: Stimmt. Da ist ein kleiner Hund.

Reagiert eine Person auf die kindliche Äußerung „Da Hund" mit der Antwort „Da ist ein kleiner Hund", ist das Hinzufügen von *ist* und *ein* als korrektives Feedback zu klassifizieren, weil diese beiden Funktionswörter notwendig sind, um aus der Äußerung des Kindes einen grammatikalisch korrekten Satz zu formen. Das Adjektiv *kleiner* dagegen ist für die grammatische Korrektheit entbehrlich und stellt somit eine Expansion dar.

Von *Transformation* (Umformung) spricht man, wenn die kindliche Äußerung inhaltlich unverändert, aber mit einer anderen Satzstruktur wiederholt wird. Dies kann beispielsweise durch Umstellung einzelner Satzglieder oder durch Veränderung grammatischer Merkmale erfolgen. Tracy (2007) betont die besondere Bedeutung von Umformungen für den Erwerb der Satzstruktur. Bei der Umstellung einzelner Satzteile werde ein Kontrast geschaffen, der es ermögliche, die beiden Verbpositionen im Satz zu identifizieren (vgl. Kap. 7).

Unter *Extensionen* versteht man die inhaltliche bzw. thematische Fortführung einer kindlichen Äußerung. Auch Extensionen treten häufig in Kombination mit Expansionen auf.

offene Frage: Was passiert auf dem Bild?
Antwort: Der Junge trinkt.

geschlossene Frage: Was hat der Junge an?
Antwort: Einen Pullover.

Ja/Nein-Frage: Ist das ein Junge?
Antwort: Ja.

Abbildung 5.3: Fragetypen

Untersuchungen von Mutter-Kind-Interaktionen zeigen, dass die lehrende Sprache zu einem hohen Anteil aus Fragen besteht, die die Bezugspersonen an das Kind richten. Fragen erfüllen hierbei vor allem eine kommunikative Funktion, indem sie das Kind dazu anregen, sich zu einem Sachverhalt zu äußern, die eigene Äußerung zu präzisieren oder inhaltlich zu korrigieren (vgl. Grimm, 1995). Wie sehr eine Frage tatsächlich die Sprachproduktion des Kindes anregt, hängt jedoch stark vom Fragetyp ab (s. Abb. 5.3).

Besonders durch *offene Fragen* werden Kinder zu einem aktiven Sprachgebrauch herausgefordert. Offene Fragen erfordern eine Antwort, die aus mindestens zwei Satzgliedern besteht. So erfordert die Frage „Was passiert denn hier auf dem Bild?" eine ausführlichere Beschreibung davon, wer etwas tut und was er/sie/es tut, z. B. „Der Junge trinkt". Die Antwort muss also mindestens aus zwei Satzgliedern bestehen, einem Subjekt und einem Prädikat.

Geschlossene Fragen, auch als Ergänzungsfragen bezeichnet, lassen sich dagegen durch die Nennung eines einzigen Satzgliedes beantworten. Auf die Frage „Was hat der Junge an?" ist die Antwort „einen Pullover" völlig akzeptabel. Auch auf die Frage „Was macht der Junge?" könnte man zwar etwas einsilbig, aber völlig korrekt antworten: „Trinken". Ergänzungsfragen regen Kinder damit deutlich weniger zur Produktion grammatisch komplexer Äußerungen an als offene Fragen.

Ja/Nein-Fragen laden von allen Fragetypen am wenigsten zum aktiven Sprachgebrauch ein. Sie werden aber in Zusammenhang mit dem Erwerb von Hilfsverben gebraucht. In Ja/Nein-Fragen steht das Hilfsverb am Satzanfang (11).

Beispiel
(11) Beispiele für Ja/Nein-Fragen
Hat der Junge einen Pullover an?
Will der Junge trinken?

Elemente am Satzanfang sind besser wahrnehmbar als Elemente in der Satzmitte. Daher wird vermutet, dass in Ja/Nein-Fragen die prominente Stellung der Hilfsverben am Satzanfang den Erwerb der Hilfsverben begünstigt (Hoff-Ginsberg, 1986; Newport, Gleitman & Gleitman, 1977).

5.5 Kulturelle Prägung kindgerichteter Sprache

Die Beobachtung, dass das Sprach- und Sprechverhalten erwachsener Bezugspersonen in der Kommunikation mit Kindern qualitative Besonderheiten aufweist, legt zwar die Vermutung nahe, dass diese Merkmale Kinder im Spracherwerb unterstützen. Offen bleibt jedoch, ob das Auftreten dieser Merkmale ein notwendiger, ein stützender oder gar kein relevanter Faktor für den Spracherwerb ist.

Die Merkmale kindgerichteter Sprache wurden mittlerweile vielfach belegt, allerdings stammen die Probanden der meisten Untersuchungen aus dem westlichen Kulturkreis. Einige wenige Studien, die sich mit dem Sprachverhalten erwachsener Bezugspersonen aus anderen Kulturkreisen beschäftigen, zeigen jedoch, dass es sich bei kindgerichteter Sprache keineswegs um ein universelles

Phänomen handelt. So gibt es Kulturkreise, in denen das Sprachverhalten der Bezugspersonen die beschriebenen Merkmale kindgerichteter Sprache nicht oder nur teilweise aufweist (vgl. Culp, 2004).

Die Kaluli, ein Volksstamm in Papua-Neuguinea, vermeiden beispielsweise Expansionen, Blickkontakt und Interpretationen kindlicher Äußerungen, da diese als Magie oder Hexerei gelten. Fragen an das Kind, auch offene Fragen, sind aufgrund gesellschaftlicher Hierarchien nicht gestattet. Dagegen fordern die Erwachsenen ihre Kinder häufig dazu auf, Äußerungen zu imitieren, da sie davon ausgehen, dass dies die Sprechfähigkeit der Kinder fördert (Schieffelin, 1985) – ein Kommunikationsverhalten, das sich in westlichen Kulturkreisen eher selten findet.

Die Interaktion zwischen Kindern und Bezugspersonen bei den Kaluli zeichnet sich somit vor allem durch das Fehlen der zentralen Merkmale kindgerichteter Sprache aus. Und dennoch erwerben die Kinder der Kaluli ihre Sprache vollständig.

Auch Inuit-Kinder, die Inuktitut als Muttersprache erwerben, tun dies, obwohl die Inuitmütter es nicht für notwendig erachten, auf die Äußerungen von ein- bis zweijährigen Kindern zu reagieren, weder verbal noch mit Blicken (Crago, 1992). Wenn etwas ältere Kinder Fragen stellen, während sich Erwachsene unterhalten, werden auch diese meist ignoriert, und umgekehrt stellen Erwachsene auch nur selten Fragen an Kinder. Dass die Inuitmütter kaum auf sprachliche Äußerungen ihrer Kinder reagieren, bedeutet allerdings nicht, dass die Kinder überhaupt nicht an sprachlicher Interaktion teilnehmen – das tun sie mit älteren Kindern und Jugendlichen und als Kleinkinder dann auch mit Erwachsenen.

Aber auch in westlichen Kulturkreisen finden sich die Merkmale kindgerichteter Sprache nicht bei allen Eltern. So zeigen Untersuchungen aus dem englischsprachigen Raum, dass Eltern aus der sogenannten „Unterschicht" ihren Kindern weniger Erweiterungen und korrektives Feedback anbieten als Eltern mit einem höheren Bildungsniveau (Miller, 1986). Auch zeigen Eltern der „Unterschicht" ein eher steuerndes Kommunikationsverhalten, welches von vielen Imperativen geprägt ist, während Eltern der „Mittelschicht" ihren Kindern mehr W-Fragen stellen (Newport et al., 1977). Die kindgerichtete Sprache ist also ein kulturell und sozial geprägtes Phänomen.

Ohne (sprachliche) Interaktion in natürlichen Kommunikationssituationen erwerben Kinder eine Sprache nicht. Ob das Sprach- und Kommunikationsverhalten Erwachsener in der Kommunikation mit Kindern allerdings notwendigerweise auch die spezifischen Merkmale der kindgerichteten Sprache aufweisen muss, ist mindestens fraglich. Denn sonst würden die Kinder der Kaluli oder der Inuit ihre Sprache nicht erwerben.

5.6 Wirksamkeit kindgerichteter Sprache

Es stellt sich also die Frage, ob die kindgerichtete Sprache Kinder im Spracherwerb unterstützen kann. Wenngleich sich diese Frage nicht pauschal beantworten lässt, deutet doch eine Reihe von Untersuchungen darauf hin, dass zumindest einige Merkmale kindgerichteter Sprache einen förderlichen Effekt auf den kindlichen Spracherwerb haben.

Die förderliche Wirkung von Ammensprache bei der Identifizierung lautlicher Kontraste und Wortgrenzen wurde bereits erwähnt. Auch für die stützende Sprache ist ein förderlicher Effekt auf den Wortschatzerwerb recht gut belegt. So konnte gezeigt werden, dass Kinder im zweiten Lebensjahr neue Wörter besser lernen, wenn sie ihre Aufmerksamkeit gemeinsam mit der Bezugsperson auf das benannte Objekt richten. Auch wirkt sich ein gemeinsamer Aufmerksamkeitsfokus bei Kindern im Alter von 15 Monaten positiv auf ihren Wortschatzumfang im Alter von 21 Monaten aus. Ein direktiver Kommunikationsstil der Bezugspersonen ist dagegen für den kindlichen Wortschatzerwerb eher hinderlich. Bezugspersonen mit einem direktiven Kommunikationsstil setzen Sprache in erster Linie dazu ein, die Handlungen des Kindes zu steuern. Sie richten viele Aufforderungen an das Kind, erteilen Handlungsanweisungen oder kommentieren das Verhalten des Kindes. Ein solcher Kommunikationsstil lässt wenig Raum für einen gemeinsamen Aufmerksamkeitsfokus und macht es dadurch für das Kind schwieriger, neue Wörter zu erwerben (Tomasello & Farrar, 1986; Tomasello & Todd, 1983).

Weniger eindeutig sind die Ergebnisse zur Wirksamkeit der lehrenden Sprache. Für manche Merkmale wie Länge der mütterlichen Äußerungen konnte kein förderlicher Einfluss auf den kindlichen Spracherwerb festgestellt werden. Als gesichert kann jedoch gelten, dass korrektives Feedback, Expansionen, offene Fragen und – trotz ihrer geringen Sprachanregung – auch Ja/Nein-Fragen einen positiven Effekt auf den Grammatikerwerb haben. Extensionen, die die Äußerung eines Kindes thematisch fortführen, haben einen positiven Einfluss auf den Wortschatzerwerb (Newport et al., 1977; Hoff-Ginsberg, 1987).

Unklar ist bislang jedoch noch, wie und unter welchen Umständen Kinder die Merkmale lehrender Sprache für die Erweiterung ihrer sprachlichen Kompetenzen nutzen. Offenbar profitieren Kinder in frühen Phasen des Spracherwerbs stärker von Sprachlehrstrategien als ältere Kinder. Hinzu kommt, dass die Reaktionen von Bezugspersonen auf kindliche Äußerungen sehr verschieden sein können. So reagieren manche Eltern auf grammatische Fehler mit korrektivem Feedback, andere dagegen kaum. Und andere wiederum korrigieren eher semantische Fehler als grammatische Fehler (Marcus, 1993; Tracy, 1990). Hinzu kommt, dass Eltern nicht konsequent auf jeden Fehler mit Korrekturen reagieren, sodass unklar ist, wie ein Kind auf Basis der Reaktion der Bezugspersonen Rückschlüsse darauf ziehen kann, ob seine Äußerung korrekt ist oder nicht. Offenbar spielen hier neben dem Sprach- und Interaktionsverhalten Erwachsener noch weitere Faktoren eine Rolle.

Letztlich ist der kindliche Spracherwerb als ein eigenaktiver Prozess zu verstehen, in dem das Kind auf Basis des Inputs Regeln über die Struktur von Sprache sowie Zusammenhänge zwischen sprachlichen Zeichen und ihrer Bedeutung aufbaut. Grimm (1998) merkt hierzu an:

Eine simple Übertragung vom mütterlichen Mund in den kindlichen Geist gibt es nicht. Sondern es sind die Kinder selbst, die sich die angebotenen Formen nutzbar machen müssen. Der „input" muß zum „intake" werden.

Und dies kann nicht über einen einfachen Imitationsvorgang erfolgen, sondern setzt die aktive Auseinandersetzung mit dem sprachlichen Informationsangebot voraus. (Grimm, 1998, S. 748)

Eine solche Auseinandersetzung mit dem sprachlichen Angebot ist in hohem Maße abhängig vom jeweiligen Sprachentwicklungsstand eines Kindes. Ein Kind, das gerade im Begriff ist, die Hauptsatzstruktur des Deutschen zu entschlüsseln, wird sich sehr für unterschiedliche Verbstellungen und Flexionsendungen am Verb interessieren. Verschiedene Satztypen, in denen Verben in unterschiedlichen Positionen und mit unterschiedlichen Flexiven auftauchen, können helfen, die Struktur von Hauptsätzen zu entschlüsseln (vgl. Kap. 8). Ein Kind in dieser Entwicklungsphase wird korrektives Feedback zu Akkusativ- und Dativmarkierungen kaum nutzen können, da der Erwerb von Kasusmarkierungen für dieses Kind nicht in der Zone der nächsten Entwicklung liegt, sondern erst zu einem späteren Zeitpunkt erfolgt.

Im Hinblick auf Sprachförderung ist beides relevant: ein sprachliches Angebot, das die Informationen bereit hält, die ein Kind aktuell für den Spracherwerb benötigt, und ein Sprach- und Interaktionsverhalten, das das Kind dabei unterstützt, die relevanten Informationen im sprachlichen Angebot zu entdecken. Alles Weitere muss das Kind dann selbst tun, d.h. es muss sich eigenaktiv mit dem sprachlichen Angebot auseinandersetzen und dieses Angebot für den Spracherwerb nutzen. Und es muss Sprache immer wieder in der Kommunikation mit seiner Umwelt anwenden und erproben, um hierbei eine Rückmeldung über seine eigenen sprachlichen Äußerungen erhalten zu können.

All das geht nur mit realen Kommunikationspartnern. Und damit wird auch deutlich, warum sprachlicher Input aus dem Fernsehen für den Spracherwerb nicht ausreichend ist. Das Fernsehen „spricht" zwar, aber es kommuniziert nicht. Es stellt keine Fragen und erwartet keine Antworten. Es hört nicht zu und antwortet nicht. Es regt nicht zum Sprechen an und gibt einem Kind keine Rückmeldungen über dessen Äußerungen. Es stellt keinen gemeinsamen Aufmerksamkeitsfokus her, und es passt seine Äußerungen nicht an den Entwicklungsstand des Kindes an.

5.7 Von intuitivem Handeln zu einer professionellen Sprachförderung

Die Merkmale kindgerichteter Sprache wurden vor allem in sogenannten Mutter-Kind-Dyaden beobachtet, d.h. in Kommunikationssituationen, an denen außer der Mutter (bzw. einer anderen Bezugsperson) und ihrem Kind keine weiteren Personen beteiligt sind. Eine Situation also, in der eine erwachsene Person dem Kind ihre ungeteilte Aufmerksamkeit schenkt. Im Alltag von Kindertageseinrichtungen finden wir jedoch eine gänzlich andere Situation vor. Hier fordern in der Regel gleich mehrere Kinder die Aufmerksamkeit der frühpädagogischen Fachkraft, sodass intuitive Sprachlehrstrategien nicht oder nur noch eingeschränkt zur Entfaltung kommen (Albers, Jungmann & Lindmeier, 2009). Dagegen überwiegt häufig ein direktiver Kommunikationsstil der Bezugspersonen, der Kindern wenig Gelegenheit gibt, den Input für die Erweiterung ihrer Sprachkompetenzen zu nutzen.

Eine Ausnahme hiervon bilden gemeinsame Bilderbuchbetrachtungen, bei denen Sprachlehrstrategien im Vergleich zu anderen Alltagssituationen vermehrt auftreten (Willige, 2008). Dies macht Bilderbuchbetrachtungen für die Sprachförderung besonders wertvoll. Um allen Kindern einen qualitativ hochwertigen Input anbieten zu können, reicht es jedoch nicht aus, auf die eigene Intuition zu vertrauen. Hierfür bedarf es eines bewussten und gezielten Einsatzes von Sprachlehrstrategien auch in Alltagssituationen.

Sprachlehrstrategien werden als sogenannte Modellierungstechniken bereits seit längerem in der Therapie von Sprachentwicklungsstörungen (vgl. Dannenbauer, 1984, 1999; Hansen, 1996), zunehmend aber auch in der Förderung sprachlich unauffälliger Kinder erfolgreich eingesetzt (Siegmüller et al., 2007). Der Begriff Modellierungstechnik betont hierbei bewusst die Professionalität sprachpädagogischen Handelns. Denn: Wenngleich es sich bei den Modellierungstechniken um die gleichen Sprachlehrstrategien handelt, wie wir sie bei der kindgerichteten Sprache finden, unterscheiden sich Modellierungstechniken und kindgerichtete Sprache in einem wesentlichen Merkmal. Modellierungstechniken werden in der Sprachtherapie und Sprachförderung als Instrumente sprachpädagogischer Arbeit eingesetzt, um Kinder gezielt im Erwerb bestimmter sprachlicher Strukturen zu unterstützen. Der Einsatz von Modellierungstechniken erfolgt bewusst und zielgeleitet und setzt ein hohes Maß an Sprachbewusstheit und Selbstreflexion voraus. Dies erfordert eine genaue Planung und Reflexion des eigenen Sprachverhaltens sowie eine genaue Feststellung des kindlichen Sprachentwicklungsstandes und eine gezielte Anpassung an die Äußerungen des Kindes.

Von pädagogischen Fachkräften wird zu Recht erwartet, dass sie „ihr eigenes Verhalten und ihre eigenen Zugänge, Vorlieben und Abneigungen im Hinblick auf den jeweiligen Bildungsbereich beobachten und reflektieren" (JMK/KMK, 2004, S. 6). Bezogen auf den Bildungsbereich Sprache und Kommunikation bedeutet dies, dass sprachpädagogische Fachkräfte ihr sprachliches Handeln in Sprachfördersituationen fachlich begründen können müssen, über das entsprechende sprachpädagogische Handwerkszeug verfügen und dieses auch gezielt einsetzen können.

Es geht also auch darum, sich intuitive Kompetenzen bewusst zu machen, um Sprachlehrstrategien als Techniken in der Sprachförderung einsetzen zu können. Die gute Nachricht: Über die intuitiven Kompetenzen verfügen Sie bereits. Die schlechte Nachricht: Der bewusste Einsatz von Sprachlehrstrategien ist eine äußerst anspruchsvolle Tätigkeit, die viel Übung erfordert. Aber die Mühe lohnt sich, denn Sie erhalten dafür ein effektives Instrument für unsere sprachpädagogische Arbeit.

5.8 Zusammenfassung

Tabelle 5.2: Empfehlungen für das Sprachverhalten frühpädagogischer Fachkräfte

Was Sie tun sollten ...	Was Sie nicht tun sollten ...
• Kindern eine implizite Rückmeldung durch korrektives Feedback geben • Äußerungen von Kindern aufgreifen und weitere Elemente hinzufügen (Expansion) • Äußerungen von Kindern umformen • Kindliche Äußerungen aufgreifen und thematisch fortführen (Extension) • offene Fragen stellen • bei jüngeren Kindern neue Wörter in Form von Formaten einführen • durch Blicke und Gesten einen gemeinsamen Aufmerksamkeitsfokus herstellen	• sprachliche Strukturen explizit vermitteln • Aufforderungen zum Nachsprechen • Satzmusterübungen (pattern drill) • einen direktiven, stark lenkenden Kommunikationsstil pflegen (Aufforderungen, Handlungsanweisungen und Kommentare über das kindliche Verhalten) • schnelle und häufige Themenwechsel • nur geschlossene Fragen stellen • „ins Blaue" sprechen

5.9 Literatur zum Weiterlesen

Culp, C. (2004). Spracherwerb und sprachliche Sozialisation in verschiedenen Kulturen. *L.O.G.O.S. interdisziplinär, 12,* 22–28.
 Dieser Artikel thematisiert den Aspekt der kulturellen Prägung kindgerichteter Sprache.
Grimm, H. (1999). *Störungen der Sprachentwicklung.* Göttingen: Hogrefe.
 Dieses Buch bietet einen Überblick über die kindliche Sprachentwicklung sowie über Störungen des Spracherwerbs und nimmt hierbei insbesondere die Rolle der Umweltsprache in den Blick (s. insbesondere Kap. 4).

5.10 Lernkontrolle

Aufgabe 1: Eine Mutter antwortet auf die Frage, welche Meinung sie zur Verwendung vereinfachter Sprache in der Kommunikation mit Kindern hat:

> *Nein, wirklich nicht. Ich finde, man kann mit einem Kind reden wie mit einem normalen Mensch. Manchmal frage ich mich auch, ob sich die Kinder nicht denken, ob die noch ganz dicht sind. Gut, in dem Alter noch nicht. Aber manchmal werden ja noch Kinder im Kindergartenalter so angeredet, vor allem komischerweise von den Großeltern oder eben von älteren Leuten (aus Kany & Scheib, 2000, S. 13).*

Was würden Sie dieser Mutter entgegnen? Finden Sie Argumente für den Einsatz kindgerichteter Sprache! Welche Merkmale wirken sich förderlich auf die kindliche Sprachentwicklung aus?

Aufgabe 2: Sie wollen von Ihrem Gesprächspartner etwas über seinen letzten Urlaub/Ausflug/Kinobesuch erfahren. Leider ist Ihr Gesprächspartner nicht besonders gesprächig und antwortet immer nur so kurz wie möglich. Versuchen Sie, Ihren zugeknöpften Gesprächspartner durch geschicktes Fragen zum Reden zu bringen. Durch welche Fragetypen können Sie ihm die meisten Informationen entlocken?

6 Teilchenphysik – wie Kinder Laute erwerben

> Dieses Kapitel gibt einen Überblick über die kindliche Ausspracheentwicklung. Zunächst werden einige Aspekte der physiologischen Lautbildung dargestellt, die notwendig sind, um grundlegende Beschreibungskategorien und Prozesse der kindlichen Ausspracheentwicklung nachvollziehen zu können. Anschließend erfolgt eine überblicksartige Darstellung der frühen vorsprachlichen Lautentwicklung sowie des phonologischen Erwerbs. Abschließend werden Möglichkeiten und Grenzen der Förderung durch frühpädagogische Fachkräfte diskutiert.

Wörter bestehen aus einzelnen Lauten. Dem werden Sie sicherlich zustimmen. Aber: Aus wie vielen Lauten besteht beispielsweise das Wort *Schiff*? Aus sechs, fünf, vier oder drei Lauten? Die Antwort lautet: aus drei Lauten: *sch – i – ff*. Zwischen Lauten und Buchstaben gibt es im Deutschen keine eindeutige Übereinstimmung. Ein Buchstabe kann unterschiedliche Laute symbolisieren, und umgekehrt kann ein Laut durch unterschiedliche Buchstaben dargestellt werden. Die Wörter *Vogel* und *Feder* beginnen beide mit dem Laut /f/. Die Wörter *Vogel* und *Vase* beginnen dagegen mit zwei unterschiedlichen Lauten. Auch wenn viele Buchstaben, die im deutschen Schriftsystem benutzt werden, für Laute stehen können, gibt es keine 1:1-Zuordnung zwischen Lauten und Buchstaben. Der Buchstabe <z> wie in *Zaun* oder *Zug* steht für zwei Laute, nämlich für nämlich /t/ und /s/. Umgekehrt gibt es eine Reihe von Buchstabenkombinationen, die nur einen Laut repräsentieren. In dem Wort *Schwein* steht die Kombination <sch> für einen Laut. Der Buchstabe <o> kann wie die Buchstabenkombinationen <oh> oder <oo> dasselbe /o/ repräsentieren: *Hof, Kohle, Moor*.

Da also zwischen Lauten einer Sprache und Schriftsprachsymbolen (Buchstaben) kein eindeutiger Zusammenhang besteht, hat man ein Symbolsystem für die Verschriftlichung von Lauten entwickelt, mit dem sich die Lautsprache jeder natürlichen Sprache eindeutig durch Schriftsymbole abbilden lässt, nämlich das internationale phonetische Alphabet (IPA). Viele der für das Deutsche relevanten Zeichen des IPA lassen sich intuitiv erschließen, beispielsweise steht das Zeichen /f/ für den Anfangslaut des Wortes *Feder*, Das Zeichen /m/ steht für den Anfangslaut des Wortes *Mond*, das Zeichen /n/ für den Anfangslaut des Wortes *Nase*. Bei einigen Symbolen gelingt dies jedoch nicht. Einige dieser Symbole sind im Folgenden mit einer „Übersetzungshilfe" aufgelistet:

/ŋ/ Fi**n**ger
/v/ **W**al
/z/ **S**onne (stimmhaftes „s")

/s/ Sechs (stimmloses „s")
/ʃ/ Schaf
/ç/ Licht
/x/ Nacht
/ʁ/ Rad

6.1 Artikulation

Artikulationsorgane

Bevor wir uns der kindlichen Ausspracheentwicklung zuwenden, müssen zunächst einige technische Details der physiologischen Lautbildung geklärt werden, die für die Beschreibung regelhafter Abweichungen in der kindlichen Lautproduktion wichtig sind.

Vergleichen wir zunächst den menschlichen Sprechapparat mit einem Musikinstrument. Wo gibt es Gemeinsamkeiten, wo Unterschiede? Eine Trompete klingt anders als eine Posaune, eine Gitarre anders als ein Banjo. Auch wenn man auf verschiedenen Instrumenten Klänge mit der gleichen Grundfrequenz erzeugen kann, lassen sich unterschiedliche Instrumente anhand ihrer Klangfarbe eindeutig voneinander unterscheiden. Dies liegt daran, dass die Instrumente einen unterschiedlich geformten Klangkörper haben, einen Resonanzraum, in dem sich die Schallwellen ausbreiten. Je nach Form des Resonanzraums werden einzelne Tonfrequenzen verstärkt, abgeschwächt oder ganz herausgefiltert, wodurch unterschiedliche Klangfarben entstehen.

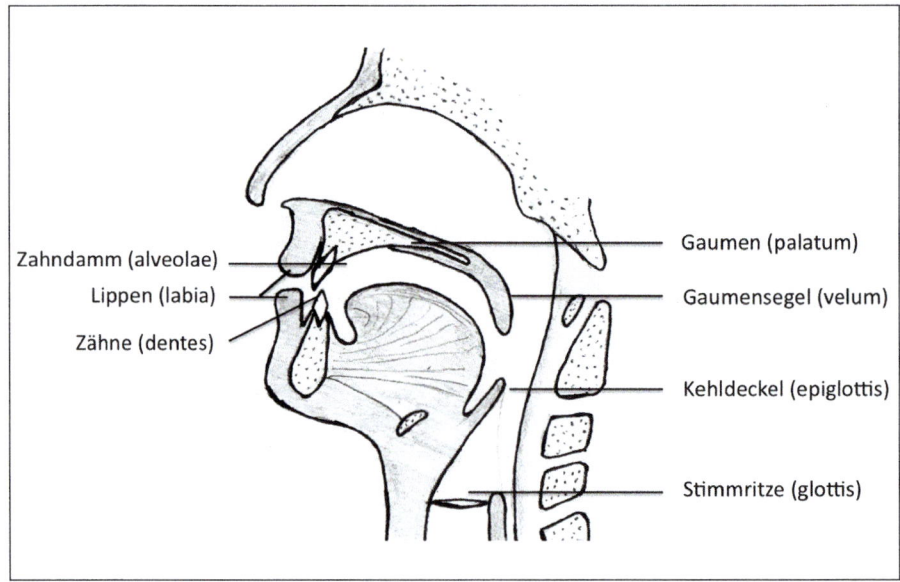

Abbildung 6.1: Artikulationsorgane

Auch die menschliche Stimme hat einen Resonanzraum, das sogenannte Ansatzrohr. Es reicht vom Ort der Stimmbildung, der Glottis, über den Schlund, Rachen, Mund- und Nasenraum bis zu den Lippen bzw. der Nasenöffnung. Der menschliche Resonanzraum hat jedoch gegenüber dem Resonanzraum der meisten Musikinstrumente einen entscheidenden Vorteil: Er ist veränderbar. An der Veränderung des Ansatzrohrs sind unterschiedliche Organe beteiligt, die Artikulationsorgane. Abbildung 6.1 gibt einen Überblick.

Artikulationsstellen

Die Stelle, an der die Artikulationsorgane im Ansatzrohr die engste Stelle und damit das größte Hindernis für den Luftstrom bilden, bezeichnet man als Artikulationsstelle. Bei der Artikulation des Lautes [p] bilden die beiden Lippen (lat. *labia*) ein solches Hindernis. Die Artikulationsstelle nennt man bilabial. Bei der Artikulation des Lautes [t] berührt die Zunge den Zahndamm (lat. *alveolae*) und behindert dadurch den Luftstrom. Entsprechend bezeichnet man diese Artikulationsstelle als alveolar. Bei der Artikulation des Lautes [k] wird das Hindernis noch weiter hinten im Ansatzrohr gebildet, indem der hintere Zungenrücken das Gaumensegel (lat. *velum*) berührt. Diese Artikulationsstelle bezeichnet man als velar. Zwischen dem Gaumensegel und den Alveolen liegt der harte Gaumen (lat. *palatum*). Am Gaumen bildet der Zungenrücken beispielsweise bei der Artikulation des Lautes [j] eine Enge. Diese Artikulationsstelle bezeichnet man als palatal. Weitere Artikulationsstellen von Konsonanten im Deutschen liegen zwischen den oberen Schneidezähnen und der Unterlippe (labiodental), ein Stück hinter dem Zahndamm (postalveolar), am Zäpfchen (uvular) und an der Glottis (glottal).

Sprechen Sie einmal langsam und nacheinander die folgenden Laute: [m], [s], [ʃ] wie in *Schuh*, [ç] wie in *ich* und [x] wie in *ach*. Spüren Sie, wie sich die Artikulationsstelle immer weiter nach hinten verlagert? Können Sie die einzelnen Artikulationsstellen benennen?

Artikulationsmodus

Sprachlaute unterscheiden sich auch im Hinblick auf die Art und Weise, in der der Luftstrom durch die Artikulationsorgane moduliert wird. Man spricht in diesem Zusammenhang vom Artikulationsmodus. Bei der Bildung des Lautes [s] schließt die Zunge den Mundraum nicht vollständig ab, sondern lässt einen kleinen Spalt zwischen Zungenspitze und Zahndamm frei, durch den die Luft entweichen kann. Dieser Spalt ist jedoch so schmal, dass im Luftstrom Wirbel entstehen. Diese Luftwirbel sind als zischendes oder reibendes Geräusch hörbar. Der gleiche Effekt entsteht, wenn das Ventil eines Fahrradschlauchs soweit geöffnet wird, dass die Luft gerade so durch die enge Ventilöffnung entweichen kann. Laute, bei denen die Artikulationsorgane eine so kleine Öffnung lassen, dass die Luft wie durch eine Düse entweicht, nennt man Frikative oder Reibelaute (vgl. Abb. 6.2). Hierzu gehören beispielsweise die Laute [f], [s], [ʃ], [ç] wie in *ich* oder der Laut [x] wie in *ach*.

Bei den Plosivlauten bilden die Artikulationsorgane zunächst einen Totalverschluss des Ansatzrohrs. Beim anschließenden Öffnen dieses Verschlusses entweicht die Luft explosionsartig. Sie können die hierbei entstehende Druckwelle spüren, wenn Sie sich bei der Artikulation des Laute [p], [t], [k], [b], [d], [g] die Hand vor den Mund halten (vgl. Abb. 6.2).

Bei den Nasallauten ([n], [m] und [ŋ] wie in *Zunge*) wird der Mundraum an unterschiedlichen Stellen vollständig verschlossen, sodass die Luft nur durch die Nase entweichen kann (vgl. Abb. 6.2). Wenn bei einem Schnupfen die Nasenschleimhaut so stark geschwollen ist, dass die Nasenhöhle vollständig verschlossen ist, ist eine Artikulation von Nasallauten nicht mehr möglich.

Bei den Vibranten werden einzelne Artikulationsorgane durch den Luftstrom in Schwingung versetzt und beginnen zu vibrieren. Dies ist zum Beispiel beim Zäpfchen-R der Fall. In den meisten Regionen Deutschlands wird das „R" allerdings als velarer Reibelaut realisiert.

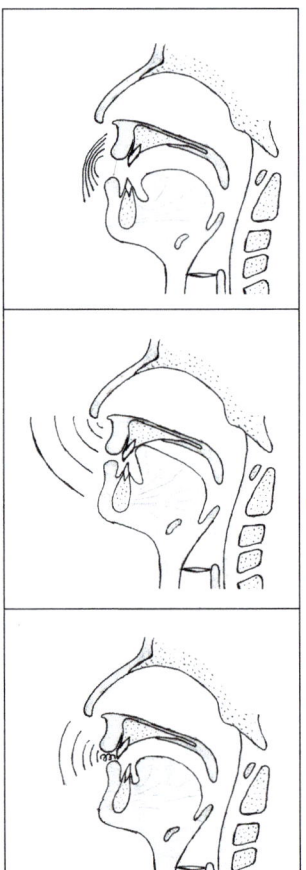

Abbildung 6.2.1: /p/ - losiv

Abbildung 6.2.2: /n/ - asal

Abbildung 6.2.3: /f/ - rikativ

Abbildung 6.2: Artikulationsmodi

Eine Sonderstellung nehmen die Affrikaten ein. Hierbei handelt es sich um Kombinationen aus einem Plosiv und einem Frikativ, wobei der Verschluss des Ansatzrohrs nicht vollständig geöffnet wird, sondern eine Enge beibehalten wird, wodurch an der gleichen Artikulationsstelle ein Frikativ entsteht. Zu den Affrikaten werden beispielsweise [ts], [pf] und [tʃ] gezählt. Ob es sich bei den Affrikaten um eine eigene Lautklasse handelt oder um zwei getrennte Laute, wird durchaus unterschiedlich gesehen.

Stimmbeteiligung

Ein weiteres Kriterium zur Klassifikation von Sprachlauten ist das Merkmal Stimmhaftigkeit. Nicht alle Laute werden mit Beteiligung der Stimme gebildet. Man unterscheidet stimmhafte von stimmlosen Lauten. Stimmhaft sind beispielsweise die Laute [v], [z] und [j]. Stimmlos dagegen die Laute [f], [s] und [ç]. Ob ein Laut stimmhaft oder stimmlos ist, können Sie spüren, indem Sie die Fingerspitzen seitlich an den Kehlkopf legen. Bei stimmhaften Lauten spüren Sie – im Gegensatz zu stimmlosen Lauten – eine leichte Vibration, die durch das schnelle Öffnen und Schließen der Stimmritze verursacht wird.

6.2 Frühe Lautproduktion

Die Fähigkeit zur Lautproduktion muss sich erst entwickeln. Zunächst stehen Kinder vor der Aufgabe, die Kontrolle über ihre Stimme und die Artikulationsorgane zu gewinnen. In der ersten Lallphase, die etwa ab dem 2. Lebensmonat beginnt, produzieren Kinder zwar erste Laute, diese sind jedoch noch keine Sprachlaute. Sie werden noch nicht absichtsvoll gebildet, sondern entstehen eher beiläufig beim Schlucken, Kauen oder Saugen. Etwa ab dem 4.-5. Lebensmonat beginnen Kinder, ihre Artikulationsorgane zu erkunden. Sie spielen zunehmend mit ihren Lippen und mit ihrer Zunge und experimentieren mit Tonhöhe und Lautstärke der Stimme.

Etwa ab dem 6. Monat treten Kinder in die zweite Lallphase ein. Die Bewegungsabläufe werden nun zunehmend komplexer, sodass ganze Silben und Silbenfolgen produziert werden. Die Silben bestehen überwiegend aus einem Konsonant und einem Vokal. Die Kinder spezialisieren sich zunehmend auf das Lautsystem der Muttersprache. Bei Kindern, die in einer deutschsprachigen Umgebung aufwachsen, stellen die Laute [m], [n], [b], [p], [t], [d] die am häufigsten gebildeten Konsonanten dar. So entstehen Konsonant-Vokal-Folgen wie „dadadada" oder „bababada", die immer wieder wiederholt werden. Auch die Prosodie, die Sprechmelodie, gleicht sich immer mehr der Zielsprache an. Die Kinder lallen also zunehmend in ihrer „Muttersprache". Das hört sich dann an, als würden die Kinder mit uns sprechen, man versteht aber kein Wort.

Etwa ab dem Alter von zehn Monaten werden bestimmte Lautketten konstant im Zusammenhang mit bestimmten Situationen, Personen oder Gegenständen verwendet. Jetzt stellen die Eltern einen referenziellen Bezug zwischen den Äußerungen ihrer Kinder und bezeichneten Gegenständen her, d.h. die Eltern ordnen den Lautäußerungen ihres Kindes eine bestimmte Bedeutung zu und reagieren auch entsprechend darauf. Man bezeichnet diese ersten Wörter als Protowörter, die zwar absichtsvoll verwendet werden, jedoch noch keine oder kaum lautliche Ähnlichkeiten mit realen Wörtern haben. Vielmehr handelt es sich um lautmalerische Eigenkreationen wie z. B. „wauwau" für Hund oder „muh" für Kuh.

6.3 Phase der ersten 50 Wörter

Kurz darauf, ab dem Alter von 12 Monaten, produzieren viele Kinder ihre ersten „echten" Wörter. Diese Wörter weisen – im Gegensatz zu Protowörtern – eine lautliche Form auf, die bereits Ähnlichkeiten mit echten Wörtern hat. Damit ist das sogenannte linguistische Stadium erreicht. Das Kind beginnt jetzt, ein erstes kleines Lexikon aufzubauen. Dafür werden sprachliche Einheiten, die aus einem oder sogar mehreren Wörtern bestehen können, aus der Umgebungssprache aufgenommen und ihre lautliche Form als ganzes abgespeichert. Die lautliche Gliederung von Wörtern wird dabei noch ebenso wenig beachtet wie grammatikalische Eigenschaften. Dies führt dazu, dass ein Wort in seiner lautlichen Form noch beträchtlich variieren kann.

Den Übergang von der Lallphase über Protowörter bis hin zu den ersten „echten" Wörtern darf man sich nicht als einen plötzlichen Wechsel von einer Stufe zur nächsten vorstellen. Vielmehr sind die Übergänge fließend. Gelallte Äußerungen, Protowörter und erste echte Wörter können eine Zeit lang durchaus nebeneinander auftreten. Nach und nach nehmen „gelallte" Äußerungen jedoch ab und die Äußerungen ähneln immer mehr „echten" Äußerungen.

6.4 Phase des phonologischen Erwerbs

Etwa ab dem Alter von 18 Monaten beginnen Kinder, die Lautstruktur von Wörtern systematisch zu entschlüsseln. Diese Entwicklungsphase ist durch das Auftreten regelhafter Abweichungen in der Lautstruktur von Wörtern gekennzeichnet, wobei einzelne Laute bzw. Silben ausgelassen oder bestimmte Laute durch andere Laute ersetzt werden. Aus einem *Drachen* wird dann ein *Dachen*, aus einer *Banane* wird eine *Nane*, und aus dem *Kindergarten* wird der *Tinderdarten*. Solche Veränderungen der Lautstruktur einzelner Wörter bezeichnet man als phonologische Prozesse. Der Begriff Prozess betont hierbei, dass die lautlichen Veränderungen nicht zufällig, sondern systematisch erfolgen. Dies wird deutlich, wenn wir uns den Gesprächsausschnitt mit der dreijährigen Melissa (Beispiel 12) einmal genauer anschauen.

Beispiel
(12) Melissa (3;4) erzählt.
　　　Melissa: ich fahr heute in die musitschule.
　　　I.:　　　Ja?

	Melissa:	(*fängt an zu singen*) dose schitten fahrn. weißer bart. das is unser das is unser das is unser nitolaus.
	I.:	Oh. Das ist ja n tolles Lied, sag mal.
	Melissa:	einmal macht er hohoh. xxx. (*Der Rest des Liedes ist unverständlich. Ende des Liedes*) weißt du? meine tante heißt SCHAnet.
	I.:	Ja?
	Melissa:	ja. und da is ein tolles buch.
	I.:	Hat die ein tolles Buch?
	Melissa:	ja. doldlötchen un die swei bären.

Melissa realisiert nicht alle Wörter lautlich korrekt. Wenn wir jedoch zunächst beschreiben, welche Laute durch andere Laute ersetzt werden und welche Laute ausgelassen werden (13), lässt sich eine gewisse Systematik erkennen.

Beispiel
(13) Abweichende Lautproduktionen von Melissa
Musikschule → musitschule
Nikolaus → nitolaus
Goldlöcken → doldlötchen
große → dose
Schlitten → schitten
zwei → swei

Sicherlich haben Sie erkannt, dass Melissa einzelne Laute auslässt. Dies geschieht jedoch nicht zufällig, sondern immer dann, wenn am Anfang einer Silbe mehrere Konsonanten unmittelbar aufeinander folgen. Diesen phonologischen Prozess bezeichnet man als *Reduktion von Konsonantenverbindungen*. Zudem ersetzt Melissa systematisch den Laut /k/ durch den Laut [t] sowie den Laut /g/ durch den Laut [d]. Auch dies geschieht nicht zufällig. Die Laute /k/ und /t/ bzw. /g/ und /d/ sind sich nämlich – auch wenn es auf den ersten Blick nicht so scheinen mag – sehr ähnlich. Dies wird deutlich, wenn wir Ziel- und Ersatzlaut nach den Merkmalen Artikulationsstelle, Artikulationsmodus und Stimmbeteiligung beschreiben (s. Tabelle 6.1).

Tabelle 6.1: Vorverlagerung

	Ziellaut /k/	Ersatzlaut [t]	Ziellaut /g/	Ersatzlaut [d]
Artikulationsstelle	velar (am Gaumensegel)	alveolar (am Zahndamm)	velar (am Gaumensegel)	alveolar (am Zahndamm)
Artikulationsmodus	Plosiv	Plosiv	Plosiv	Plosiv
Stimmbeteiligung	stimmlos	stimmlos	stimmhaft	stimmhaft

Ziel- und Ersatzlaut sind jeweils in zwei wesentlichen Merkmalen identisch, nämlich in den Merkmalen Artikulationsmodus und Stimmbeteiligung. In beiden Ersetzungsprozessen wird ein Plosivlaut durch einen anderen Plosivlaut ersetzt. Auch die Stimmbeteiligung wird beibehalten. Ein stimmhafter Laut wird durch einen ebenfalls stimmhaften Laut ersetzt. Ein stimmloser Laut wird durch einen ebenfalls stimmlosen Laut ersetzt. Es verändert sich lediglich die Artikulationsstelle. Diese wird von hinten nach vorne verlagert, von *velar* (am Gaumensegel) nach *alveolar* (am Zahndamm). Man bezeichnet diesen phonologischen Prozess daher als *Vorverlagerung* oder etwas differenzierter als *Alveolarisierung*.

Grundsätzlich unterscheidet man drei Haupttypen phonologischer Prozesse: *Substitutionsprozesse*, *Assimilationsprozesse* und *Silbenstrukturprozesse* (vgl. Hacker, 1999).

Substitutionsprozesse

Substitutionsprozesse sind lautliche Veränderungen, bei denen einzelne Laute durch andere Laute ersetzt werden. Die Anzahl der Laute eines Wortes und damit die Wortstruktur bleiben hierbei erhalten. Ein Beispiel für einen Substitutionsprozess haben Sie bereits kennen gelernt: die *Vorverlagerung* (14). Weitere Substitutionsprozesse, wie sie im kindlichen Spracherwerb auftreten können, sind die *Plosivierung*, die *Deaffrizierung* oder die *Rückverlagerung*. Bei der Plosivierung (16) wird ein Frikativ (Reibelaut) durch einen Plosiv ersetzt, wobei die Artikulationsstelle in der Regel beibehalten wird. Bei der Deaffrizierung (17), von einigen Autoren auch als Frikativierung bezeichnet, wird eine Affrikate auf einen Frikativ reduziert. Der plosive Teil wird ausgelassen. Bei der Rückverlagerung (15) wird die Artikulationsstelle eines Lautes nach hinten verlagert. Die Artikulationsstelle des Ersatzlautes ist damit weiter hinten als die Artikulationsstelle des Ziellautes.

> *Beispiel*
> (14) Vorverlagerung: Nikolaus → nitolaus
> (15) Rückverlagerung: Fisch   → fich
> (16) Plosivierung: Kuchen   → kuken
> (17) Deaffrizierung: Zug   → sug

Assimilationsprozesse

Bei *Assimilationsprozessen* werden die Merkmale eines Lautes an die Merkmale eines anderen Lautes angepasst. Eine solche Angleichung kann zwischen zwei benachbarten Lauten erfolgen (*Kontaktassimilation*) oder zwischen zwei nicht unmittelbar aufeinanderfolgenden Lauten (*Fernassimilation*). In (18) gleichen sich beispielsweise die Artikulationsstellen der beiden benachbarten Konsonanten /d/ und /ʁ/ aneinander an, wobei die Artikulationsstelle des ersten Konsonanten von alveolar nach velar rückverlagert wird. In (19) wird die Artikulationsstelle des Lautes /d/ durch eine Vorverlagerung nach bilabial an die Artikulationsstelle des nicht unmittelbar benachbarten Lautes /p/ angepasst.

Assimilationsprozesse sind nicht immer eindeutig von Substitutionsprozessen abzugrenzen. Entscheidend ist, ob die lautlichen Ersetzungen regelhaft auftreten oder nur in einem bestimmten lautlichen Kontext. Werden beispielsweise die alveolaren Plosive /d/ und /t/ immer nach velar zurückverlagert, kann nicht mehr angenommen werden, dass die Rückverlagerung die Folge einer Angleichung an die lautliche Umgebung ist. In einem solchen Fall spricht man nicht mehr von einem Assimilationsprozess, sondern von einer Rückverlagerung (vgl. Hacker, 1999).

Beispiel
(18) Kontaktassimilation: Drachen → Grachen
(19) Fernassimilation: Pudel   → pubel

Silbenstrukturprozesse

Bei *Silbenstrukturprozessen* werden in einem Zielwort einzelne Laute oder Silben weggelassen oder hinzugefügt. Hierdurch verändert sich die Anzahl der Laute und damit die Wortstruktur.

Ein Beispiel für einen Silbenstrukturprozess haben Sie ebenfalls bereits kennengelernt: Die *Reduktion von Konsonantenverbindungen*. Hierbei werden Konsonantencluster, die am Anfang oder am Ende einer Silbe stehen, auf einen (20) oder zwei Konsonanten (21) reduziert. Weitere *Silbenstrukturprozesse*, die in der kindlichen Entwicklung auftreten können, sind die *Auslassung unbetonter Silben* (23) sowie die *Auslassung finaler Konsonanten* (24).

Beispiel
(20) Reduktion von Konsonantenverbindungen: Glocke → gocke
(21) Reduktion von Konsonantenverbindungen: Straße → traße
(23) Auslassung unbetonter Silben: Banane → nane
(24) Auslassung finaler Konsonanten: auch   → au

Zur Begründung phonologischer Prozesse

Phonologische Prozesse sind primär als Beschreibungskategorien zu verstehen, die dazu dienen, lautliche Abweichungen in der kindlichen Sprachproduktion systematisch zu erfassen und zu kategorisieren. Phonologische Prozesse sagen jedoch nichts über die Entstehungsbedingungen solcher lautlichen Abweichungen aus. Die Beobachtung, dass Melissa den Laut /k/ durch den Laut [t] sowie den Laut /g/ durch den Laut [d] ersetzt, könnte unterschiedliche Ursachen haben, die in einer getrennten Entwicklung von Fähigkeiten der Wahrnehmung und der Produktion von Sprachlauten begründet werden (vgl. Dannenbauer & Kotten-Sederqvist, 1987).

Auf der Wahrnehmungsseite muss ein Kind lernen, welche lautlichen Merkmale für die Unterscheidung einzelner Wörter relevant sind. Ersetzt man beispielsweise in dem Wort *Kanne* den ersten Laut /k/ durch den Laut /t/, entsteht ein

86 Teilchenphysik – wie Kinder Laute erwerben

Wort mit einer anderen Bedeutung, nämlich das Wort *Tanne*. Ein Kind muss erkennen, dass es sich bei den Wörtern *Kanne* und *Tanne* nicht um lautliche Varianten eines einzelnen Wortes handelt, sondern um zwei Wörter mit unterschiedlichen Bedeutungen. Und es muss erkennen, dass hierbei die Laute /k/ und /t/ eine bedeutungsunterscheidende Funktion erfüllen.

Laute, die eine solche bedeutungsunterscheidende Funktion erfüllen, bezeichnet man als Phoneme. Auch bei den Lauten /g/ und /d/ handelt es sich um Phoneme, da sie eine bedeutungsunterscheidende Funktion erfüllen, beispielsweise in dem Wortpaar *Nagel – Nadel*. Auf der Produktionsseite muss ein Kind lernen, die phonologische Form eines Wortes in ein akustisches Signal zu überführen, das eine zielsprachliche lautliche Form aufweist. Die lautliche Realisierung von Phonemen bezeichnet man als Phone.

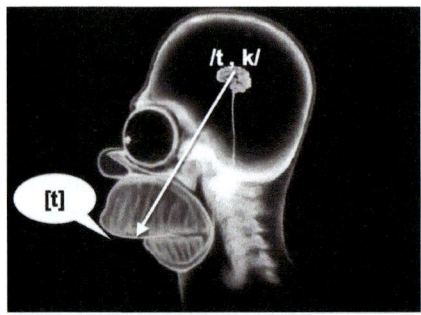

Abbildung 6.3.1: nicht zielsprachliche phonologische Repräsentation

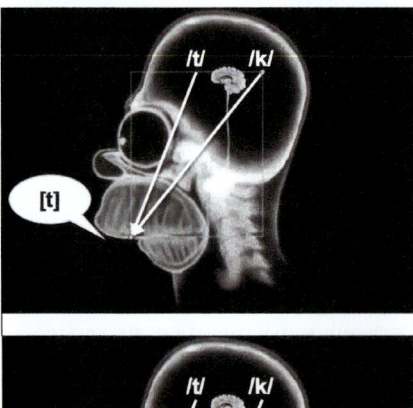

Abbildung 6.3.2: nicht zielsprachliche phonetische Realisierung

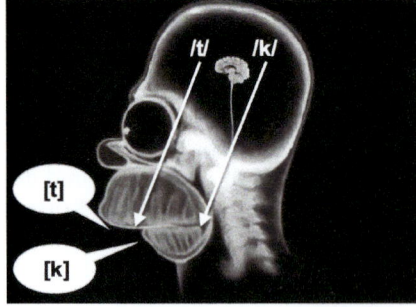

Abbildung 6.3.3: zielsprachliche Repräsentation und Realisierung

Abbildung 6.3: Begründung phonologischer Prozesse

Eine Erklärungsmöglichkeit für phonologische Prozesse ist, dass die lautlichen Eigenschaften einzelner Phoneme für das Kind noch unterspezifiziert sind. In dem Beispiel der Vorverlagerung wären demnach die Merkmale *plosiv* und *stimmhaft* bereits erworben, das Merkmal *velar* dagegen noch nicht. Hierdurch fallen die Laute /k/ und /t/ zu einem einzigen Phonem zusammen, das als [t] realisiert wird. Entsprechend behandelt das Kind auch die Laute /g/ und /d/ wie ein Phonem und realisiert dieses als [d] (vgl. Abb. 6.3.1).

Eine andere Möglichkeit besteht darin, dass ein Kind auf der Wahrnehmungsseite zwar schon über eine zielsprachliche Repräsentation für die einzelnen Phoneme verfügt, seine produktiven Fähigkeiten zur lautlichen Realisierung dieser Phoneme jedoch noch nicht ausreichend ausgebildet sind. Im Falle von Melissa würde dies bedeuten, dass sie beispielsweise die Wörter *Kanne* und *Tanne* bzw. *Nagel* und *Nadel* als Wörter mit unterschiedlicher Bedeutungen wahrnimmt, dass sie jedoch die Phoneme /k/ und /g/ noch nicht korrekt produzieren kann und stattdessen als [t] bzw. [d] realisiert (s. Abb. 6.3.2).

Dass das phonologische Wissen (im Sinne eines unbewussten Wissens) und die produktiven Fähigkeiten eines Kindes unterschiedlich weit entwickelt sein können, zeigt sich auch beim sogenannten *Fisch-Phänomen*. Hiermit bezeichnet man das Phänomen, dass jüngere Kinder zum Teil ihre eigenen lautlich fehlerhaften Wortproduktionen als falsch erkennen und teils vehement ablehnen, wenn man sie mit diesen konfrontiert. Erstmals beobachtet wurde dieses Phänomen bei einem Kind, das einen Fisch als „Fis" bezeichnete, jedoch auf die Frage, ob das ein „Fis" sei, ablehnend reagierte (Berko & Brown, 1960). Daher die Bezeichnung Fisch-Phänomen. Der folgende Dialog verdeutlicht das Fisch-Phänomen, auch wenn es dort um einen Tisch geht.

Beispiel
(25) Beispiel für das Fisch-Phänomen

Frank ist vier Jahre alt. Jedes /sch/ ersetzt er durch /s/. Der Tisch wird also zu einem „Tis". Als Frank mal wieder fragt, ob er schon mal den Tis decken solle, ahmt ihn sein Vater nach: „Ja, deck du ruhig schon mal den ‚Tis'". Frank ist wirklich empört: „Das heißt nicht Tis, das heißt Tis!" (aus Hellrung, 2006, S. 39).

Franks Reaktion legt die Vermutung nahe, dass er zwischen den Phonemen /s/ und /ʃ/ unterscheidet und bereits zielsprachliche phonologische Repräsentationen für diese Laute aufgebaut hat, dass seine produktiven Fähigkeiten jedoch noch nicht ausreichend entwickelt sind, um das Wort Tisch korrekt auszusprechen: Realisieren kann er nur [s].

Wodurch ein phonologischer Prozess bedingt wird, lässt sich im Einzelfall nicht immer so eindeutig bestimmen wie in dem Beispiel von Frank. Für die Gesamtgruppe einsprachiger Kinder lässt sich beobachten, dass einige Laute gleichzeitig phonologisch und phonetisch erworben werden. Für andere Laute bauen Kinder phonologische Repräsentationen auf, bevor sie in der Lage sind, diese phonetisch zu realisieren. Und wiederum andere Laute können Kinder artikulieren, bevor sie sie phonologisch erwerben.

Insbesondere die Artikulation des stimmhaften [z] und stimmlosen [s] bereitet Kindern lange Zeit Schwierigkeiten. Diese Laute werden von vielen Kindern über einen längeren Zeitraum interdental gebildet, d. h. die Zungenspitze steht nicht am Zahndamm, sondern schiebt sich zwischen die oberen und unteren Frontzähne. Man spricht dann von einem Sigmatismus interdentalis oder einfacher ausgedrückt: Die Kinder lispeln. In einer Studie mit einsprachigen Kindern zeigte sich, dass dies noch bei 35 % der untersuchten Kinder im Alter 5 bis 5;6 Jahren und sogar noch bei 26 % der Kinder im Alter von 8 Jahren der Fall war (Fox, 2005). Wenngleich solche Prozentwerte aufgrund der relativ kleinen Anzahl der untersuchten Kinder nicht verallgemeinert werden können, zeigen sie doch, dass der Sigmatismus interdentalis, das sogenannte „Lispeln", noch im Grundschulalter ein weitverbreitetes Phänomen darstellt.

6.5 Verzögerungen des Lauterwerbs

Frühpädagoginnen und Frühpädagogen müssen in der Lage sein, Hinweise auf Probleme im Spracherwerb zu erkennen. Hierbei stellt sich die Frage, bis zu welchem Alter ein phonologischer Prozess als normales Entwicklungsphänomen zu betrachten ist und ab welchem Alter eine Entwicklungsverzögerung vorliegt. Diese Frage lässt sich nicht pauschal beantworten. Einige phonologische Prozesse werden im ungestörten Spracherwerb bereits früh überwunden. Hierzu gehören beispielsweise die Auslassung unbetonter Silben, die Auslassung finaler Konsonanten und die Plosivierung, die ab einem Alter von 2;6 Jahren nicht mehr auftreten sollten. Andere phonologische Prozesse werden dagegen relativ spät überwunden. So treten Reduktionen von Konsonantenverbindungen und Assimilationsprozesse bis zum Alter von etwa 4;0 Jahren auf. Der Prozess der Vorverlagerung sollte für die Laute /k/ und /g/ ab dem Alter von 3;6 Jahren überwunden sein, für die Laute /ʃ/ (wie in *Schuh*) und /ç/ (wie in *ich*) dagegen erst im Alter von 4;6 bis maximal 5;0 Jahren (Fox, 2005). Tabelle 6.2 gibt einen Überblick.

Wie sind nun die phonologischen Prozesse von Melissa zu bewerten? Melissa ist 3;4 Jahre alt und zeigt eine Vorverlagerung der Laute /k/ und /g/ sowie eine Reduktion von Konsonantenverbindungen. Da die Reduktion von Konsonantenverbindungen noch bis zum Alter von etwa 4 Jahren vorkommen kann, ist dieser Prozess bei Melissa noch entwicklungsgemäß. Die Vorverlagerung der Laute /k/ und /g/ sollte bis zum Alter von 3;6 Jahren überwunden sein. Auch dieser phonologische Prozess ist also noch entwicklungsgemäß. Wenn Melissa diesen phonologischen Prozess allerdings nicht innerhalb der nächsten zwei Monate überwindet, besteht dann Handlungsbedarf?

Der ungestörte kindliche Spracherwerb unterliegt einer großen Variationsbreite. Es gibt sehr schnelle und sehr langsame Lerner. Linguistische Untersuchungen zum kindlichen Spracherwerb sind meist aufwändig und arbeiten daher häufig mit sehr kleinen Gruppen von Probanden. Insofern stellt sich immer die Frage, ob solche Untersuchungen die gesamte Variationsbreite des kindlichen Spracherwerbs erfassen. Gerade Altersangaben sind daher immer mit einer gewissen Vorsicht zu behandeln.

Tabelle 6.2: Übersicht über eine Auswahl phonologischer Prozesse (in Anlehnung an Fox, 2005). Die Altersangaben bedeuten, dass mindestens 10 % aller Kinder den jeweiligen phonologischen Prozess bis diesem Alter zeigen.

phonologischer Prozess	Beschreibung	Beispiel	bis zum Alter von etwa ...
Silbenstrukturprozesse			
Tilgung finaler Konsonanten	Konsonanten am Wort- oder Silbenende werden ausgelassen.	au**ch** → au	2;5
Auslassung unbetonter Silben	Unbetonte Silben werden ausgelassen.	**Ba**nane → Nane **Schoko**lade → Lade	2;11
Reduktion von Konsonantenverbindungen	In Konsonantenverbindungen wird ein Konsonant ausgelassen.	G**l**ocke → Gocke D**r**achen → Dachen	3;11
Substitutionsprozesse			
Plosivierung	Ein Frikativ (Reibelaut) wird durch einen Plosivlaut ersetzt, wobei die Artikulationsstelle in etwa beibehalten wird.	Ta**ss**e → Ta**t**e **sch**on → **t**on Fi**sch** → Fi**t** Ku**ch**en → Ku**k**en	2;5
Deaffrizierung	Der plosive Teil einer Affrikate wird ausgelassen.	**Z**ug → **S**ug	2;11
Vorverlagerung	Die Artikulationsstelle eines Lautes wird nach vorne verlagert. Artikulationsmodus und Stimmbeteiligung werden beibehalten.	/k/, /g/: **K**atze → **T**atze **G**old → **D**old /ʃ/ wie in *Schuh*, /ç/ wie in *ich*: **Sch**lange → **S**lange i**ch** → i**s**	3;5 4;11
Assimilationsprozesse			
Assimilation	Innerhalb eines Wortes werden Artikulationsstelle und/oder Artikulationsmodus einzelner Laute aneinander angepasst.	**Dr**achen → **Gr**achen	3;11

Als Faustregel kann gelten, dass Sie bei einer Entwicklungsverzögerung von mehr als sechs Monaten aktiv werden sollten. Sollte Melissa den Prozess der Vorverlagerung auch noch in acht Monaten zeigen, wäre den Eltern anzuraten, eine pädiatrische und logopädische bzw. sprachtherapeutische Beratung in Anspruch zu nehmen. Hierzu ist es hilfreich, einige Äußerungen des Kindes aufzuschreiben und den eigenen Verdacht schriftlich zu begründen. Dies signalisiert den Eltern, aber auch dem behandelnden Arzt die Professionalität Ihres Handelns und liefert der Logopädin bzw. Sprachtherapeutin wichtige Hinweise für eine weiterführende Diagnostik.

6.6 Möglichkeiten und Grenzen der Förderung

Wie bereits dargestellt lässt sich im Einzelfall nur schwer beurteilen, ob die phonologischen Prozesse, die ein Kind zeigt, durch unzureichendes phonologisches Wissen oder unzureichende artikulatorische Fähigkeiten bedingt sind. Wahrscheinlich beeinflussen sich die beiden Seiten der Aussprache im Erwerbsprozess. Ein Kind, dessen phonologisches System noch nicht vollständig ausdifferenziert ist, benötigt aber eine andere Förderung als ein Kind, das bereits über ein vollständiges phonologisches System verfügt, dessen artikulatorischen Fähigkeiten jedoch noch nicht ausreichend sind, um einzelne Laute korrekt zu bilden.

Eine differenzialdiagnostische Feststellung der Entwicklungsvoraussetzungen eines Kindes auf phonetisch-phonologischer Ebene erfordert ein umfangreiches Wissen, das weit über die in diesem Kapitel nur skizzenhaft dargestellten spracherwerbstheoretischen Hintergründe hinausgeht. Hinzu kommt, dass eine gezielte Förderung ohne umfassende sprachpädagogische Kompetenzen nicht nur ohne Wirkung, sondern unter Umständen auch kontraproduktiv für die Sprachentwicklung eines Kindes sein kann. Dies ist beispielsweise dann der Fall, wenn ein Kind durch die „Spracharbeit" Sprache nicht mehr als Mittel zur Kommunikation erlebt.

Die gezielte, am Sprachentwicklungsstand eines Kindes ansetzende Förderung der phonetisch-phonologischen Entwicklung fällt daher – im Gegensatz zur gezielten Förderung der semantisch-lexikalischen und morphosyntaktischen Entwicklung – nach unserer Auffassung nicht in den Aufgabenbereich frühpädagogischer Fachkräfte. Dies gilt ganz besonders dann, wenn die phonologischen Prozesse, die ein Kind zeigt, nicht mehr entwicklungsgemäß sind. Dann sind die Grenzen der Zuständigkeit frühpädagogischer Fachkräfte erreicht. Diagnostik und Therapie von Sprachentwicklungsstörungen fallen ausschließlich in den Zuständigkeitsbereich von Logopädinnen/Logopäden und Sprachheilpädagoginnen/Sprachheilpädagogen.

Dies bedeutet jedoch nicht, dass Sie überhaupt nichts tun können, um Kinder in ihrer Ausspracheentwicklung zu fördern. Zum einen können und sollen Sie Kindern durch korrektives Feedback immer wieder ein korrektes Modell vorgeben und damit eine implizite Rückmeldung ihrer Lautproduktionen geben. Zum anderen bietet der KiTa-Alltag eine Reihe von Möglichkeiten, um die Ausbildung artikulatorischer Fähigkeiten und den Erwerb phonologischen Wissens ganz allgemein, d.h. lautunspezifisch zu fördern.

6.7 Förderung artikulatorischer Fähigkeiten

Eine gut ausgebildete Mundmotorik ist die Grundlage für die Artikulation von Sprachlauten. Gelegenheiten, die Mundmotorik spielerisch zu trainieren, gibt es im KiTa-Alltag zuhauf. Oftmals sind es die Kinder selbst, die solche Übungssituationen initiieren, wenngleich nicht immer zur Freude der Erwachsenen. Großen Spaß haben Kinder zum Beispiel daran, Spaghetti einzeln in den Mund zu saugen, was zu unserem Leidwesen mit einer ausgeprägten Geräuschkulisse einhergeht und fast immer in einer großen Schweinerei endet. Wenn wir jedoch einmal unsere Bedenken hinsichtlich des Erwerbs von Tischmanieren für einen Moment beiseite schieben, stellt das Aufsaugen von Spaghetti ein hervorragendes Training der Mundmuskulatur dar. Denn um den notwendigen Sog für das Ansaugen der Nudeln zu erzeugen, müssen Lippen und Wangenmuskulatur angespannt und diese Spannung gehalten werden. Gleichzeitig muss der hintere Zungenrücken durch Kontakt mit dem Gaumensegel den Mundraum nach hinten vollständig verschließen – ähnlich wie dies bei der Artikulation der Laute /k/ und /g/ der Fall ist.

Nicht nur das Saugen, auch das Pusten stärkt die Mundmuskulatur. Auch hier müssen Lippen und Wangenmuskulatur angespannt werden, um dem erhöhten Luftdruck im Mundinnenraum entgegenzuwirken. Eine hohe Anspannung (Tonus) der Wangenmuskulatur ist beispielsweise notwendig, um den erforderlichen Luftdruck für die Bildung bilabialer und alveolarer Plosivlaute wie /p/, /b/, /t/ und /d/ aufzubauen. Aber auch für eine kontrollierte Luftführung bei der Artikulation von Frikativen, die in der vorderen Artikulationszone gebildet werden, ist eine entsprechende Spannung (Tonus) der Wangenmuskulatur erforderlich. Ein hoher Lippentonus ist beispielsweise bei der Artikulation der labialen Frikative /f/ und /v/ (wie in *Vase*) oder der Plosivlaute /b/ und /p/ notwendig.

Und auch für das Pusten finden Kinder im Alltag immer wieder Übungen, die ihnen selbst oft sehr viel mehr gefallen als uns Erwachsenen. Das Kirschkernweitspucken ist so ein Beispiel, das neben der Wangen- und Lippenmuskulatur auch noch die Zungenbeweglichkeit trainiert. Denn Bestleistungen im Kirschkernweitspucken erzielt man nur dann, wenn man den Kern mit der Zunge in die richtige Position bewegt. Und auch das „Nachladen" von Kernen aus den Backentaschen erfordert einiges an Zungenfertigkeit.

Etwas zivilisierter geht es bei den folgenden Übungen zur Mundmotorik zu (weitere Spiele finden Sie beispielsweise in Iven, 2010):

> **Pustebilder:** Ein großer Tropfen Wasserfarbe wird auf ein Papier aufgetragen. Mit einem Strohhalm wird in den Farbtropfen gepustet, sodass die Farbe auf dem Papier in verschiedene Richtungen verläuft. Weitere zerpustete Farbtropfen ergänzen das Bild. Durch geschicktes Pusten lassen sich Figuren malen.
>
> **Pustefußball:** Auf einem Tisch wird mit Klebeband ein Fußballfeld markiert. Die Kinder müssen versuchen, einen Wattebausch durch Pusten in das gegnerische Tor zu bekommen.
>
> **Strohhalmrallye:** Es wird ein Hindernisparcours aufgebaut. Die Kinder müssen einen Papierschnipsel oder eine ausgeschnittene Papierfigur mit einem Strohhalm ansaugen und dabei den Hindernisparcours durchlaufen.
>
> **Mundangeln:** Am einen Ende eines Fadens wird ein Knopf befestigt, am anderen Ende ein Magnet. Das Kind nimmt den Knopf hochstehend, die flache Seite parallel zu den Schneidezähnen, zwischen Lippen und Frontzähne und fischt dann ohne Zuhilfenahme der Hände Gegenstände aus Metall aus einem Teich. Je schwerer die Gegenstände sind, desto stärker muss die Lippenspannung sein, um den Gegenstand mit der Angel anzuheben.

6.8 Förderung phonologischen Wissens

Für den Erwerb des phonologischen Systems muss ein Kind lernen, welche Laute einer Sprache eine bedeutungsunterscheidende Funktion erfüllen. Deutlich wird die bedeutungsunterscheidende Funktion von Sprachlauten in Wortpaaren, die sich lediglich in einem Laut unterscheiden, jedoch zwei unterschiedliche Bedeutungen haben wie z. B. die Wörter *Kanne* und *Tanne*. Solche Wortpaare bezeichnet man als Minimalpaare.

Minimalpaare treten besonders oft in Kinderreimen auf, aber auch Abzählverse enthalten häufig Minimalpaare, wie das folgende Beispiel (26) zeigt:

Beispiel
(26) Beispiel für einen Abzählvers mit Minimalpaaren
Ich und du,
Müllers Kuh,
Müllers Esel
das bist du.

Dieser Abzählvers enthält das Minimalpaar *Kuh – du*, wodurch die Laute /k/ und /t/ kontrastiert werden. Auch in Kinderliedern finden sich häufig Minimalpaare. Beispielsweise bilden im Katzentatzentanz (Vahle & Heine, 2000) die Wörter *Katze* und *Tatze* ein Minimalpaar und kontrastieren wiederum die Laute /k/ und /t/ (27).

Beispiel
(27) Beispiel für ein Kinderlied mit Minimalpaaren

Kam der Igel zu der Katze:
„Bitte, reich mir deine Tatze!"
Mit dem Igel tanz ich nicht,
ist mir viel zu stachelig.
Und die Katze tanzt allein, tanzt und tanzt auf einem Bein.
(Vahle & Heine, 2000)

Bei der Auswahl von Reimen, Liedern und Abzählversen sollten Sie jedoch darauf achten, dass das sprachliche Material, welches Sie Kindern anbieten, keine grammatischen, semantischen oder lexikalischen Fehler enthält. Dies ist leider nicht immer der Fall, wie das folgende Beispiel zeigt, das im Übrigen einem Sprachförderprogramm entnommen ist (28).

Beispiel
(28) Beispiel für einen Kinderreim

Möhre, Mais und Paprika
schmecken roh ganz wunderbar
und zum Kochen ist nicht ohne
Weißkohl, Wirsing und die Bohne.
(Grannemann & Loos, 2005, S. 73)

In dem Satz *Und zum Kochen ist nicht ohne Weißkohl, Wirsing und die Bohne* stimmt weder die Satzstruktur noch die Subjekt-Verb-Kongruenz. Entweder müsste es heißen *Und zum Kochen ist es nicht ohne, Weißkohl, Wirsing und die Bohne zu verwenden* oder *Und zum Kochen **sind** Weißkohl, Wirsing und die Bohne nicht ohne*. Kinder werden hier also mit fehlerhaften Informationen konfrontiert, was für den Spracherwerb hochproblematisch ist. Hier sind dem Prinzip *Reim dich, oder ich fress dich* klare Grenzen zu setzen.

Abzählverse, Kinderreime und Kinderlieder sind fester Bestandteil der pädagogischen Arbeit in Kindertagesstätten (Anregungen finden Sie in Belke, 2011, oder in Pousset, 1983). Insofern müssen Sie für die Förderung des phonologischen Wissens von Kindern eigentlich nichts tun, was Sie nicht auch schon vorher getan hätten – vielleicht mit dem kleinen Unterschied, dass Sie es jetzt mit einem anderen Bewusstsein tun.

6.9 Zusammenfassung

Tabelle 6.3: Empfehlungen für die Förderung der phonetischen und phonologischen Entwicklung

Was Sie tun sollten ...	Was Sie nicht tun sollten ...
• abweichende Lautproduktionen von Kindern dokumentieren und die einzelnen phonologischen Prozesse genau beschreiben • wenn ein Kind für einzelne phonologische Prozesse eine Entwicklungsverzögerung von mehr als sechs Monaten aufweist, umgehend das Gespräch mit den Eltern suchen und zu einer differentialdiagnostischen Abklärung durch eine Logopädin bzw. Sprachtherapeutin raten • Kindern durch korrektives Feedback eine implizite Rückmeldung ihrer Lautproduktionen geben • Spiele anleiten, bei denen ein Kind seine Mundmotorik selbstständig trainieren kann • Reime, Lieder, Abzählverse in den KiTa-Alltag integrieren, um den Erwerb phonologischen Wissens zu unterstützen	• bei der Bewertung der Ausspracheentwicklung nur auf die Intuition vertrauen (Kind spricht gut/Kind spricht irgendwie undeutlich) • bei nicht altersgemäßen phonologischen Prozessen abwarten, weil diese sich „von selbst auswachsen" • selbst therapeutische Maßnahmen ergreifen • explizite Korrekturen und Lautbildungsübungen („Sprich mir mal nach: K - atze") • Übungen, bei denen Sie in irgendeiner Weise – aktiv oder passiv – in die Artikulationszonen des Kindes eingreifen (z. B. mit einem Spatel einzelne Artikulationsstellen antippen) • Reime, Lieder und Abzählverse anbieten, die grammatische, semantische oder lexikalische Fehler enthalten

6.10 Literatur zum Weiterlesen

Storch, G. (2002). *Phonetik des Deutschen für sprachtherapeutische Berufe*. Stockach: Storch.
  In diesem Buch werden die Grundlagen der Phonologie und Phonetik anschaulich erläutert.

Fox, A. (2005). *Kindliche Aussprachestörungen: Phonologischer Erwerb – Differentialdiagnostik – Therapie* (3., überarb. Aufl.). Idstein: Schulz-Kirchner.
Dieses Buch führt umfassend in die Grundlagen der phonetischen und phonologischen Entwicklung ein und thematisiert Störungen der Ausspracheentwicklung.

6.11 Lernkontrolle

Aufgabe 1: Beschreiben Sie die Laute /p/, /n/ und /x/ nach den Merkmalen Artikulationsstelle, Artikulationsmodus und Stimmbeteiligung.

	/p/	/n/	/x/
Artikulationsstelle			
Artikulationsmodus			
Stimmbeteiligung			

Aufgabe 2: Bilden Sie für die folgenden Laute Minimalpaare:

/g/ – /d/
/b/ – /m/
/d/ – /n/
/s/ – /ʃ/ (wie in *Schuh*)
/ç/ (wie *ich*) – /s/

Aufgabe 3: Im Folgenden lesen Sie einen kurzen Ausschnitt aus einem Gespräch mit Bernd (2;6) (Beispiel 29). Welche phonologischen Prozesse können Sie beobachten? Sind diese entwicklungsgemäß?

> *Beispiel*
> (29) Interviewer (I.) und Bernd betrachten ein Bilderbuch.
>
> | Person | Äußerung | Anmerkung |
> | --- | --- | --- |
> | I. | Da sind ganz viele Tiere. | |
> | Bernd | ja. | |
> | I. | Und die wohnen da alle. | |
> | Bernd | und ein krecker. | |
> | I. | Und ein Trecker. | |
> | Bernd | keine viele krecker. | Bernd betrachtet die nächste Seite. |
> | I. | Nee. Ich sehe auch keinen. (...) | |
> | Bernd | da is noch ein krecker. | |
> | I. | Da ist noch ein Trecker. Und was ist das? | |

Bernd	viele polisei. und ein auto. (...)
I.	Guck mal. Was hat denn der da?
Bernd	ein eis.
I.	Kuck mal, was damit passiert ist. Oh. Siehst du das?
Bernd	ja.
I.	Es ist runtergefallen, das Eis. Es liegt auf dem Boden.
Bernd	muss snell essen.
I.	Hm. Muss man schnell essen. Hm.
Bernd	ganz aufessen.
I.	Ganz aufessen. Sonst fällt es runter.
Bernd	fällt das wieder son runter. jes is das weg.

7 Wörter – Bausteine für die Sprache

Kapitel 7 befasst sich mit den linguistischen Grundlagen von Semantik und Lexikon, semantisch-lexikalischem Erwerb sowie Diagnostik und Förderung in diesem Bereich. Die in Kapitel 2 skizzierte semantisch-lexikalische Entwicklung wird zunächst sowohl für den Erstspracherwerb genauer beschrieben, bevor dann Besonderheiten in der mehrsprachigen Entwicklung vorgestellt werden. Nach einigen Überlegungen zur Ermittlung von Förderzielen wird unser Ansatz zur Nutzung von Skripten in der lexikalischen Förderung vorgestellt. Es folgen zwei Beispiele zu unterschiedlichen Förderschwerpunkten und dem konkreten Vorgehen in der lexikalischen Förderung.

7.1 Was ist ein Wort?

Warum bezeichnen wir einen Hund als HUND und nicht etwa als LIMPE? Man könnte das Tier LIMPE nennen, allerdings würde einen dann niemand verstehen, denn die Sprecher im deutschen Sprachraum haben sich im Laufe der Zeit nun einmal auf das Wort HUND geeinigt. Wörter sind Symbole. Symbole zeichnen sich dadurch aus, dass die Beziehung zwischen Symbol und Bezeichnetem zwar willkürlich, aber gesellschaftlich festgelegt ist. Das Wort HUND ist ein Symbol für die mentale Kategorie oder den Begriff *HUND*. Sprachliche Symbole können von Sprache zu Sprache unterschiedlich sein, so wird die mentale Kategorie *HUND* im Englischen als DOG bezeichnet, im Türkischen als KÖPEK und im Französischen als CHIEN. Wörter als konventionelle Zeichen ermöglichen uns, auf Einheiten in der Welt zu referieren, beispielsweise auf die Klasse HUND (*Der Hund ist ein Haustier*) oder auch auf einzelne Individuen (*Dieser Hund gehört mir nicht*). HUND als Eintrag im mentalen Lexikon ist ein Lexem.

Wörter sind aber nicht nur Repräsentanten von Kategorien oder Begriffen, sie sind auch die kleinsten selbstständigen Bestandteile von Sätzen. Wörter haben daher auch grammatische Funktionen und werden in ihren unterschiedlichen Verwendungen im Satz entsprechend verändert. Wir sprechen dann von einem *grammatischen Wort* oder einer *Wortform*. Die Beispiele (30) und (31) verdeutlichen dies.

Beispiel
(30) sagen – sagst – sagt – gesagt
(31) Bild – Bilder – Bildern

In beiden Beispielen (30, 31) geht es jeweils nur um ein Lexem, nämlich um das Lexem SAG- und das Lexem BILD. Beide Wörter kommen in verschiedenen

Wortformen vor. Der Verbstamm SAG- trägt unterschiedliche Flexive, sodass eine Infinitivform (oder 3. Person Plural-Form), eine 2. Person Singular-Form, eine 3. Person Singular-Form (oder 2. Person Plural-Form) und das Partizip entstehen.

Es gibt Wörter unterschiedlicher Art, einerseits Inhaltswörter wie Nomen/Substantive, Verben und Adjektive, andererseits Funktionswörter wie Artikel, Präpositionen, Konjunktionen. Inhaltswörter tragen viel semantische Information, Funktionswörter überwiegend grammatische Information. Aber auch zum lexikalischen Eintrag eines Inhaltswortes gehören grammatische Informationen, und Funktionswörter haben einen semantischen Eintrag. Ein wesentlicher Unterschied zwischen diesen beiden Worttypen ist, dass Funktionswörter im Satz grammatische Aufgaben übernehmen, z.B. leiten Konjunktionen einen Nebensatz ein, während die inhaltliche Aussage eines Satzes auf den Inhaltswörtern beruht. Die Gesamtaussage eines Satzes ergibt sich aus der Komposition von Inhalts- und Funktionselementen, zu denen neben den Funktionswörtern auch noch Flexive gehören (vgl. den Unterschied zwischen *Kinder spielen im Sandkasten* und *Ein Kind spielt im Sandkasten* – in beiden Sätzen kommen dieselben Inhaltswörter vor, die aber unterschiedlich flektiert sind, sodass sich die Aussage der beiden Sätze unterscheidet).

Welche Informationen sind nun genau mit einem Wort gespeichert? Welche Informationen gehören zum lexikalischen Eintrag eines Wortes? Das ist die Bedeutung, aber die Bedeutung ist nicht alles. Ein gesprochenes Wort hat eine Lautstruktur, und ein Wort trägt grammatische Informationen, z.B. die Information über die Wortart: Ist es ein Substantiv, ein Verb, eine Präposition usw.? Je nach Wortart gehören weitere grammatische Informationen zum lexikalischen Eintrag eines Wortes. Ein Substantiv wird mit der Information über die Pluralform gespeichert (*Bett – Bett-en*, aber *Brett – Brett-er*). Ein starkes Verb trägt Informationen über seine irregulären Stämme (*sing – sang – sung*), die für die Präteritum- (*er sang*) und Partizipformen (*gesungen*) wichtig sind. Diese Informationen müssen mit einem Wort gelernt werden, und in der Regel werden sie erst nach und nach erworben – und so kommt es zu typischen Erwerbsfehlern, den Übergeneralisierungen bei der Plural- und bei der Partizipbildung. Formen wie *gegibt* oder *gewinnt* kommen bis ins fünfte, sechste Lebensjahr vor. Bei älteren Kindern kommen die Fehler nicht mehr mit so geläufigen Verben vor, aber *gesticht* zu einem Verb wie *stechen* findet man durchaus noch. Diese Fehler zeigen einerseits, dass der jeweilige lexikalische Eintrag zu den Verben noch nicht vollständig ist, aber sie zeigen vor allen Dingen auch eine produktive Kompetenz: Das Kind hat eine Regel erfasst und setzt sie ein, nämlich die Regel, dass man im Deutschen ein Partizip so bildet, dass man vor den Verbstamm das Präfix *ge-* setzt und an den Verbstamm das Flexiv *-t* anhängt. Dass es sich hier um etwas anderes als Analogiebildung handelt, also um etwas anderes als die Bildung neuer Formen nach einem Muster, wird durch die Beobachtung nahe gelegt, dass das Flexiv *-(e)n*, das an Partizipien starker Verben wie *singen* oder *laufen* vorkommt (*gesungen, gelaufen*), nur sehr selten fälschlicherweise bei schwachen Verben genutzt wird, obwohl es wie das *-t* sehr häufig im Input vorkommt (Clahsen & Rothweiler, 1993).

Wie bei Partizipien argumentieren Clahsen, Rothweiler, Woest und Marcus (1992) auch in Bezug auf Übergeneralisierungen im Pluralerwerb dafür, diese Formen als Belege für Regelanwendung zu interpretieren (s. aber auch einen kognitiv-funktionalen Erklärungsansatz zum Erwerb der Pluralflexion in Szagun, 2010, Kap. 4). Wenn ein Kind *Huten* statt *Hüte* sagt, dann gibt es in der Übergangsgrammatik dieses Kindes die Regel „Wenn Du zu einem Nomen die Pluralform im Lexikon nicht findest, nutze das Flexiv *-(e)n*". Manche Kinder wählen das Flexiv *-(e)n* als reguläres Flexiv (*-n* ist das häufigste Pluralflexiv im Deutschen), andere das *-s* (das regulärste Pluralflexiv im Deutschen) und wiederum andere das *-e*, das zweithäufigste Pluralflexiv.

Nach und nach „überarbeiten" Kinder die lexikalischen Einträge zu den einzelnen Wörtern in ihrem mentalen Lexikon und fügen neue Informationen hinzu. Damit verschwinden solche Übergeneralisierungen. Damit das gelingt, muss das sprachliche Angebot die notwendigen Informationen bereit stellen. Um Kindern, die Übergeneralisierungen produzieren, in ihrem lexikalischen Erwerb zu helfen, reicht es, spielerisch Pluralkontexte für die Substantive oder Vergangenheitskontexte für Verben zu schaffen und die Formen anzubieten (vgl. Kap. 7.7).

7.2 Die Struktur des Lexikons

Unser mentales Lexikon ist ein großer Speicher für Wörter, genauer für abstrakte Worteinheiten, die wir Lexeme nennen. Die Wörter sind über ihre lexikalischen Informationen, wie sie gerade beschrieben wurden, miteinander vernetzt. Dass Wörter über ihre Bedeutung, genauer über Bedeutungsaspekte, miteinander in Verbindung stehen, kennen wir aus Assoziationsexperimenten. Ein Beispiel, das etwas über die Struktur des Lexikons und wie es arbeitet, zeigt, ist im folgenden Kasten beschrieben.

> Sagen Sie Ihrem Testpartner, dass Sie etwas erzählen und eine Frage stellen werden und dass er sofort antworten soll und nicht überlegen darf. Dann erzählen Sie ein, zwei Sätze, in denen das Wort *Schnee* vorkommt. Z. B.:
> „In diesem Winter gab es mal wieder richtig viel Schnee. Der Schnee lag zeitweise fast einen Meter hoch".
> Nun stellen Sie die unmittelbar darauf folgende Frage:
> „Was trinken Kühe?"
> Probieren Sie es aus: Die meisten Personen antworten mit *Milch*.
> Und das ist eindeutig falsch! Was ist passiert?
> Durch das Wort *Schnee* haben Sie im mentalen Lexikon Ihres Partners eine Reihe von Wörtern aktiviert, vor allen Dingen das Wort *weiß* und über diese Verbindung noch weitere Wörter, die eng mit *weiß* verknüpft sind, wie eben das Wort *Milch*. Mit dem Wort *Kühe* in der Frage aktivieren Sie erneut das Wort *Milch*. Und obwohl in einem anderen Kontext jeder korrekt mit dem Wort *Wasser* antworten würde, ist die doppelte Aktivierung über *Schnee* und *Kuh* für das Wort *Milch* stärker als die für *Wasser* (beides trinkbar), und so kommt es zu der falschen Antwort. Wenn Sie Ihrem Partner etwas Zeit zum Überlegen geben, kommt es nicht zu diesem Fehler.

Solche Verbindungen zwischen bestimmten semantischen Merkmalen oder Aspekten einer Wortbedeutung führen zu einem semantischen Netzwerk, in dem Bedeutungsrelationen wie Über- und Unterordnung (*Obst* und *Kirschen*), Synonymie (Wörter mit der gleichen Bedeutung wie *anfangen* und *beginnen*) und Antonymie (Wörter mit gegensätzlicher Bedeutung wie *groß* und *klein*) eine große Rolle spielen. Daneben sind auch sogenannte Kollokationen für die Verbindungen zwischen lexikalischen Einträgen wichtig. Unter einer Kollokation versteht man die Verbindung, die zwischen semantisch nicht oder kaum verwandten Wörtern dadurch entsteht, dass diese Wörter sehr häufig in einem bestimmten Kontext gemeinsam vorkommen. Beispiele wären *Fußball, Tor, schießen* und *pfeifen*. Zu diesem Kontext *Fußballspiel* gehören noch viele weitere Wörter, die in einer engen oder weiten Kollokationsbeziehung zu diesen Wörtern stehen. Solche Verbindungen ergeben sich aus typischen alltäglichen Situationen, die Menschen erleben und in denen sie handeln. Viele dieser alltäglichen Situationen folgen gelernten Schemata. Man spricht auch von *Scripts, Frames* oder *Ereignisschemata* (Bednarek, 2005; Schank & Abelson, 1977). Man könnte auch von Handlungs- und Situationsroutinen sprechen, die als mentale Wissensstrukturen zu verstehen sind. Skripte sind kulturabhängig, und die Abläufe in einem Skript folgen Regeln: Es gibt typische Teilnehmer und typischerweise vorkommende Gegenstände und Örtlichkeiten sowie typische Abfolgen von Interaktionen/Handlungen/Ereignissen – und es gibt für jedes Skript eine Reihe von Wörtern, die im Vollzug des Skripts auftreten und die zur Beschreibung verwendet werden. Ein häufig genanntes Beispiel für ein Skript ist das Skript für einen Restaurantbesuch – in Deutschland oder Mitteleuropa. Diese Einschränkung ist wichtig, denn ein typischer Restaurantbesuch kann in einem anderen Kulturkreis durchaus anders ablaufen. Zu diesem Skript gehört das Restaurant (die Gaststätte, das Hotel, die Kneipe), Gäste und die Bedienung (Kellner oder Wirtin), die Speisekarte, das Bestellen, das Servieren usw. So ein Skript erinnert an ein Drehbuch. Sie kennen dieses Skript, und Sie kennen viele andere. Für unseren Zusammenhang ist nun wichtig, dass die – kulturabhängige – Kenntnis von Skripten Konsequenzen für das Lexikon und auch für den Erwerb von Wörtern hat. Wenn wir ein uns bekanntes Skript aufrufen (indem z. B. ein Restaurantbesuch angesprochen wird oder ein Restaurantbesuch stattfindet), werden die relevanten Wörter, aber auch Floskeln, feste Redewendungen usw. für dieses Skript sofort aktiviert. Das bedeutet, dass der Zugriff auf diese Wörter im Sprachverstehen und der eigenen Sprachproduktion besonders schnell ist – das Aufrufen eines Skripts aktiviert diese Wörter. Das liegt daran, dass in einem Skript die dafür wichtigen Wörter in engen Kollokationsbeziehungen (und anderen semantischen Beziehungen, s. o.) zueinander stehen, und wenn das eine aktiviert wird, aktiviert dies das nächste mit. Solche Skripte sind einerseits wichtig für den Erwerb kultureller Routinen – und letztendlich sogar für kulturelle Identitäten – und dem damit verbundenen Wortschatz, und sie stellen andererseits eine Chance dar, den Erwerb von Wörtern in sinnvolle Zusammenhänge einzubetten. Das gilt für einsprachig aufwachsende Kinder wie auch für mehrsprachig aufwachsende Kinder. Wie Skripte in der Wortschatzförderung genutzt werden können, wird im letzten Teil dieses Kapitels an einem Beispiel vorgestellt.

Wörter sind nicht nur über die Bedeutung, sondern auch über ihre anderen lexikalischen Informationen miteinander verbunden, z. B. über ihre phonologische Gestalt. Einerseits gibt es Beziehungen über die Anlaute – das zeigt sich in Stabreimen wie *Kind und Kegel* oder *mit Mann und Maus* – vor allem aber über die eigentlichen Reime. Es ist sehr leicht, rasch eine lange Kette von sich reimenden Wörtern zu dem Wort *Maus* abzurufen: *Maus, Haus, Saus, Braus, Klaus, raus, Schmaus*, usw. Auch hieraus entsteht ein Netzwerk zwischen Wörtern. Weiterhin sind die Wörter über ihre grammatischen Eigenschaften miteinander verbunden. Wenn wir an andere lexikalische Einheiten denken, an die Flexive, dann sind diese in Paradigmen miteinander verbunden. Dies alles zusammen führt dazu, dass wir uns das mentale Lexikon als ein mehrdimensionales Netzwerk vorstellen müssen, in dem Wörter über ihre semantischen Merkmale und weiteren lexikalischen Informationen miteinander in vielfältiger Weise verknüpft sind.

7.3 Der Erwerb von Wörtern

Die Erwerbsaufgabe besteht also nicht einfach darin, dem mentalen Lexikon eine Wortform hinzuzufügen – die Erwerbsaufgabe besteht darin, sich nach und nach die relevanten lexikalischen, semantischen und grammatischen Informationen zu einem Wort aus dem Input zu erschließen und das Wort in das bereits bestehende Netzwerk einzuknüpfen. Die Struktur des Lexikons ist zu Erwerbsbeginn einfach, und erst mit der Zeit entsteht ein dichtes Netz an Verbindungen zwischen Wörtern.

Wie nun identifiziert das Kind überhaupt ein Wort? Zunächst muss es eine Wortform (die Worthülse) aus dem Lautstrom als eine Einheit herauslösen. Das Kind muss also entdecken, wo ein Wort beginnt und wo es endet, und dazu nutzt das Kind u. a. prosodische Eigenschaften des Deutschen (vgl. Kap. 2). Zugleich muss es dieser Lautgestalt eine erste Bedeutung zuordnen. Das Kind speichert einen ersten rudimentären lexikalischen Eintrag, auf dessen Basis mit jeder neuen Begegnung mit dem Wort in einem neuen Kontext der lexikalische Eintrag, also die Bedeutung und Bedeutungsnuancen, die genaue phonologische Form und grammatischen Eigenschaften, weiter ausgebaut werden. Abbildung 7.1 illustriert, wie über jede neue Begegnung mit dem Wort in einem neuen Kontext der lexikalische Eintrag erweitert werden könnte (graue Kästen) und wie nach und nach neue Assoziationen, d. h. Verknüpfungen, mit anderen lexikalischen Einträgen im mentalen Lexikon hergestellt werden könnten (weiße Kästen). Im allmählichen Aufbau der Bedeutungen entstehen dann Übergeneralisierungen und Untergeneralisierungen. Beide Phänomene sind die Folge von noch nicht vollständig erworbenen lexikalischen Einträgen oder Konzepten, auf die sich ein Wort bezieht. Bei einer Untergeneralisierung wird ein Wort wie *Hund* nur auf ein einziges Exemplar oder auf eine Untergruppe wie *Dackel* angewendet. Da sowohl der Familienhund Fido wie auch jeder *Dackel* mit *Hund* korrekt benannt sind, fallen Untergeneralisierungen selten auf. Bei Übergeneralisierungen hingegen ordnet ein Kind einem Wort eine zu große Kategorie bzw. zu viele Exemplare zu, z. B. verwendet es das Wort *Hund* für alle Vierbeiner oder für Katzen und Hunde zusammen. Übergeneralisierungen führen zu offensichtlichen Fehlern.

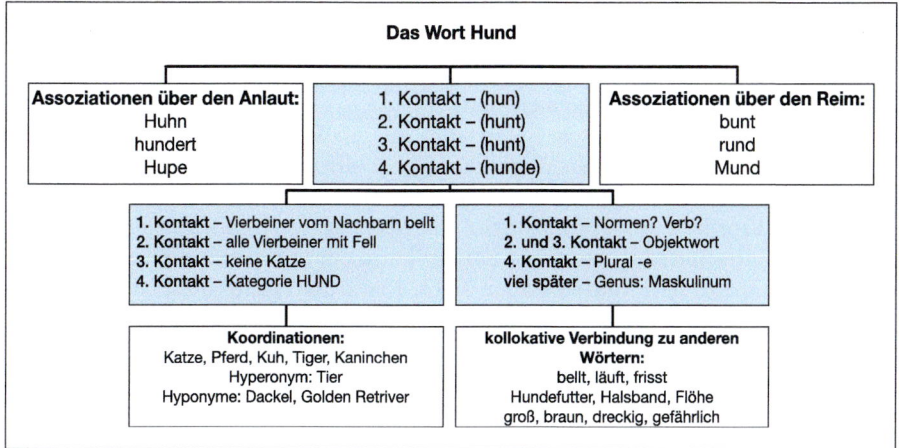

Abbildung 7.1: Erwerb des Wortes HUND

Der Erwerb der ersten Wörter (ab etwa 12 Monaten) vollzieht sich langsam. Zunächst werden überwiegend Nomen, Verbpartikeln (wie *auf, ab*) und sozialpragmatische Wörter (wie *hallo*) erworben. Später kommen Verben und Adjektive dazu. Wenn der Wortschatz im Alter von 18 Monaten etwa auf 50 Wörter (passiv etwa 250 Wörter) angestiegen ist, beginnt der Wortschatzspurt, und das Kind nimmt jetzt täglich mehrere neue Wörter in seinen Wortschatz auf. Wenige Monate später, etwa zum zweiten Geburtstag, umfasst der Wortschatz schon 200–300 Wörter. Auf dieser Basis kann das Kind nun im dritten Lebensjahr erste Flexive identifizieren, Funktionswörter als lexikalisch-grammatische Einheiten erkennen und Wortarten unterscheiden. Bereits im dritten Lebensjahr erschließen sich die Kinder erste Wortbildungsmuster und nutzen diese auch. Sie kennen, verwenden und erfinden neue zusammengesetzte Wörter (so produziert Simone im Alter von 2;0 schon *Bonbonsaft*). Das bedeutet, dass sich der Erwerb schon früh nicht nur auf die Aufnahme neuer Wörter ins Lexikon beschränkt, sondern sich auch auf den Erwerb von Regeln und Muster sowie auf Morpheme für die Wortneubildung konzentriert. Mit etwa sechs Jahren umfasst der aktive Wortschatz etwa 3000 bis 5000 Wörter und der passive Wortschatz bis zu 14 000 Wörter. Die interindividuelle Variation ist sehr groß und bleibt auch groß. Der rasche Ausbau des Wortschatzes hält weiter an, bis weit ins Schulalter hinein. Auch als Erwachsene erwerben wir über unsere gesamte Lebensspanne hinweg noch viele neue Wörter.

Bestimmte lexikalische Einheiten, z. B. abstrakte Begriffe wie *Angst* oder *Mut*, Sprichwörter, Metaphern und Idiome werden oft erst im Grundschulalter sicher beherrscht. Dazu gehört auch das Verstehen von Ironie und bestimmten Formen von Witzen. Die Produktion geht hier dem Verständnis voraus – anders als in den frühen Phasen des Spracherwerbs, in denen es umgekehrt ist. Kinder produzieren Witze und verwenden Wörter wie *Mut* und *Angst*, aber im Verständnis fehlen häufig relevante Aspekte. So verstehen sie unter *Mut* das Durchführen einer gefährlichen Tat, es fehlt aber zunächst noch der Aspekt *Überwinden von*

Angst (Szagun, 1983). Auch das sichere Verständnis von Reflexivpronomen im Kontrast zu Personalpronomen (*er rasiert sich/ihn*) oder von Argumentationsausdrücken wie *auch* oder *nur* bzw. von quantifizierenden Wörtern wie *alle, jeder, einige/manche* entwickelt sich spät.

Kinder, die bis zum zweiten Geburtstag die 50-Wortgrenze nicht erreicht haben und die dann nicht in den Wortschatzspurt eintreten, werden als *late talkers* bezeichnet. Eine so eindeutige Verzögerung im frühen Wortschatzerwerb wird als Risikofaktor bzw. als Prädiktor für eine Spracherwerbsstörung gewertet. Der langsame Wortschatzaufbau dieser Kinder kann ein Hinweis auf eine Sprachentwicklungsstörung sein, muss es aber nicht. Etwa die Hälfte dieser Kinder zeigt im Alter von drei bis vier Jahren eine Sprachentwicklungsstörung. Ihre Aussprache-, Lexikon- und Grammatikentwicklung verläuft nicht nur verzögert, sondern auch abweichend vom unauffälligen Erwerb. Die andere Hälfte startet im dritten Lebensjahr doch noch durch und holt den Rückstand wieder auf. Man nennt diese Kinder *late bloomers* (Kauschke, 2000).

7.4 Wortschatz und Wortschätze bei mehrsprachigen Kindern

Das Lexikon ist ein Bereich, der bei Kindern, die mehrsprachig aufwachsen, zwar nicht wesentlich anders verläuft als im einsprachigen Erwerb, aber es ist ein Bereich, für den einige Besonderheiten berücksichtigt werden müssen. Sowohl bei simultan wie auch bei sukzessiv zweisprachigen Kindern bleibt der Wortschatzumfang im Durchschnitt hinter dem von einsprachigen Kindern zurück. Das ist nicht weiter erstaunlich, denn der Input pro Sprache kann nicht so umfangreich sein wie bei einsprachigen Kindern. Bei sukzessiv zweisprachigen Kindern kommt noch hinzu, dass der Wortschatzaufbau später beginnt, d. h. hier ist der Umfang der Spracherfahrung noch weiter begrenzt im Vergleich zu gleichaltrigen einsprachigen Kindern. Andererseits haben sukzessiv mehrsprachige Kinder den Vorteil, dass sie wissen, was Wörter sind und welche Funktion Wörter haben. Sie können also sehr direkt mit den ersten Wörtern beginnen, sobald sie mit der zweiten Sprache in Kontakt kommen. Das tun zwar nicht alle Kinder – viele durchlaufen erst einmal eine mehrwöchige oder gar mehrmonatige Phase, in der sie vor allem die neue Sprache aufnehmen, aber nicht produzieren –, aber viele Kinder verwenden die ersten Wörter, sobald sie mit dem Deutschen in Kontakt kommen. Einige Kinder lernen dann so schnell neue Wörter, dass sie (allerdings meist erst im Schulalter) bis zum Niveau einsprachiger Kinder aufholen (Paradis, 2007). Andere bleiben im Wortschatzumfang immer hinter der einsprachigen Norm zurück. In diesem Zusammenhang ist es aber wichtig darauf hinzuweisen, dass auch bei einsprachigen Kindern der Wortschatzumfang sehr variieren kann – wie auch bei Erwachsenen.

Wichtig für die Einschätzung des Wortschatzes in der Zweitsprache und auch für die Wortschatzförderung ist, dass sukzessiv mehrsprachige Kinder für die zweite Sprache einiges neu erwerben müssen, was sie nicht unmittelbar aus der Erstsprache übernehmen können. Die lexikalische Erwerbsaufgabe beschränkt sich nicht darauf, Wortäquivalente für bereits gelernte Wörter der Erstsprache zu lernen. Die Wortschätze zweier Sprachen lassen sich nicht einfach eins-zu-eins übersetzen. Denken Sie nur daran, dass das Englische die Bedeutung des deutschen Wortes *Himmel* differenziert und dafür die Wörter *sky* und *heaven* hat. Umgekehrt bedeutet das Wort *cap* so viel wie *Mütze* oder *Kappe* (wobei *cap* und *Kappe* einen gemeinsamen Ursprung haben), aber auch *Verschluss* oder *Obergrenze*.

Genauso wichtig ist es auch zu berücksichtigen, dass die Sprachen mehrsprachiger Kinder jeweils mit unterschiedlichen Lebenssituationen verbunden sind, sodass sich die Wortschätze zwar überschneiden, aber durchaus auch unterschiedliche Lebens- und Konzeptbereiche abdecken. Zudem gibt es kulturell bedingt Unterschiede bei Objekten und bei abstrakten Begriffen. Je nach Region sind es andere Pflanzen, die als Obst, Gemüse und Salat den Speisezettel und den Wortschatz bereichern, so wie es kulturell und religiös geprägt unterschiedliche Verhaltenskodexe und damit verbundene Begriffe und Wörter gibt. Solche und weitere Unterschiede in den Lebenswelten prägen Begriffe und führen dazu, dass ein Wortschatz nicht eins-zu-eins in eine andere Sprache übersetzbar ist. Der Lexikonaufbau in einer zweiten Sprache beinhaltet also immer auch den Erwerb neuer Wörter, neuer Konzepte und neuer Skripte.

Qualitativ unterscheidet sich der Wortschatz in der Zweitsprache vor allem in den ersten Erwerbsjahren durch eine geringere Ausdifferenzierung: Die Kinder nutzen mehr allgemeine Wörter (wie *tun*, *machen*, *Dings*, also Wörter, die in ihrer Häufung bei einsprachigen Kindern auf lexikalische Lücken hinweisen), und sie borgen auch Wörter aus der Erstsprache. Wie bei einsprachigen Kindern finden wir Fehler, die dokumentieren, wie das kindliche System gerade aussieht.

Ein Schwerpunkt in den Studien zur kindlichen Mehrsprachigkeit ist der Aufbau des grammatischen Systems. Dazu gehören einerseits syntaktische Strukturen, vor allen Dingen der Erwerb der Satzstruktur, und der Erwerb von grammatischen Formen, das sind Funktionswörter, Flexive und Flexionsparadigmen, also Morpheme und damit Elemente des Lexikons. Bei der Produktion solcher Formen kommt es zu Fehlern, wie das Beispiel (32) zeigt.

> *Beispiel*
> (32) Beispieläußerungen von Yusuf, (4;9). Deutsch ist die zweite Sprache, die er seit etwa 18 Monaten erwirbt.
> - da *esst* die katze von dem baum blätter da
> - weil die die *magt* die *magt* noch was anders
> - die *magt* katzenfutter
> - der *haltet* seine augen geschlossen (der = der Vogel)
> - und dann ein blatt *genehmt* und dann gege ... und dann aufgegessen

Die kursiv markierten Verbformen sind nicht korrekt – und andererseits vielleicht doch? Solche Fehler werden häufig als Hinweise auf Probleme im Grammatikerwerb interpretiert. Wenn man die Fehler aber genauer betrachtet, dann muss man sie als lexikalisch motivierte Fehler deuten (Rothweiler, 2009). Solche Fehler kommen auch bei einsprachigen Kindern vor, aber sie werden viel häufiger bei

Kindern beobachtet, die in Deutschland aufwachsen und erst mit dem Eintritt in die KiTa in einen konstanten und umfangreichen Kontakt mit dem Deutschen kommen. Wie sind die Fehler im Beispiel (32) zu erklären und zu werten? Warum suggerieren wir, dass es eigentlich gar keine „Fehler" sind? Die Formen sind doch falsch! Die Form *genehmt* sollten Sie bereits selber erklären können, denn solche Partizipübergeneralisierungen haben wir für den einsprachigen Erwerb schon besprochen. Die Formen *esst*, *magt* und *haltet* sind nicht so viel anders zu erklären. In allen drei Fällen wählt das Kind einen Verbstamm eines Verbs, das im Präsens auch einen zweiten Stamm vorhält. Das sind die Stämme *iss-*, *mög-* und *hält-*. Welcher Stamm, *ess-* oder *iss-* korrekt ist, hängt vom grammatischen Kontext ab: Der *iss-*Stamm wird nur in der 2. und 3. Person/Singular verwendet, dasselbe gilt für *hält-* (Kleine Zwischenaufgabe: Wie sieht das für *mag-* vs. *mög-* aus?). Das Kind setzt also falsche Stämme ein, während es aber zugleich Subjekt-Verb-Kongruenz korrekt über die Flexive (hier *-t*) markiert. Es sieht also so aus, als würde Yusuf die drei Verben wie reguläre Verben verwenden – die im Präsens eben nur einen Verbstamm haben. Was ihm fehlt, ist lexikalisches Wissen, nämlich die Information, dass diese Verben bestimmten irregulären Verbklassen angehören, die im Präsens mit zwei Stämmen „arbeiten". Mit anderen Worten: Die lexikalischen Einträge der Verben sind noch nicht hinreichend ausdifferenziert. Die grammatischen Regeln für Verbstellung und Subjekt-Verb-Kongruenz aber sind für Yusuf kein Problem! Dass wir vergleichbare Fehler bei einsprachigen Kindern seltener beobachten, liegt einfach daran, dass einsprachige Kinder zu dem Zeitpunkt, zu dem sie die Subjekt-Verb-Kongruenz erfassen und korrekt produzieren, bereits sehr viel mehr lexikalische Informationen über Verben gesammelt haben. Aber wie gesagt: Es ist ein Fehler, der im Spracherwerb aller Kinder vorkommt bzw. vorkommen kann.

Im kindlichen Zweitspracherwerb werden die zentralen grammatischen Strukturen recht schnell erschlossen (vgl. Kap. 8), und der Erwerb der notwendigen lexikalischen Einheiten kommt in manchen Bereichen nicht so ganz mit. Bei einigen dieser Kinder werden Verbklammer-Strukturen mit Platzhaltern beobachtet (vgl. Beispiel 33). Hier zeigt sich, dass das Kind beide relevanten Verbpositionen erworben hat, aber noch nicht die lexikalischen Elemente, also Modalverben oder Hilfsverben, die in solchen Konstruktionen die erste Verbposition besetzen. Auch solche „Fehler" finden wir bei einsprachigen Kindern.

Beispiel

(33) Beispiele für Verbklammern mit Platzhaltern
- das *is* hier *rein muss*
- und dann *mach* der *komm hoch*

Über den engen Zusammenhang von Erwerbsschritten im Lexikon und in der Grammatik wird in Kapitel 8 noch mehr berichtet.

7.5 Sprachbeobachtung im Bereich des Lexikons: Welche und wie viele Wörter kennt das Kind?

Alles, was bisher über das kindliche Lexikon, seine Elemente und seine Struktur, die Beziehungen zur Grammatik im Spracherwerb und zum Aufbau des Wortschatzes gesagt wurde, macht deutlich, dass Sprachförderung im lexikalischen Bereich ansetzen muss. Es fragt sich nun, ob zur Bestimmung eines Förderziels – für eine Einzel- oder Gruppenförderung – eine Diagnostik notwendig ist. Muss man den Wortschatzumfang der Kinder individuell ermitteln, um eine passgenaue Förderung zusammen zu stellen? Kann man das überhaupt?

„Den" Wortschatz eines Kindes kann man nicht erfassen. Wie sollte das gehen? Wie sollte man eine vollständige Liste der Wörter ermitteln, die ein Kind bereits kennt? Und welche davon es auch aktiv verwendet? Wortschatztests arbeiten mit ausgewählten Wörtern (überwiegend mit Objektwörtern, also Wörtern, die Gegenstände bezeichnen und sich gut bildlich darstellen lassen). Anhand der Normtabellen zu einem Test lässt sich feststellen, ob die Wortschatzleistung eines Kindes innerhalb dieser Norm liegt, d.h. ob die Leistung besser, gleich gut oder schwächer ist als bei gleichaltrigen Kindern. Darüber, welche Wörter das Kind in seinem Wortschatz hat, weiß man danach noch immer wenig. Und daher weiß man auch wenig darüber, welches Förderziel günstig wäre. Das bedeutet, dass weder Sprachstandsverfahren noch normierte Tests geeignet sind, genügend Informationen zu gewinnen, um Förderziele zu ermitteln. Es stellt sich also die Frage, welche Methode frühpädagogische Fachkräfte einsetzen können, um die lexikalischen Fähigkeiten von Kindern einzuschätzen.

Die beste Methode ist eine Sprachbeobachtung, die die kindlichen Äußerungen anhand der im folgenden Kasten zusammen gestellten Hinweise bewertet (Rothweiler, 2001). In der spontanen Sprache eines Kindes, dessen Lexikon Lücken hat und zu wenig ausdifferenziert ist, gibt es eine Reihe von Hinweisen auf einen begrenzten Wortschatz, auf semantische Ungenauigkeiten, auf das Fehlen von Oberbegriffen oder auch auf Wortfindungsprobleme. Alles, was im folgenden Kasten aufgelistet ist, kommt in der gesprochenen Sprache von uns allen vor, immer wieder, einiges davon besonders in Stresssituationen. Hinweise auf lexikalische Probleme sind diese Merkmale nur, wenn sie gehäuft und situationsunabhängig vorkommen. In einer Sprachbeobachtung kann die Erzieherin für die Bewertung der beobachteten Besonderheiten zudem die individuellen Erwerbsbedingungen der Kinder berücksichtigen, z.B. eine anregungsarme häusliche Umgebung oder einen mehrsprachigen Kontext mit relevanten Aspekten wie z.B. die Erwerbsdauer.

> **Folgende Phänomene werden bei vielen sprachgestörten Kindern beobachtet:**
> - falsche Antworten, wenn nach einem Wort gefragt wird
> - unvollständige Äußerungen mit Selbstkorrekturen
> - Ersetzungen, sogenannte Paraphasien (oder Versprecher)
>   - nach phonologischer Ähnlichkeit
>   - nach semantischer Ähnlichkeit

- Umschreibungen
- vage Wörter (Pronomina, *Ding, Sache, Zeug, tun, machen* ...)
- Füllelemente wie *hm, ähm, ja* usw.
- Initiatoren wie *und dann* usw.
- Wiederholungen
- verzögerte Antworten
- „weiß ich nicht!"; „wie heißt das noch?"
- ausgeprägte gestische Unterstützung
- Vermeidungsverhalten bis zum Schweigen

7.6 Bestimmung von Förderzielen

Die gezielte Beobachtung des sprachlichen Verhaltens und der lexikalischen Kompetenzen der Kinder ist eine notwendige Voraussetzung für die Bestimmung von Förderzielen. Die Bestimmung von Förderzielen für ein individuelles Kind oder für eine Gruppe von Kindern kann sehr genau sein und sollte die sozialen, kulturellen und sprachlichen Hintergründe der Kinder berücksichtigen und von den Interessen der Kinder ausgehen. Während im grammatischen Erwerb Entwicklungsstufen berücksichtigt werden müssen, gibt es in dieser Hinsicht im lexikalischen Bereich weniger zu beachten. Schon früh können Wortbildungsmuster gefördert werden, da sie auch früh im Erwerb auftreten. Nur die Anbahnung bestimmter Worttypen (z. B. abstrakte Begriffe) oder Funktionswörter, die typischerweise erst zu Beginn oder im Laufe der Grundschulzeit erworben werden, sollte nicht als Förderziel für deutlich jüngere Kinder festgelegt werden. Wenn diese Aspekte beachtet werden, kann man Förderziele festlegen wie *Erweiterung des Wortschatzes in einem Themenbereich, Ausbau von Ober- und Unterbegriffen, Erweiterung des Wortschatzes in einer Wortart, z. B. Verben oder Präpositionen* – solche Ziele können und sollten kombiniert werden. Werden solche Förderziele für Gruppen bestimmt, müssen die individuellen Möglichkeiten und Ausgangslagen der Kinder beachtet werden. In der Schule würde man von Binnendifferenzierung sprechen. So wird eine Förderung im Bereich Ober- und Unterbegriffsbildung einem Kind, das Deutsch erst seit wenigen Wochen lernt, noch nicht viel nützen. Für ein solches Kind geht es zunächst einmal darum, mit wenigen Worten möglichst viel auszudrücken. Wörter mit einer sehr allgemeinen Bedeutung sind hierbei zu Beginn des Spracherwerbs nützlicher als die Kenntnis von Ober- und Unterbegriffen. Umgekehrt wird ein Kind, das bereits seit mehreren Jahren Deutsch erwirbt, von einem vereinfachten sprachlichen Angebot wenig profitieren, da es die Wörter längst erworben hat.

Die Auswahl der Förderziele sollte die kommunikativen Bedürfnisse eines Kindes berücksichtigen. Wenn Sie beobachten, dass ein Kind sprachlich nicht ausreichend handlungsfähig ist, weil ihm bestimmte Wörter fehlen oder Wortbedeutungen noch nicht ausreichend ausdifferenziert sind, dann sollte die Wortschatzförderung genau hier ansetzen. Wenn ein Kind beispielsweise noch nicht in der Lage ist, elementare Grundbedürfnisse wie *Hunger, Durst, zur Toilette gehen* sprachlich auszudrücken oder es noch nicht kommunizieren kann, welche Spielangebote es in der Gruppe wahrnehmen möchte, besteht das Förderziel darin, ihm die hierfür notwendigen kommunikativen Mittel zur Verfügung zu stellen. Man könnte dann beispielsweise gemeinsam mit dem Kind Fotos von den unterschiedlichen Situationen anfertigen, die das Kind dann wie eine Art Bildwörterbuch nutzen kann, um seine Wünsche mitzuteilen. Indem Sie dies sprachlich begleiten, unterstützen Sie das Kind darin, sich die notwendigen Wörter anzueignen und die nonverbalen Hilfsmittel werden schließlich überflüssig (vgl. Kap. 10).

Solche Überlegungen sind vor allem bei Kindern relevant, die noch am Anfang ihres Spracherwerbs stehen. Mit zunehmendem Wortschatz eines Kindes „stolpert" man dann – beispielsweise während eines Gesprächs – eher zufällig über lexikalische Lücken, die man dann spontan zu schließen versuchen sollte. Letztlich können Sie jedoch davon ausgehen, dass sich Kinder in einer heterogenen Gruppe aus dem lexikalischen Angebot das heraus holen, was für sie wichtig und was in den jeweiligen Wortschatz gut einzubauen ist. Relevant ist vor allem, dass die Kinder interessiert und motiviert sind – und damit aufmerksam und offen für Neues.

Die Berücksichtigung der Ausgangslage ist also für das sprachliche Angebot und für die Einschätzung wichtig, welche Kinder das Förderziel wie gut erreicht haben. Hier ist die Kenntnis der Gesamtwörterzahl am Ende der Förderung weniger entscheidend als der individuelle Zugewinn in der Förderzeit. Denn erwirbt ein Kind trotz gezielter Förderung kaum neue Wörter, kann dies zweierlei bedeuten. Denkbar wäre, dass es Ihnen nicht gelungen ist, die Wörter ausreichend oft zu verwenden und genügend Situationen zu schaffen, in denen das Kind die Gelegenheit hatte, die „Worthülsen" mit Bedeutung zu füllen und die neuen Wörter in bestehende semantische Netzwerke einzuknüpfen. Ist dies nicht der Fall, besteht bei dem Kind sehr wahrscheinlich eine lexikalische Erwerbsproblematik, die einer logopädischen bzw. sprachheilpädagogischen Diagnostik bedarf. Um die Qualität ihrer Sprachförderarbeit zu überprüfen und eventuelle Erwerbsprobleme frühzeitig erkennen zu können, sollten Sie nach Abschluss einer Fördersequenz überprüfen, ob welche und wie viele neue Wörter ein Kind erworben hat.

7.7 Lexikalische Förderung konkret – Situationen nutzen und Kontexte schaffen für den Aufbau von Weltwissen und den Begriffs- und Worterwerb

Grundsätzlich geht es in der Wortschatzförderung um zweierlei: Erstens sollen alltägliche Situationen als Fördersituationen wahrgenommen und genutzt werden; zweitens sollen zur Umsetzung bestimmter Förderziele auch bewusst Sprachförderkontexte und -situationen geschaffen werden. Der erste Punkt ist mittlerweile in der KiTa-Arbeit Standard (vgl. auch Tracy & Lemke, 2009). Aber als die Zweitautorin vor etwa zehn Jahren in einer Fortbildungsveranstaltung zu *Mehrsprachigkeit in der KiTa* empfahl, Situationen wie das gemeinsame Frühstück zur Sprachförderung zu nutzen, die Kinder mit ihren unterschiedlichen Spracherfahrungen einzubeziehen und so zu Akteuren zu machen, die Gesamtsituation durchgängig sprachlich zu begleiten und Gegenstände und Handlungen zu benennen und zudem zu reflektieren, wie das bisher ablief, da kam aus der Gruppe die Rückmeldung: „Ja, das wäre gut, das sollten wir machen!" und: „Eigentlich sag ich während des Frühstücks nicht viel, mahne die Kinder zur Ordnung, helfe ihnen". Aber das war es dann auch. Beim zweiten Termin der Weiterbildung, wenige Wochen später, kam spontan die Rückmeldung, dass die Empfehlung umgesetzt würde und dass es erstens Spaß mache und dass zweitens schon Erfolge zu sehen seien. So einfach kann es sein!

Jede Routinehandlung in der KiTa kann zur Sprachförderung und eben zur Förderung von Welt- und Handlungswissen und des entsprechenden Wortschatzes genutzt werden. Je häufiger Wörter verwendet werden, je mehr auch Kinder angeregt werden, diese Wörter zu nutzen, umso rascher und sicherer erweitern sie ihren Wortschatz. Allerdings: Es geht nicht nur um Wörter und dass diese häufig im Input vorkommen. Dies allein ist nicht immer ausreichend. Das Kind muss das Objekt, den Zusammenhang, die Handlung kennen, auf die sich das neue Wort bezieht. Dies im Blick zu haben, ist in besonderem Maße für Kinder aus anderen Kulturkreisen wichtig. Zudem sollte das sprachliche Angebot in vielseitigen Handlungskontexten erfolgen, um den Kindern die Möglichkeit zu geben, sich die Bedeutungsmerkmale neuer Wörter zu erschließen. Das folgende Beispiel (34) illustriert, wie der Worterwerb ohne das dazu gehörige Weltwissen zu Fehlern führen kann:

> *Beispiel*
> (34) Julia ist 2½ Jahre alt und wächst in der Stadt auf. Sie mag gerne Pferde, kennt diese aber nur aus Bilderbüchern. Immer wenn sie in einem Bilderbuch ein Pferd sieht, sagt sie: „Guck mal! Ein Pferd". Neulich haben wir mit der KiTa einen Ausflug auf einen Bauernhof gemacht. Als Julia dann zum ersten Mal einem echten Pferd gegenüber stand, sagte sie: „Guck mal! Ein Hund!"

Offenbar kannte Julia Pferde allein durch die Abbildungen in Bilderbüchern. So konnte sie nicht die relevanten Unterschiede zwischen Hunden und Pferden erschließen, beispielsweise dass Pferde deutlich größer sind als Hunde. Anhand welcher Merkmale sie in Bilderbüchern zwischen Hunden und Pferden unterschied, lässt sich nicht sagen. Das Beispiel macht aber deutlich, dass es für den Wortschatzaufbau wichtig ist, dass Wörter mit Inhalt gefüllt sind, das heißt, dass Kinder das, worauf sich Wörter beziehen, kennen (lernen) müssen und in möglichst vielfältigen Handlungskontexten erleben. Ansonsten sind Wörter leere Hülsen! Zugleich ist es wichtig, für den Erwerb von grammatischen Einträgen wie z. B. bei Nomen (Genus) oder Verben (irreguläre Stämme für die Partizipbildung) diese grammatischen Informationen ebenfalls zu liefern. Nennen Sie zu Gegenständen nicht nur das Nomen (*Teller*), sondern auch den Artikel, der das

Genus ausdrückt (*ein Teller, der Teller*). Nutzen Sie ein Verb wie *schwimmen* nicht nur in Gegenwartskontexten, sondern auch in der Vergangenheit (*ist geschwommen*).

Die Nutzung von Alltagssituationen zur Wortschatzförderung bedeutet also immer auch, dass Sie zu den Wörtern Erläuterungen und Erklärungen geben sollten, dass Sie die Wörter in unterschiedlichen Kontexten einbringen sollten und grammatische Informationen anbieten, und dass Sie, wo immer das möglich ist, die Kinder konkrete Handlungserfahrungen mit Objekten, Zusammenhängen, Aktionen und Ereignissen machen lassen. Außerdem ist es wichtig, dass Sie die Kinder in all diesen Aspekten auch zu sprachlichen und handelnden Akteuren machen, denn erst die produktive Verwendung von Wörtern sichert ihren Erwerb. Zudem sind Kinder als Handelnde und Entdeckende immer interessierter und motivierter – sie lernen besser. Zu Akteuren werden Kinder besonders leicht in der Gruppe, wenn die Kinder miteinander handeln und sich gegenseitig Zusammenhänge erklären. Viele dieser Aspekte werden in Hölscher (2009) sehr anschaulich (DVD) demonstriert. Dass in all solchen Situationen neben dem Weltwissen und dem Wortschatz auch weitere sprachliche Aspekte gefördert werden (können), sollte selbstverständlich sein.

Der Einsatz von Sprachförderprogrammen ist für die Wortschatzförderung weder notwendig noch sinnvoll. Sprachförderprogramme berücksichtigen nicht oder nicht ausreichend, dass es auch immer um Wissenserweiterung, um Weltwissen und Handlungswissen geht. Für das Kind besteht die Erwerbsaufgabe darin, die Objekte und Zusammenhänge kennen zu lernen, Begriffe zu erschließen und zu erfahren (wo das möglich ist), die relevanten Einheiten (Wörter, Wortbildungsmorpheme und Flexive) im sprachlichen Input zu identifizieren und Wortform und Bedeutung/Begriff aufeinander zu beziehen. Das neue Wort wird dabei mit dem bereits bestehenden Lexikon abgeglichen und in dieses eingebaut. Bildmaterialien, wie sie in einigen Sprachförderprogrammen fast ausschließlich zur Anwendung kommen, können zur Wortschatzförderung eingesetzt werden, aber eher zur Sicherung des Gelernten als zur Einführung neuer Wörter.

Dieser Hintergrund sollte auch für die Konzeption von Sprachförderkontexten und -situationen für die gezielte Wortschatzförderung und -erweiterung, d.h. zur Umsetzung bestimmter Förderziele, bedacht werden. Hier geht es nicht mehr darum, dass Sprachförderung den KiTa-Alltag begleitet und Wortschatzarbeit eine Querschnittsaufgabe ist, hier geht es darum, dass gezielt gefördert wird. Im vorangehenden Abschnitt wurden bereits mögliche Förderziele exemplarisch benannt *Erweiterung des Wortschatzes in einem Themenbereich, Ausbau von Ober- und Unterbegriffen, Erweiterung des Wortschatzes in einer Wortart, z.B. Verben oder Präpositionen* – und darauf hingewiesen, dass solche Förderziele auch kombiniert werden können.

Sobald ein Förderziel festgelegt und das sprachliche Material zusammen gestellt ist, um das es gehen soll, müssen Kontexte, Situationen und Fördermaterial ausgewählt werden. Hierfür sollten Sie im Vorfeld eine Liste der Wörter anlegen, die Sie fördern möchten. Denken Sie daran, sich nicht nur auf Nomen zu beschränken, sondern alle Wortarten mit einzubeziehen. Zudem sollten Sie sich überlegen, welche Förderstrategien gezielt eingesetzt werden sollen. Wollen

Sie zum Beispiel Ober- und Unterbegriffe ausbauen, dann ist es sinnvoll, Kinder zu Entdeckern und Erklärern zu machen. Zu den Oberbegriffen *Obst*, *Gemüse*, *Werkzeug*, *Haustiere* usw. können die Kinder Spielfiguren oder Objekte oder zumindest Bilder von Gegenständen sortieren und verschiedenen Oberbegriffen zuordnen. Zu Erklärern werden die Kinder, wenn in der Auswahl des bereitgestellten Materials z.B. neben Haustieren auch Tierfiguren vorkommen, die eindeutig keine Haustiere sind. Hier muss der Unterschied erläutert, eben erklärt werden. Eine weitere Strategie, die in diesem Zusammenhang eine Rolle spielen kann, ist die Kontrastierung. Im Kapitel 8 wird ausführlicher dargestellt, dass zum Erwerb von grammatischen Strukturen, aber auch von grammatischen Formen, also Flexiven, die Arbeit mit Kontrasten wichtig ist. Die Bedeutung von *-st*, also 2. Person Singular, erschließt sich erst im Kontrast zu anderen Flexiven wie *-t* für die 3. Person Singular usw. Bei den Ober- und Unterbegriffen können die Kontrastierung und der Vergleich wichtig werden, wenn Sie nah verwandte Oberbegriffe und dazu gehörige Unterbegriffe wählen, beispielsweise *Obst* und *Gemüse* oder *Werkzeug* und *Besteck*. Es ist eine große kognitive Leistung, wenn ein fünfjähriges Kind in einem solchen Förderkontext begreift, dass ein Messer – je nach Verwendung – ein Werkzeug oder ein Besteck sein kann. Der Einsatz von Kontrastierung kann in der Arbeit mit Verben beispielsweise folgendermaßen geschehen: Verben für Fortbewegungsarten können nachgespielt werden. Der Kontrast zwischen *gehen* und *rennen*, *kriechen* und *gehen* usw. wird körperlich erfahrbar. Solche Förderkontexte und -situationen lassen sich leicht im Zusammenhang mit thematischen Schwerpunkten finden, die im KiTa-Alltag bearbeitet werden. Die Bearbeitung eines Themenschwerpunkts bedeutet dann immer auch, die Sprachförderseite vorzubereiten und auszuarbeiten.

Die beiden folgenden Unterpunkte (7.8 Lexikalische Förderung konkret – der Skriptansatz; 7.9 Lexikalische Förderung konkret: Entdecken – Erfahren – Wörter lernen) sind als spezifische Umsetzungen für die Schaffung von Fördersituationen im Bereich Lexikon zu verstehen.

7.8 Lexikalische Förderung konkret – der Skriptansatz

Im Skriptansatz, der im Zusammenhang mit der Struktur des Lexikons vorgestellt wurde, wird davon ausgegangen, dass ein wichtiger Teil unseres Weltwissens und unseres Handlungswissens in gelernten Schemata, also Skripten, gespeichert ist. Solche Handlungs- und Situationsroutinen erwirbt man im Laufe des Lebens, und sicherlich spielen nur einige davon bereits im Kindergartenalter eine Rolle. Aber so, wie ein Restaurantbesuch für einen Erwachsenen ein gängiges Skript darstellt, mit typischen Teilnehmern, Gegenständen, Örtlichkeiten und Handlungs- und Ereignisabfolgen, so gibt es auch für Kinder im Elementarbereich bereits Schemata, die ihren Alltag prägen. Der KiTa-Besuch an sich wird mit Sicherheit als Skript gespeichert (und wahrscheinlich mit einer Reihe von Unterskripten verbunden) und ist durch eine bestimmte Auswahl an Wörtern geprägt. Ein Schwimmbad- oder Jahrmarktsbesuch, eine Kindertheatervorstellung, eine Bus- oder Bahnfahrt, ein Kindergeburtstag, eine Einkaufssituation und einiges anderes mehr stellen bereits in der Welt kleiner Kinder Skripte dar. Solche Skripte bieten einen thematisch idealen Zusammenhang für die Begriffsbildung, die Erweiterung von Welt- und Handlungswissen und für die Wortschatzförderung.

Im Zentrum der Skriptarbeit steht das Rollenspiel. Rollenspiele eignen sich besonders, Handlungsroutinen zu durchleuchten, zu vermitteln und zu verstehen und die in diesem Zusammenhang relevanten Begriffe und Wörter zu erwerben. Beim Einsatz von Rollenspielen ist jedoch zu berücksichtigen, dass das Rollenspiel eine Spielform ist, die Kinder erst nach und nach erlernen. Jüngere Kinder im Alter von etwa drei Jahren interagieren noch kaum mit ihren Spielpartnern, d.h. sie vollziehen die Handlungen ihrer Spielpartner eher nach, statt gemeinsam eine Spielhandlung zu entwickeln und weiterzuführen. Erst im Alter von etwa vier Jahren sind Kinder hierzu in der Lage. Die Spielhandlung ist anfangs noch deutlich situationsgebunden, d.h. die Kinder können ein Skript nur dann nachvollziehen, wenn die Situation realitätsnah gestaltet ist. Erst nach und nach lernen Kinder, sich von konkreten Situationen zu lösen und Spielhandlungen symbolisch zu vollziehen. Dann kann beispielsweise ein Stock zu einem Schwert und ein Eimer zu einem Helm umgedeutet werden (vgl. Andresen, 2011).

Der große Vorteil, ein Wortschatzförderziel in Form eines Skripts zu erfassen, liegt darin, dass alle Wortarten eine Rolle spielen. Die Gefahr, sich auf Nomen allein (und dann noch in Form eines Memorys, das als reine Abbildung kaum Informationen über die mit dem Wort bezeichnete Kategorie vermitteln kann) zu konzentrieren, besteht hier nicht. Es geht immer um Objekte und Handlungen, um Reihenfolgen (die mit Konjunktionen, Präpositionen und Adverbien versprachlicht werden: *ehe, bevor, nachdem, wenn, als; nach, vor; zuerst, später usw.*) und häufig auch um logische Zusammenhänge (*weil, wegen* oder Bedingungsbeziehungen wie *wenn-dann*), sodass sowohl Präpositionen und Adverbien als auch Konjunktionen wichtig werden. Das Rollenspiel kann vorbereitet werden, indem die notwendigen Requisiten besorgt, mitgebracht oder gebastelt werden. Und für eine Reihe dieser Skripts bietet sich letztendlich eine „Exkursion" an. Zur Vorbereitung für alle Phasen sollte die pädagogische Fachkraft den für das Skript relevanten Wortschatz zusammen stellen und natürlich auch prüfen, welche Objekte und Konzepte als Basis für den Wortschatz erarbeitet und vorgestellt werden müssen.

Die Sprachförderarbeit an einem Skript zu orientieren bedeutet nicht dasselbe, wie die Arbeit an einem Thema – auch wenn es zwischen beidem Überschneidungen gibt. Eine Sprachfördereinheit kann z.B. das Thema *Sommer* oder *Ferien* in den Mittelpunkt nehmen, sie kann aber auch das Skript *in den Urlaub fahren* oder *ins Freibad gehen* bearbeiten. Themen sind in der Regel umfassender und – das ist der entscheidende Unterschied – sie stellen kein routinisiertes Handlungsschema in den Mittelpunkt. Im Rahmen eines Themas wird eher *Wissen über* erarbeitet, ein Skript dagegen bietet mehr Möglichkeiten, neben dem *Wissen über* auch *Wissen wie, wann, wo und warum* zu erwerben.

7.9 Lexikalische Förderung konkret: Entdecken – Erfahren – Wörter lernen

Während im Zentrum des Skriptansatzes das Rollenspiel steht, steht beim Entdeckeransatz die Projektarbeit im Mittelpunkt. Überschneidungen mit der Skriptarbeit sind möglich, aber nicht zwingend. Der Schwerpunkt im Entdeckeransatz liegt nicht auf sozial relevanten Handlungsroutinen, sondern auf Wissenserwerb und letztendlich auf naturwissenschaftlichen und technischen Zusammenhängen. In diesem Ansatz verschmelzen in der frühen Bildung die Bereiche Naturwissenschaft und Sprachförderung.

Die Förderziele werden im Rahmen eines inhaltlichen Projekts festgelegt. Im Mittelpunkt stehen zeitliche Abfolgen sowie räumliche und kausale Beziehungen. Zur Vorbereitung der Arbeit muss die frühpädagogische Fachkraft für sich selbst die elektrischen, chemischen, mechanischen usw. Zusammenhänge erarbeiten und den relevanten Wortschatz zusammen stellen. Dazu muss sie das sprachliche Potenzial solcher Situationen analysieren und für die Förderung umsetzen können. Wie im Skriptansatz sind die Akteure die Kinder, die Erzieherin bietet „Arbeitsmaterial" an. Es geht in solchen Projekten darum, den Forscherdrang der Kinder zu nutzen und ihnen zu ermöglichen, einer Sache selbst auf den Grund zu gehen. Vorschläge zum Bildungsbereich Naturwissenschaften können genutzt werden und für die Sprachförderung „ausgeschlachtet" werden (vgl. Jampert, Leuckefeld, Zehnbauer & Best, 2006; Sens, 2009).

EIN BEISPIEL ...
Als Experimentiermaterial steht eine Wippe oder eine schiefe Ebene zur Verfügung (wie z.B. in den Experimentierstationen des Projekts *Versuch macht klug*, Colberg-Schrader, Tegtmeier & Marzinzick, 2006/2007).

Analyse des sprachlichen Potenzials:

Wortschatz: *Nomen* Wippe, Waage, Wasserwaage, Balken, Holz, Gewicht, Wasser, Luft, Luftblase, Gleichgewicht, Neigung, Arm, Hebel, ...; *Adjektive* schwer, leicht, lang, kurz, gleich, verschieden, ruhig, ...; *Verben* wippen, ausgleichen, verlagern, vergleichen, messen, drücken, austarieren, heben, sitzen, stehen, halten, einhängen, einrasten, ...; *Adverbien* zuerst, daneben, davor, dahinter, wegen, trotzdem, mehr, weniger, ...; *Präpositionen* auf, unter, neben, vor, hinter, wie, als, ...; *Konjunktionen* bevor, nachdem, als, wenn, weil, obwohl, aber, ...; *Fragepronomen* warum, wie, wann, ...

Grammatische Formen: Komparativ, Superlativ (leichter, am leichtesten), Pluralformen

Grammatische Strukturen: Vergleichsformen (größer als/gleich wie), Haupt- und Nebensätze, bei den Nebensätzen insbesondere kausale, konditionale und adversative Sätze, Ergänzungsfragen.

Formate: Beschreiben und Erklären.

> Wenn sich die Kinder diese Station erschlossen haben, können die Erzieherinnen die Kinder ihre Erfahrungen berichten lassen. Anschließend oder auch parallel zur Bereitstellung der Station werden mit den Kindern Spiele und Bastelarbeiten zu Dimensionsadjektiven und Größen- und Gewichtsvergleichen durchgeführt und so den Kindern parallel zur selbstständigen Auseinandersetzung mit der Station ein sprachliches Angebot passend zur Station, aber nicht unmittelbar auf die Station bezogen, angeboten. Solche weiterführenden Aktivitäten können sein: 1. Selber eine Waage bauen. 2. Wiegewettbewerb: Was wiegt mehr? Was wiegt gleich viel? Was ist der schwerste/leichteste, größte/kleinste Gegenstand? 3. Dokumentation (Fotos, Malen, etc.).

Die Auseinandersetzung mit naturwissenschaftlichen Phänomenen wird gezielt genutzt, um Sprachförderung zu betreiben. Die Kinder gehen dabei ähnlich vor wie Wissenschaftler: Sie experimentieren, entwickeln Hypothesen, vergleichen verschiedene Erscheinungen und Ergebnisse und gelangen dabei zu Schlussfolgerungen, die ihnen Erscheinungen ihres Alltags verständlich werden lassen. In solchen Situationen können Kinder mit „allen Sinnen experimentieren und Sprache handlungsbegleitend und kommentierend" einsetzen (Sens, 2009, S. 59). Die Interaktionen von naturwissenschaftlichem Entdecken und sprachlichen Aktivitäten können unter den Überschriften *Beobachten und Beschreiben, Beobachten und Vergleichen, Sortieren und Klassifizieren, Fragen und Interpretieren, Vermutungen und Erkenntnisse* sowie *Diskutieren und Präsentieren* zusammen gefasst werden (Jampert et al., 2006, S. 114 ff.). Der sprachliche Fokus liegt auf dem Erwerb neuer Wortfelder und auf Fachbegriffen und -wörtern. Es ist aber offensichtlich, dass in diesen Kontexten auch grammatische Formen und Strukturen gefördert werden, wie das Beispiel zeigt.

Wie der Skriptansatz vermittelt der Entdeckeransatz einen Wortschatz, der für die Vorbereitung auf die Schule relevant ist. Neben Fachvokabular zählen dazu Wörter, die es dem Sprecher erlauben, einen Sachverhalt temporal, lokal oder auch kausal einzuordnen (Präpositionen, Konjunktionen, Adverbien).

7.10 Zusammenfassung

Abschließend werden die für die Wortschatzförderung günstigen Aktionen der Erzieherin als DOs und die ungünstigen als DON'Ts in Tabelle 7.1 gegeneinander gestellt.

Tabelle 7.1: Empfehlungen für die semantisch-lexikalische Förderung

Was Sie tun sollten ...	Was Sie nicht tun sollten ...
• Einbeziehen der Ausgangslage (sozio-kultureller Hintergrund, Erwerbsdauer im L2-Erwerb, aktueller Sprachentwicklungsstand) in der Planung und in der Erfolgsbewertung • Berücksichtigung des allgemeinen Entwicklungsstandes (kognitive Entwicklung in Bezug auf abstrakte Begriffe usw.) • Erfahrungen der Kinder mit Objekten und Zusammenhängen fördern, z. B. im Rollenspiel • Kinder zu Entdeckern und Erklärern machen • Nutzen thematischer Zusammenhänge • Kontraste schaffen • Informationen anbieten: konkrete Erfahrungen mit Objekten und Handlungen, begrifflich-semantisch, grammatisch • Wörter in unterschiedlichen Zusammenhängen anbieten • Kinder zur Produktion von Wörtern anregen	• Vernachlässigung der Ausgangslage (sozio-kultureller Hintergrund, Erwerbsdauer im L2-Erwerb, aktueller Sprachentwicklungsstand) in der Planung und in der Erfolgsbewertung • Vernachlässigung des allgemeinen Entwicklungsstandes (kognitive Entwicklung in Bezug auf abstrakte Begriffe usw.) • Vernachlässigung des Zusammenhangs zwischen Erfahrung – Begriff – Bedeutung (= Vermittlung von sinnleeren Wörtern) • Frontal„unterricht" • reine Benennübungen (Memory usw.)

7.11 Literatur zum Weiterlesen

Rothweiler, M. & Meibauer, J. (1999). Das Lexikon im Spracherwerb – ein Überblick. In J. Meibauer & M. Rothweiler (Hrsg.), *Das Lexikon im Spracherwerb* (S. 9–31). Tübingen: UTB Francke.
Der Beitrag gibt einen Überblick über verschiedene Aspekte des lexikalischen Erwerbs bei Kindern.

Szagun, G. (2010). *Sprachentwicklung beim Kind: Ein Lehrbuch* (3., aktual. Aufl.). Weinheim: Beltz.
In verschiedenen Kapiteln dieses Buches werden Fragen des Erwerbs von Flexionssystemen und des lexikalischen Erwerbs von Wörtern sowie Aspekte des semantischen Erwerbs aus kognitiv-funktionaler Sicht dargestellt.

7.12 Lernkontrolle

Aufgabe 1: Es geht um Lexeme und Wortformen. In den folgenden Beispielen (35) und (36) handelt es sich nur um jeweils ein Lexem, nämlich um das Lexem HOL- und um das Lexem BILD, die in verschiedenen Wortformen vorkommen. Überlegen Sie, und finden Sie Sätze, in denen die drei Wortformen von HOL- und BILD vorkommen können.

> *Beispiel*
> (35) holst – holen – geholt
> (36) Bild – Bilder – Bildern

Aufgabe 2: Analysieren Sie das folgende Transkript. Beschreiben Sie, was Simone mit dem Partizip von *schießen* macht und wie ihre Fehler zu beschreiben sind. Was sagt Ihnen das Beispiel (37) über den Einsatz expliziter Korrekturen?

> *Beispiel*
> (37) Personen: Simone (3;2), Max (Vater), Maria (Mutter)
> Max: Und wenn ich sage: Ich hab den, ähm äh, ich habe mit dem/ mit dem Gewehr/mit der Pistole geschießt oder ich habe mit der Pistole geschossen?
> Maria: Geschissen.
> Simone: geschießen.
> Max: Wie?
> Simone: geschießen.
> Max: (*lachend*) Geschissen?
> Maria: (*lacht*)
> Max: (*lachend*) Mit der Pistole geschissen?
> Simone: ja.
> Max: Nee. Das heißt geschossen.
> Simone: geschossen.
> [...]
> Simone: was hast du da geschießen?
> Max: Was?
> Simone: was hast du da geschießen?
> Max: Mit dem Gewehr geschossen. Oder?
> Simone: geschießen. mhm.
> (Daten nach Miller, 1976, 1979; Quelle: Childes).

8 Kleine Architekten – Aufbau grammatischer Strukturen

> Dieses Kapitel vertieft zunächst den bereits in Kapitel 2 überblicksartig dargestellten Bereich der grammatischen Entwicklung. Hierzu werden zunächst einige grundlegende Aspekte der Grammatik und des Grammatikerwerbs ein- und mehrsprachiger Kinder dargestellt und diese anschließend auf die Bereiche Sprachdiagnostik und Sprachförderung bezogen. Einen besonderen Stellenwert nimmt in diesem Kapitel die Analyse kindlicher Äußerungen, die Einordnung in ein Entwicklungsmodell, die entwicklungslogische Ableitung des Förderziels sowie die Planung und Gestaltung von Fördersituationen im Hinblick auf die gezielte Förderung des Erwerbs grammatischer Strukturen ein.

8.1 Die Erwerbsaufgabe

> *Beispiel*
> (38) Bei den Tinden knüspelt die trudige Olke den Zachter.
> Aber er biggert, obwohl sie ihn zinder knüspelt.
> Wenn die Olke nicht schnüpelt, tespert der Zachter nicht.

Diese Sätze mögen Ihnen im ersten Augenblick befremdlich erscheinen. Dies ist auch nicht verwunderlich, denn alle Nomen, Verben und Adjektive sind erfunden. Und dennoch handelt es sich ganz eindeutig um grammatisch korrekte Sätze. Und obwohl Sie keine Ahnung haben, was diese Sätze bedeuten, können Sie problemlos die folgenden Fragen beantworten: Wer knüspelt die trudige Olke? Wen biggert der Zachter? Was tut der Zachter?

Die Sätze (39) bis (42) sind dagegen ungrammatisch (wenngleich Satz (39) in einigen Regionen Deutschlands umgangssprachlich durchaus als korrekt eingeschätzt werden könnte).

> *Beispiel*
> (39) *Bei die Tinden knüspelt die trudige Olke den Zachter.
> (40) *Aber ich biggerst.
> (41) *Wenn schnüpelt die Olke nicht.
> (42) *Der Zachter nicht tespert.

Selbst wenn die Bedeutung eines Satzes völlig unklar ist, weil einzelne Wörter unbekannt sind, können wir in vielen Fällen beurteilen, ob ein Satz grammatisch korrekt ist oder nicht. Und wir können einen ungrammatischen Satz in einen grammatisch korrekten Satz umformen und hierbei ermitteln, worin genau der Fehler liegt. Sätze sind also nicht einfach eine Aneinanderreihung von Wörtern. Vielmehr unterliegt die Satzstruktur gewissen Regeln, die einerseits die grammatische Beziehung einzelner Wörter zueinander und die entsprechenden Markierungen betreffen, beispielsweise in (39) und (40), und andererseits die Stellung einzelner Wörter im Satz wie in (41) und (42).

8.2 Flexion und Kongruenz

In Kapitel 7 haben Sie bereits erfahren, dass grammatische Informationen an Wörtern durch Flexive ausgedrückt werden können. Im Deutschen muss das finite Verb beispielsweise in Person und Numerus mit dem Subjekt übereinstimmen, d.h. kongruieren. Man bezeichnet dies als *Subjekt-Verb-Kongruenz*. Die Subjektmerkmale für Person und Numerus werden hierbei am finiten Verb morphologisch in Form eines Flexivs markiert. So ist das Verbflexiv *-e* beispielsweise eine Markierung für die 1. Person Singular und das Flexiv *-st* für die 2. Person Singular.

Flexive sind nicht immer eindeutig. Beispielsweise kann das Flexiv *-t* eine Markierung für die 3. Person Singular oder für die 2. Person Plural sein. Auch kann ein grammatisches Merkmal durch mehrere Flexive ausgedrückt werden. So kann die 1. Person Singular entweder durch das Verbflexiv *-e* (*ich gehe*) oder ohne Flexiv markiert werden (*ich geh*). Letzteres würde in einem Aufsatz zwar jeder Lehrer als Fehler anstreichen, in der gesprochenen Sprache allerdings ist die Variante ohne Flexiv sehr gebräuchlich und daher zulässig. Zudem ist die Form ohne Flexiv die einzig richtige bei Modalverben (*ich will*) oder im Präteritum (*ich ging*). Dieser Aspekt ist wichtig für die Beurteilung kindlicher Äußerungen. Wenn ein Kind *ich mach* sagt, dann ist das kein Fehler in der Subjekt-Verb-Kongruenz, sondern absolut korrekt. Gleiches gilt für umgangssprachlich zulässige Formen wie *is* statt *ist* oder *gehn* statt *gehen*. Grundlage für die Bewertung kindlicher Äußerungen ist immer die gesprochene Sprache. Korrekt ist alles, was umgangssprachlich erlaubt ist.

Tabelle 8.1: Flexionsparadigma für Vollverben

	Singular	**Plural**
1. Person	-Ø/-e ich geh(e)	-(e)n wir geh(e)n
2. Person	-st du gehst	-t ihr geht
3. Person	-t er/sie/es geht	-(e)n sie geh(e)n

Die Gesamtheit aller Flexive für ein Wort bildet ein Flexionsparadigma. Tabelle 8.1 zeigt das Flexionsparadigma für Vollverben im Präsens. Modalverben und das Verb *sein* haben eigene Flexionsparadigmen. Die Flexion des Verbs *sein* erfolgt nicht wie bei Vollverben durch Anhängen von Flexionsmorphemen an den Wortstamm, sondern es gibt für jede Zelle des Flexionsparadigmas jeweils einen eigenständigen Wortstamm (*Suppletivform*), der auch als Ganzes im mentalen Lexikon gespeichert werden muss.

Artikel, Adjektive und Nomen werden nach den grammatischen Merkmalen für Numerus und Kasus flektiert, und Artikel und Adjektive kongruieren zudem mit dem Genusmerkmal des zugehörigen Nomens und werden entsprechend flektiert. Am Flexionsparadigma der bestimmten (definiten) Artikel in Tabelle 8.2 wird nochmals in besonderer Weise deutlich, dass Flexionsformen nicht immer eindeutig sind. Aus den einzelnen Merkmalen für Kasus, Numerus und Genus ergeben sich rechnerisch 16 Kombinationsmöglichkeiten. Ein Blick auf das Flexionsparadigma der definiten Artikel zeigt allerdings, dass für diese 16 Kombinationen nur sechs Formen zur Verfügung stehen. Keine Artikelform ist ausschließlich einer Merkmalskombination zuzuordnen. Die Artikelform *der* kann z. B. die Merkmalskombination Nominativ Maskulinum Singular markieren, aber auch Dativ Femininum Singular, Genitiv Femininum Singular oder Genitiv Plural.

Tabelle 8.2: Flexionsparadigma der definiten Artikel

Numerus	Singular			Plural
Genus Kasus	Maskulinum	Femininum	Neutrum	
Nominativ	der	die	das	die
Akkusativ	den	die	das	die
Dativ	dem	der	dem	den
Genitiv	des	der	des	der

Man kann unschwer erahnen, welche Herausforderung das Artikelsystem des Deutschen für Sprachlerner darstellt. Immerhin gibt es für den Kasus einige Orientierungspunkte. Zunächst kann man den Genitiv vernachlässigen, da er im mündlichen Sprachgebrauch kaum noch verwendet wird. Lässt man die Pluralformen außer Acht, stellt die Artikelform *den* eine eindeutige Markierung für den Akkusativ dar. Die Form *dem* ist dagegen eine eindeutige Markierung für den Dativ, denn diese Artikelform gibt es in keinem anderen Kasuskontext. Das Genussystem jedoch brachte bereits Mark Twain zur Verzweiflung, der einige Zeit in Heidelberg lebte und über die „schreckliche deutsche Sprache" schrieb:

> *Jedes Substantiv hat sein Geschlecht, doch in ihrer Aufteilung findet sich weder System noch Sinn, also muss man, und daran führt nichts vorbei, das Geschlecht eines jeden Substantives auswendig lernen. Um dies zu bewältigen, sollte man das Gedächtnis eines dicken Notizbuches besitzen.* (Twain, 1994/1880, S. 10)

8.3 Topologische Felder

Sätze sind keine starren Gebilde. Durch Verschieben einzelner Satzteile lässt sich die Struktur eines Satzes variieren. So können für Satz (43) mindestens drei weitere Varianten (44–46) gebildet werden.

Beispiel
(43) Der FC St. Pauli hat gestern erneut den DFB-Pokal   gewonnen.
(44) Den DFB-Pokal   hat gestern erneut der FC St. Pauli   gewonnen.
(45) Gestern   hat der FC St. Pauli erneut den DFB-Pokal gewonnen.
(46) Erneut   hat gestern der FC St. Pauli den DFB-Pokal gewonnen.

Allerdings lassen sich die einzelnen Teile eines Satzes nicht beliebig verschieben. Die Sätze (47) und (48) beispielsweise sind keine zulässigen Varianten.

Beispiel
(47) *Der FC St. Pauli gestern hat erneut den DFB-Pokal gewonnen.
(48) *Der FC St. Pauli gewonnen gestern erneut den DFB-Pokal hat.

Die Stellung der einzelnen Satzelemente ist also nicht beliebig, sondern folgt gewissen Regeln. Es gibt eine Reihe unterschiedlicher Satzmodelle, um diese Regeln zu beschreiben. Im Folgenden bedienen wir uns hierfür des *topologischen Feldermodells*. In diesem Modell werden Sätze in unterschiedliche Stellungsfelder unterteilt: das Vorfeld, die linke Satzklammer, das Mittelfeld und die rechte Satzklammer. Diese Felder können unterschiedlich besetzt sein.

Im Deutschen gibt es zwei Positionen für Verben: Zum einen die zweite Satzposition – dort stehen in Hauptsätzen die finiten (gebeugten) Verben – und zum anderen die Endposition – dort stehen in Hauptsätzen die infiniten (nicht gebeugten) Verben bzw. Verbteile (das kann z. B. auch die Partikel (*ab-*) eines Partikelverbs (*ablösen*) sein). Diese beiden Verbpositionen bilden gewissermaßen eine Klammer, die den Satz zusammenhält. Man spricht daher auch von der linken und der rechten Satzklammer (oder auch Verbklammer). Die Position zwischen der linken und der rechten Satzklammer bezeichnet man als das Mittelfeld. Die Position vor der linken Satzklammer als Vorfeld (vgl. Sätze (a) bis (f) in Tab. 8.3).

In Nebensätzen (Satz (g) in Tab. 8.3) wird die linke Satzklammer durch einen Nebensatzeinleiter besetzt. Alle Verben und Verbteile stehen dann in der rechten Satzklammer, als letztes das finite Verb.

Das Vorfeld kann nur durch maximal ein Satzglied besetzt werden, das aus einem oder mehreren Wörtern bestehen kann. So könnte das Subjekt im Vorfeld in Satz (a) durch *er* ersetzt werden, aber auch durch *Der FC St. Pauli, der erst 2010 in die erste Bundesliga aufgestiegen ist*. Das Vorfeld kann in bestimmten Fällen unbesetzt bleiben (d). Im Mittelfeld können dagegen beliebig viele Satzglieder stehen, oder auch keines (e) und (f).

Und schließlich gibt es noch eine Position vor dem Vorfeld. Diese Position ist für nebenordnende Konjunktionen reserviert, d. h. für Wörter, die zwei Hauptsätze miteinander verbinden wie *und, aber, denn, sondern* (vgl. Musan, 2008). Wenn das sprachliche Material, das im Mittelfeld steht, zu umfangreich ist, dann können bestimmte Teile, insbesondere Nebensätze, auch ins sogenannte Nachfeld hinter die rechte Satzklammer geschoben werden. Das passiert in der gesprochenen Sprache recht häufig (z. B. „Man kann viel besichtigen in dieser großen Stadt.").

Tabelle 8.3: Topologische Felder

	vor-Vorfeld	Vorfeld	linke Satzklammer	Mittelfeld	rechte Satzklammer
(a)		Der FC St. Pauli	hat	gestern erneut den DFB-Pokal	gewonnen.
(b)		Die Kiezkicker	setzten	sich gegen den FC Bayern München	durch.
(c)	Und	der Club	bleibt	somit weiterhin	ungeschlagen.
(d)			Kann	er auch die Meisterschaft	gewinnen?
(e)		Er	kann		gewinnen.
(f)		Ein Vereinssprecher	sagte,		
(g)			dass	die Mannschaft auch die Meisterschaft	gewinnen kann.

Die Erwerbsaufgabe von Kindern besteht nun darin, diesen Bauplan deutscher Sätze und die zugrunde liegenden Regeln der Satzbildung sowie die morphologischen Markierungen von Verben und deren Funktionen zu entschlüsseln. Wie lösen sie diese Aufgabe? Betrachten wir zunächst den Erwerbsverlauf einsprachiger Kinder.

8.4 Grammatikerwerb einsprachiger Kinder

Der Erwerb der Satzstruktur durch einsprachige Kinder ist mittlerweile gut untersucht. Der Linguist Harald Clahsen (1988) beschreibt den Entwicklungsverlauf in Phasen, die Linguistin Rosemarie Tracy (2007) in Schichten bzw. Meilensteinen. Phasenmodell und Meilensteinmodell sind als absolut gleichwertig zu betrachten und in vielen Aspekten auch inhaltlich vergleichbar. Sie unterscheiden sich aber hinsichtlich der Annahmen, wann ein Kind einen bestimmten Entwicklungsschritt vollzogen hat. Das Phasenmodell ist etwas differenzierter, weshalb es im Folgenden als Bezugspunkt genommen wird.

Ursprünglich beschrieb Clahsen den Erwerb der Satzstruktur in fünf Phasen. Es zeigte sich jedoch in weiterführenden Untersuchungen, dass sich die Struktur kindlicher Äußerungen in den Phasen II und III qualitativ nur unwesentlich voneinander unterscheidet (Clahsen & Penke, 1992). Die Unterschiede sind eher quantitativ. Während Kinder in Phase II überwiegend Zweiwortsätze bilden, kombinieren Kinder in Phase III häufiger auch mehr als zwei Satzglieder miteinander. Im Hinblick auf die Sprachförderung sind diese Unterschiede jedoch nicht relevant. Daher wird im Folgenden auf eine getrennte Darstellung dieser beiden Phasen verzichtet.

Phase I

Etwa ab dem Alter von 12 Monaten beginnen Kinder mit der Produktion ihrer ersten Wörter. In dieser Phase des Spracherwerbs produzieren Kinder überwiegend Einwortäußerungen. Diese bestehen anfangs vor allem aus deiktischen Elementen, d.h. aus Wörtern, die auf Handlungen oder Objekte hinweisen wie *da* oder *das*, aus Verbpartikeln wie *ab*, *aus*, *weg* oder aus Wörtern, die eine sozial-pragmatische Funktion erfüllen wie beispielsweise *ja, nein, aua, hallo*. Daneben können die Äußerungen auch aus einzelnen Nomen, Pronomen und vereinzelt auch aus Adjektiven bestehen. Verben und Funktionswörter fehlen in dieser Entwicklungsphase noch vollständig (vgl. Kauschke & Hofmeister, 2002).

Das einsprachige Kind Simone (1;9 Jahre) in Beispiel (49) befindet sich genau in dieser Entwicklungsphase.

> *Beispiel*
> (49) Simone (1;9) spielt mit ihrer Freundin Meike. Simone fährt mit dem Dreirad.
> Simone: des.
> Max: Ja, ja, richtig. He, kommt mal zu Max! Komm!
> Simone: (*kommt mit dem Dreirad in's Zimmer hineingefahren*)
> Max: Ja.
> Simone: aus. (*steigt vom Dreirad herunter. Meike kommt mit einem Ball in der Hand in's Zimmer hinein, läuft zum Sofa*)
> Simone: balla. ball. (*streckt die Hand nach dem Ball aus*)
> (vgl. Miller, 1976, 1979; Quelle: Childes)

Die zentralen Merkmale von Phase I sind nochmals im folgenden Kasten zusammengefasst.

> **Phase I:**
> - Überwiegend Einwortäußerungen.
> - Äußerungen können aus Nomen, Pronomen, Verbpartikeln, deiktischen Elementen und aus sozial-pragmatischen Wörtern bestehen.
> - Verben und Funktionswörter fehlen.

Phasen II/III

In der Folgezeit erweitern die Kinder zunehmend ihren Wortschatz. Ab einem Alter von 18 Monaten hat dieser einen Umfang von etwa 50 Wörtern erreicht, und die Kinder treten in den *Wortschatzspurt* ein. Insbesondere der Lexikonumfang der Nomen und Verben steigt jetzt rasch an. Gleichzeitig mit dem Eintritt in den Wortschatzspurt steigt auch die mittlere Äußerungslänge an (vgl. Kauschke, 2000; Rothweiler, 2001). Die Kinder produzieren nicht mehr nur Einwortäußerungen, sondern kombinieren nun zwei und mehr Wörter miteinander. Damit hat ein Kind eine wichtige Eigenschaft von Sprache erkannt, nämlich dass sich einzelne Wörter in Abhängigkeit von ihren grammatischen Eigenschaften miteinander zu einer Äußerung kombinieren lassen. Das Kind hat das *syntaktische Prinzip* von Sprache entdeckt. Die ersten Wortkombinationen bestehen überwiegend noch aus zwei Konstituenten, später steigt die Äußerungslänge an, und es werden auch Äußerungen produziert, die aus drei oder mehr Konstituenten bestehen. Kombiniert werden vor allem Nomen, Verben, Partikeln, Adjektive, Pronomen und Adverbien. Funktionswörter wie Artikel, Präpositionen, Konjunktionen und Hilfsverben treten noch kaum auf.

Wenn eine Äußerung ein Verb enthält, dann steht dieses meist am Ende einer Äußerung. Es können aber bereits gelegentlich Verben in Zweitstellung auftreten. In dieser Entwicklungsphase haben Kinder also bereits beide mögliche Satzpositionen für Verben – die linke und die rechte Satzklammer – identifiziert, wenngleich sie eine durchgehende Verbzweitstellung, wie sie in Hauptsätzen eigentlich erforderlich ist, noch nicht einhalten und auch nicht beide Positionen zugleich füllen.

Mit der Entdeckung der beiden Verbpositionen geht noch ein weiterer wichtiger Entwicklungsschritt einher. Im Deutschen ist die linke Satzklammer finiten (gebeugten) Verben vorbehalten. Nur finite Verben können in der linken Satzklammer „landen". Infinite Verben dagegen müssen in der rechten Satzklammer verbleiben. Zwar haben die Kinder in dieser Entwicklungsphase die Subjekt-Verb-Kongruenz noch nicht erworben. Die Kinder verfügen in dieser Entwicklungsphase auch noch nicht über alle Flexionsendungen. Insbesondere die Flexionsendung *-st* für die 2. Person Singular ist in dieser Phase noch nicht verfügbar (Clahsen, 1986). Trotzdem lassen die Äußerungen erkennen, dass die Kinder das Merkmal *Finitheit* im Prinzip schon erkannt haben und auch, dass sie erkannt haben, dass die linke Satzklammer finiten Verben vorbehalten ist. So treten beispielsweise Modalverben und Formen von *sein* überwiegend in der *linken Satzklammer* auf. Bei diesen Formen handelt es sich fast immer um gebeugte Formen, die meist auch kongruent zum Subjekt sind. Auch Vollverben mit der Endung *-t* treten bevorzugt in der *linken Satzklammer* auf und sind ebenfalls oft korrekt. In der *rechten Satzklammer* stehen dagegen vor allem unflektierte Verbformen und Infinitive sowie erste Partizipien.

Clahsen und Penke (1992) vermuten, dass Kinder Modalverben und Formen von *sein* grundsätzlich als finite Formen in ihrem Lexikon speichern und auch die Endung *-t* als Markierung für das Merkmal Finitheit interpretieren. Dadurch erklärt sich, dass diese Formen bereits früh bevorzugt in der linken Satzklammer auftreten, während inifinite Verbformen eher die rechte Satzklammer besetzen.

Simone hat diese Entwicklungsphase im Alter von 2;1 Jahren erreicht (50).

Beispiel
(50) Simone (2;1) und Max spielen mit dem Glockenspiel.
    Simone: sik mache.
            (*singt, schlägt mit dem Klöppel auf das Glockenspiel*)
            das sik mache. das sik mache.
    Simone: (*eines der Plättchen ist ihr weggerutscht*)
            butt.
    Simone: (*spielt weiter auf dem Glockenspiel*)
            maxe auch sik mache.
    Max: Soll ich auch ein bisschen Musik machen?
    Simone: ja.
            (*singt und schlägt auf's Glockenspiel*)
    Max: (*schlägt auch auf das Glockenspiel*)
    Simone: vögelein singt was.
    Max: He?
    Simone: vögelein.
    Max: Alle Vögelein sind schon da?
    Simone: ja. vögl
    Max: (*singt*) Alle Vöglein sind schon da, alle Vöglein alle!
    (vgl. Miller, 1976, 1979; Quelle: Childes)

Trägt man diese und weitere Äußerungen, die Simone im Alter von 2;1 Jahren produziert, in das topologische Feldermodell ein (Tab. 8.4), werden nochmals die zentralen Merkmale dieser Entwicklungsphase deutlich.

Tabelle 8.4: Satzstruktur in den Phasen II/III

vor-Vorfeld	Vorfeld	linke Satz-klammer	Mittelfeld	rechte Satz-klammer
			das sik	mache.
			maxe auch sik	mache.
			maxe auch	hinsetzen.
			maxe de mone	singe.
			kopf wieder	dranmache.
			maxe auch apfel	mach.
			maxe noch mehr küche	habe.
	vögelein	**singt**	was.	
	das	**geht**	nich.	
	maxe	**soll**	knete.	
	da	**is**	eins ente.	
	da	**is**	eins balla.	

In dieser Entwicklungsphase treten auch erste Artikel auf, wenngleich Artikel grundsätzlich noch häufig ausgelassen werden. Die Kinder produzieren zunächst reduzierte Artikelformen wie *de* oder *e*, die noch nicht für Kasus oder Genus markiert sind, aber als Vorläufer von Artikeln gelten können (51).

> *Beispiel*
> (51) Simone (2;1), Max (Vater), Maria (Mutter)
> Max: Was macht n die Mama. He?
> Simone: macht de Flasche Baby hab.
> Max: Was ist da?
> Simone: macht Flasche Baby.
> Maria: Die Flasche vom Baby mach ich fertig. (*steckt die Babyflasche in eine Hülle*) Ne?
> Max: Was hat die Mama gemacht?
> Simone: flasche baby/mone auch e flasche.

Gleichzeitig oder kurze Zeit später produzieren die Kinder auch die ersten vollständigen Artikel. Dabei handelt es sich um Nominativformen wie *der, die, das, ein* oder *eine*. Diese Artikelformen werden kasusneutral verwendet, d.h. sie treten in allen Kasuskontexten auf – auch in solchen Kontexten, die den Akkusativ oder Dativ fordern. Eindeutige Markierungen für den Akkusativ wie *den, einen* oder eindeutige Dativmarkierungen wie *dem* oder *einem* treten in dieser Phase noch nicht auf. Auch entsprechen die verwendeten Artikelformen häufig nicht dem Genus des zugehörigen Nomens (Clahsen, 1984; Tracy, 1986).

Die folgenden Äußerungsbeispiele (52) und (53) illustrieren die beschriebenen Übergeneralisierungen von Nominativformen auf Akkusativ- und Dativkontexte.

> *Beispiel*
> (52) Simone (2;1): nich nich der hut auf.
> (53) Simone (2;1): mit der messer schneide.

Auch bei der Genusmarkierung machen die Kinder in dieser Entwicklungsphase noch viele Fehler, wie die Äußerungen (54) bis (57) zeigen.

> *Beispiel*
> (54) Simone (2;0): das geht nich das wecker.
> (55) Simone (2;0): das geht nich der wecker.
> (56) Simone (2;1): meine ball is weg.
> (57) Simone (2;1): das is ein balla.

Die zentralen Merkmale der Phasen II/III sind im folgenden Kasten nochmals zusammengefasst.

Phasen II/III:
- Entdeckung des syntaktischen Prinzips: Zwei und mehr Wörter werden miteinander kombiniert.
- Verben belegen überwiegend die rechte Satzklammer.
- Verben können aber auch bereits die linke Satzklammer besetzen.
- In der rechten Satzklammer (Verbendstellung) stehen Verben mit den Endungen -e, -en oder ohne Endung, die überwiegend nicht kongruent zum Subjekt sind.
- In der linken Satzklammer (Verbzweitstellung) stehen vor allem Modalverben, Formen von *sein* und Vollverben mit der Endung -t.
- Das Flexiv -st ist noch nicht erworben.
- Funktionswörter wie Artikel, Präpositionen, Konjunktionen und Hilfsverben werden noch häufig ausgelassen.
- Es treten aber bereits erste Artikel auf: Vorläuferformen (*e, de*) und Nominativformen (z. B. *der, die, das, ein, eine*).
- Genusfehler treten häufig auf.

Phase IV

Im Laufe des dritten Lebensjahres vollziehen sich zwei zentrale Entwicklungsschritte, die miteinander gekoppelt sind. Zum einen erwerben Kinder die korrekte Verbstellung in Hauptsätzen. In Äußerungen, die ein Verb enthalten, ist die linke Satzklammer nun obligatorisch besetzt. Äußerungen mit Verb-Endstellung, die für die vorherige Entwicklungsphase typisch waren, treten nun nicht mehr auf. Gleichzeitig erwerben Kinder die Subjekt-Verb-Kongruenz. Die Kinder verfügen nun über alle wichtigen Flexive, auch über das -st, das vorher noch nicht auftauchte, und setzen diese korrekt als Kongruenzmarkierung ein. Simone hat diese Entwicklungsphase im Alter von 2;4 Jahren bereits erreicht, wie das folgende Beispiel (58) zeigt.

Beispiel
(58) Simone (2;4) und ihr Vater Max spielen mit Bauklötzen.
   Simone: du sollst stall baun.
   Max: He?
   Simone: du sollst stall baun.
   Max: Soll Maxe en Stall baun?
   Simone: ja.
   Max: Und Mone? Was macht Mone?
   Simone: die räumt auf.
   Max: He?
   Simone: die räumt auf das.
   Max: He?
   Simone: baut ein haus.
   Max: Mone baut 'n Haus?
   Simone: ja.

Ein Indiz für den sicheren Erwerb der Hauptsatzstruktur ist das Auftreten von Äußerungen, in denen das Vorfeld durch ein anderes Element als ein Subjekt besetzt ist. Solche Äußerungen belegen, dass ein Kind nicht nur Äußerungen mit einer festen Abfolge der Satzkonstituenten Subjekt-Verb-Objekt produziert, sondern bereits variabel mit der Satzstruktur umgehen kann. Es hat erkannt, dass einzelne Satzkonstituenten innerhalb des Satzes verschoben werden können, ohne dass dadurch die Regeln der Satzstruktur verletzt würden. Mit „erkennen" ist hier natürlich nicht gemeint ist, dass ein Kind sich über die Regeln der Satzstruktur bewusst ist. Der Erwerb und die Anwendung der Regeln einer Sprache erfolgt bei Kindern unbewusst.

Trägt man die Äußerungen aus Beispiel (58) und weitere Äußerungen, die Simone im Alter von 2;4 Jahren produziert, in das topologische Feldermodell ein, werden nochmals die zentralen Merkmale der Phase IV deutlich (vgl. Tab. 8.5).

Tabelle 8.5: Satzstruktur in Phase IV

vor-Vorfeld	Vorfeld	linke Satz-klammer	Mittelfeld	rechte Satz-klammer
	du	sollst	stall	baun.
	die	räumt		auf.
		baut	ein haus.	
	ich	hol	sie mal.	
	ich	brauch	ein dach.	
	des	muss	da auch noch	drauf.
	des	ist	eine straßebahn.	
	du	kriegst	auch n ball.	
	mone	zieht	die	auf.

Gegen Ende dieser Entwicklungsphase werden Auslassungen von Funktionswörtern wie Artikeln seltener. Gleichzeitig treten auch erste eindeutige Markierungen für Akkusativ auf. So ist in Äußerung (59) der Akkusativ eindeutig durch die Artikelform *den* markiert. Allerdings produzieren Kinder auch in dieser Entwicklungsphase noch viele Übergeneralisierungen von Nominativformen auf Akkusativ- und Dativkontexte, die auf Unsicherheiten in der Kasusmarkierung hindeuten (60).

Beispiel
(59) Simone (2;5): mone kriegt den frosch.

Beispiel
(60) Simone (2;4), ihr Freund Tommy und der Erwachsene Horst bauen aus Bauklötzen einen Stall.
Horst: Wolln wer den Stall größer machen, da?

> Simone: ja. der stall.
> Tommy: stall.
> Simone: der stall der musste größer mache.

Auch das Genussystem befindet sich noch in der Entwicklung. Wie auch in der vorangehenden Entwicklungsphase produzieren die Kinder noch viele Genusfehler.

Die zentralen Merkmale von Phase IV sind nochmals im folgenden Kasten zusammengefasst.

Phase IV
- Die linke Satzklammer wird durch ein finites Verb besetzt.
- Die Subjekt-Verb-Kongruenz ist erworben. Das Kind verfügt über alle Flexive, auch über das *-st*, das vorher nicht auftrat.
- Nebensätze treten in dieser Entwicklungsphase noch nicht auf.
- Artikel werden kaum noch ausgelassen.
- Es treten bereits erste eindeutige Akkusativmarkierungen auf (z. B. *den, einen*).
- Genusfehler treten noch häufig auf.

Phase V

Die fünfte und letzte Entwicklungsphase ist gekennzeichnet durch das Auftreten von Nebensätzen und durch den Ausbau des Kasussystems. Zu Beginn dieser Phase kann bei einigen Kindern beobachtet werden, dass das finite Verb in Nebensätzen zwar bereits korrekt am Satzende steht, dass der Nebensatzeinleiter aber noch fehlt. Wenig später werden Nebensätze dann auch mit Nebensatzeinleiter gebildet. Zu den ersten Nebensatzeinleitern, die im kindlichen (Erst-) Spracherwerb auftreten, gehören vor allem die Konjunktionen *wenn, weil*, aber auch *bis, damit, als* (Rothweiler, 1993). Früh erworbene Nebensatzeinleiter können anfangs auch anstelle von Konjunktionen eingesetzt werden, die das Kind noch nicht erworben hat (61). Solche Platzhalter für Konjunktionen können auch ganz undifferenzierte Elemente sein, wie *ähm* oder *de*.

> *Beispiel*
> (61) Martin (2;11): mach dat an.
> Erwachsener: Warum?
> Martin: wenn ich dat hören will (weil ich das hören will)

Nicht alle Äußerungen mit Nebensatzeinleiter sind jedoch automatisch auch Nebensätze. In echten Nebensätzen muss das finite Verb in Endstellung stehen. Umgangssprachlich kann in Äußerungen mit der Konjunktion *weil* das finite Verb aber auch in Zweitstellung auftreten. Solche Äußerungen sind dann allerdings von der Satzstruktur her Hauptsätze. Auch Kinder produzieren *weil*-Sätze mit finitem Verb in Zweitstellung, was natürlich nicht falsch ist. Nur sind solche Äußerungen eben keine echten Nebensätze (62).

> **Beispiel**
> (62) Carsten (3;6): weil möcht ich doch.
>   Oliver (4;5): weil der hat hier so viel gegessen.

Einige Kinder verwenden die Präposition *wegen* in der Funktion einer Konjunktion (63). Auch solche Äußerungen weisen nicht immer die Satzstruktur von Nebensätzen auf.

> **Beispiel**
> (63) Paul 4;7: Erw.: Warum heißt ein Parkplatz Parkplatz?
>   Paul: *wegen's* zum PARken is\
> (aus Tracy, 2007, S. 90)

Mit dem Auftreten von Nebensätzen ist die Satzstruktur des Deutschen in Grundzügen erworben. Normalerweise erreichen einsprachige Kinder diese Entwicklungsphase zwischen 2;6 bis 3;6 Jahren – die Variation ist hier sehr groß. Simone befindet sich bereits im Alter von 2;6 Jahren in dieser Phase, wie Beispiel (64) zeigt.

> **Beispiel**
> (64) Simone (2;6) und Max betrachten das Buch vom Anti-Struwwelpeter
>   Max: Wer soll die Suppe aufessen?
>   Simone: der/das/das muss die suppe aufessen. huch. guck mal unter decke. unter der decke ist der.
>   Max: Wer ist unter der Decke?
>   Simone: der papa.
>   Max: Der Papa? Warum ist'n der unter der Decke?
>   Simone: weil der weint.
>   Max: Weil der weint?
>   Simone: ja.
>   Max: Und warum weint der Papa?
>   Simone: weil der unter der decke ist.
>   Max: Weil er unter der Decke ist. Ja. Aber wie kommt denn der Papa unter die Decke? Warum ist er denn unter der Decke.
>   Simone: weil sie heia machen muss.

Trägt man Simones Äußerungen aus Beispiel (64) in das topologische Feldermodell ein, werden nochmals die zentralen Merkmale von Phase V deutlich (s. Tab. 8.6).

In dieser Phase des Spracherwerbs wird auch das Kasussystem weiter ausdifferenziert. Zunächst werden die Kinder immer sicherer in der Markierung des Akkusativs. Übergeneralisierungen von Nominativformen auf Akkusativkontexte, wie sie in der vorangehenden Entwicklungsphase noch häufig zu finden waren, verschwinden zunehmend. Im nächsten Schritt treten dann auch erste eindeutige Dativmarkierungen wie *dem* oder *einem* auf, wie in Beispiel (65).

> **Beispiel**
> (65) Simone (2;6): achtung aufgepasst. dann kommt die reise mit dem zug.

Tabelle 8.6: Satzstruktur in Phase V

vor-Vorfeld	Vorfeld	linke Satz-klammer	Mittelfeld	rechte Satz-klammer
	das	muss	die suppe	aufessen.
		guck	mal unter decke.	
	unter der decke	ist	der.	
		weil	der	weint.
		weil	der unter der decke	ist.
		weil	sie heia	machen muss.

Bei der Markierung des Dativs können allerdings noch längere Zeit Unsicherheiten auftreten, die sich in Übergeneralisierungen von Nominativ- oder Akkusativformen auf Dativkontexte äußern. Beispiel (66) verdeutlicht dies. Der vollständige Erwerb des Dativs kann sich bei einigen Kindern noch bis zum 5. Lebensjahr hinziehen.

> *Beispiel*
> (66) Simone (2;6) und ihr Vater Max betrachten das Buch vom Anti-Struwwelpeter.
> Simone: die glutschen, die lutschen.
> Max: Die lutschen. Woran lutschen die?
> Simone: hier an den daum.
> Max: An dem Daumen.

Der vollständige Erwerb des Genussystems ist bei einigen einsprachigen Kindern ein längerer Prozess. Genusfehler treten bei manchen Kindern noch im Alter von vier Jahren auf. In seltenen Fällen können Genusfehler auch noch im Alter von fünf Jahren beobachtet werden. Dies ist jedoch wenig verwunderlich, wenn man bedenkt, dass die Genuszuweisung im Deutschen keiner Regel folgt. Es gibt zwar gewisse Muster, die sich nach morphophonologischen und semantischen Eigenschaften von Nomen richten (Köpcke & Zubin, 1983). Beispielsweise sind zweisilbige Nomen, die auf ein unbetontes *-e* enden, häufig feminin (*die Tasche, die Kiste*; aber: *der Affe*). Einsilbige Nomen sind tendenziell eher maskulin (*der Schwamm, der Stern*; aber: *das Schwein*). Nomen, die auf *-er* enden sind ebenfalls häufig maskulin (*der Tiger, der Becher*; aber: *das Messer*). Insgesamt gibt es jedoch für die meisten dieser Muster so viele Ausnahmen, dass eine zuverlässige Vorhersage des Genus eines Nomens auf Basis solcher Muster nicht möglich ist. Letztlich bleibt einem nichts anderes übrig, als auf Basis der morphologischen Form von Artikeln und Adjektiven das Genus eines Nomens abzuleiten und jedes einzelne Nomen in seinem mentalen Lexikon mit dem entsprechenden Genus zu versehen. Eine offene Frage ist, ob sich Kinder im Genuserwerb des Deutschen dennoch an solchen Mustern orientieren. Es deutet jedoch einiges darauf hin, dass Kinder für einzelne Muster bereits früh sensibel sind, viele Muster jedoch erst zu einem Zeitpunkt beachten, zu dem das Genussystem bereits erworben ist (vgl. Mills, 1986).

Wichtige Merkmale von Phase V sind im folgenden Kasten nochmals zusammengefasst.

> **Phase V**
> - Es treten erste Nebensätze auf.
> - In Nebensätzen wird die linke Satzklammer durch einen Nebensatzeinleiter besetzt, beispielsweise durch Konjunktionen wie *weil, dass, wenn*. Zu Beginn dieser Entwicklungsphase können auch Vorläufer von Nebensätzen auftreten, in denen die linke Satzklammer unbesetzt bleibt.
> - In Nebensätzen stehen alle Verben und Verbteile – auch das finite Verb – in der rechten Satzklammer.
> - Das Kasus- und Genussystem wird weiter ausdifferenziert. Die Kinder werden sicherer in der Markierung des Akkusativs, und es treten erste Dativformen auf (z. B. *dem, einem*). Unsicherheiten in der Kasus- und Genusmarkierung können noch längere Zeit bestehen bleiben, nehmen aber nach und nach ab.

8.5 Grammatikerwerb mehrsprachiger Kinder

Im Folgenden lesen Sie einen kurzen Ausschnitt aus einem Gespräch mit dem mehrsprachigen Kind Faruk. Faruk ist 3;6 Jahre alt. Seine Erstsprache ist Türkisch, und bis zum Eintritt in die KiTa im Alter von 2;10 Jahren hatte er keinen nennenswerten Kontakt zum Deutschen. Faruk ist demnach sukzessiv bilingual. Zum Zeitpunkt des Gesprächs ist Faruk seit acht Monaten in der KiTa. Er erwirbt also seit acht Monaten Deutsch, ist im 8. Kontaktmonat.

> *Beispiel*
> (67) Faruk und die Interviewerin (I.) spielen mit dem Verkehrsteppich.
> Faruk: de fallt jetzt. (*Faruk will eine Figur über die Tischkante fallen lassen*)
> I.: Was?
> Faruk: was is in die ecke? (*Faruk schaut in eine Kiste*)
> I.: Ich hab noch/Willst du noch mal kucken, was hier drin is?
> Faruk: ja.
> (…)
> I.: (*I. lässt eine Figur bei Rot über die Ampel fahren*)
> Puh. Ach, das stört mich heute nicht. Ich fahr mal bei rot.
> Faruk: nee.
> du darfst das nich.
> du sollst nich auch habe. (*Faruk nimmt das Polizeiauto*)
> da is ein arbeitn. (*Am Fenster geht ein Bauarbeiter vorbei*)
> I.: Ja. Genau. Der arbeitet.

Wie ist nun der Sprachentwicklungsstand von Faruk zu bewerten? Ist Faruk ein langsamer oder ein schneller Lerner? Sind die Äußerungen von Faruk entwicklungsgemäß oder als auffällig einzustufen? Betrachten wir zunächst die Satzstruktur von Faruks Äußerungen.

Trägt man Faruks Äußerungen in das topologische Feldermodell ein (s. Tab. 8.7), fällt auf, dass die linke Satzklammer obligatorisch durch ein finites Verb besetzt ist. Die Satzklammer ist bereits verfügbar. In der Äußerung „Du sollst nich auch habe" sind beide Verbpositionen besetzt. Auch die Subjekt-Verb-Kongruenz ist erworben. Die Verben in der linken Satzklammer sind immer korrekt gebeugt, d.h. kongruent zum Subjekt. Faruk verfügt über alle wichtigen Flexive, auch über das -st.

Tabelle 8.7: Satzstruktur der Äußerungen von Faruk (KM 8)

vor-Vorfeld	Vorfeld	linke Satz-klammer	Mittelfeld	rechte Satz-klammer
	de	fallt	jetzt.	
	was	is	in die ecke?	
	du	darst	das nich.	
	du	sollst	nich auch	habe.
	das	is	ein arbeitn.	

Legt man als Bewertungsmaßstab für Faruks Sprachentwicklung das Phasenmodell für einsprachige Kinder zugrunde, dann befindet sich Faruk in Phase IV. Aber geht das so einfach? Kann man das Phasenmodell für einsprachige Kinder ohne weiteres auf den Spracherwerb mehrsprachiger Kinder übertragen? Immerhin wäre es denkbar, dass mehrsprachige Kinder im Erwerb des Deutschen andere Entwicklungsstufen durchlaufen als einsprachige Kinder. Es ist bekannt, dass erwachsene Lerner im Erwerb des Deutschen andere Entwicklungsstufen durchlaufen als einsprachige Kinder. Der Spracherwerb Erwachsener unterliegt einer großen interindividuellen Variabilität, wobei sich ein Einfluss der Erstsprache bemerkbar macht. Auch bleibt der Spracherwerb Erwachsener häufig unvollständig. Die Frage lautet daher: Ähnelt der Spracherwerb mehrsprachiger Kinder mehr dem Erwerb einsprachiger Kinder oder mehr dem Erwerb erwachsener Zweitsprachlerner?

Viele mehrsprachige Kinder erwerben zunächst eine andere Sprache als Deutsch. Erst mit dem Eintritt in die KiTa haben sie erstmals intensiven Kontakt mit dem Deutschen. Diese Kinder beginnen also im Alter von etwa drei Jahren mit dem Erwerb des Deutschen. Da dies eine der häufigsten Erwerbskonstellationen ist, wurde der Spracherwerb dieser Kinder besonders gründlich untersucht (Chilla, 2008; Rothweiler, 2006). Es zeigt sich, dass Kinder, die bis zum Alter von vier Jahren mit dem Erwerb des Deutschen beginnen, die Satzstruktur in der gleichen Weise erwerben wie einsprachig deutsche Kinder, dass diese mehrsprachigen Kinder also die gleichen Entwicklungsphasen wie einsprachige Kinder durchlaufen und dabei die gleichen Fehler machen. Der Spracherwerb verläuft also qualitativ nicht anders als der Spracherwerb einsprachiger Kinder. Und es ist unwichtig, welche Erstsprache die Kinder haben (Thoma & Tracy, 2006; Chilla et al., 2010).

Die Parallelität des Erwerbs einsprachiger und sukzessiv bilingualer Kinder, die im Alter von bis zu vier Jahren mit dem Erwerb des Deutschen beginnen, wird deutlich, wenn wir uns einige Äußerungen von Faruk aus unterschiedlichen Entwicklungsphasen anschauen.

Beispiel
(68) Beispieläußerungen von Faruk
   KM 4   da actionman mach.
          da fft so machen.
          volle power so machen.
          ich möchte nich.
          was is das?
          ich will nich.

   KM 8   wo s de auto jetzt hin?
          de können nach hause gehn.
          das hält nich so.
          du darfst das nich.

   KM 9   dass die wolke kommt.

   KM 15 das tut man weh, wenn ma da hinsetzt.
          wenn mein onkel da so piekser reingesteckt hat, dann blutet das.

Bereits im 4. Kontaktmonat produziert Faruk Äußerungen mit Verben. Wie bei einsprachigen Kindern stehen die Verben hierbei überwiegend in Endstellung, und sie sind dann (meist) nicht kongruent zum Subjekt. Verben können aber bereits auch in Zweitstellung stehen: Das sind wie bei einsprachigen Kindern eindeutig finite Formen (z.B. mit -*t* flektierte Verben oder Formen von *sein*) und meist sind sie auch kongruent zum Subjekt. Im 8. Kontaktmonat hat Faruk – wie wir bereits festgestellt haben – die Verbzweitstellung und Subjekt-Verb-Kongruenz erworben. Die linke Satzklammer wird nun obligatorisch durch ein finites Verb besetzt. Faruk verfügt nun über alle wichtigen Flexive, auch über das -*st*, das vorher nicht auftrat. Kurze Zeit später, im 9. Kontaktmonat, produziert Faruk auch Nebensätze. Damit hat er die Satzstruktur des Deutschen in Grundzügen erworben.

Allerdings ist damit noch nicht die Frage beantwortet, ob Faruk zu den schnellen oder zu den langsamen Lernern gehört. Einsprachige Kinder erreichen Phase IV des Spracherwerbs im Laufe des zweiten Lebensjahres, spätestens jedoch bis zu ihrem dritten Geburtstag. Die meisten sukzessiv bilingualen Kinder schaffen dies innerhalb von 18 Kontaktmonaten, spätestens jedoch nach 24 Monaten. Gleichzeitig oder kurze Zeit später produzieren die Kinder ihre ersten Nebensätze und erreichen damit Phase V (vgl. Tab. 8.8). Da Faruk sich bereits nach acht Kontaktmonaten in Phase IV befindet, zählt er zu den schnellen Lernern.

Tabelle 8.8: Richtwerte im Grammatikerwerb

Phase	I	II/III	IV	V
monolinguale und simultan bilinguale Kinder: Alter in Jahr;Monat	< 1;6	1;6–2;0	2;0–3;0	2;6–3;6
sukzessiv bilinguale Kinder (AO <4 Jahre): Erwerbsdauer in Kontaktmonaten	< 6	6–12	12–24	kurz nach Phase IV

Vielen mehrsprachigen Kindern gelingt es also erstaunlich schnell, die Satzstruktur des Deutschen zu „knacken". Verglichen mit einsprachigen Kindern sind sie hierbei sogar schneller. Wie bei einsprachigen Kindern erfordert der Erwerb des Kasussystems mehr Zeit. Während sich bei einsprachigen Kindern der vollständige Erwerb des Kasussystems bis ins Vorschulalter hinziehen kann, bilden viele sukzessiv bilinguale Kinder das Kasussystem erst im Grundschulalter vollständig aus. Die Ausdifferenzierung des Kasussystems erfolgt im sukzessiv bilingualen und im kindlichen Zweitspracherwerb in der gleichen Reihenfolge wie bei einsprachigen Kindern. Zu Beginn werden Artikel noch vollständig ausgelassen. Die ersten Artikelformen sind Vorläuferformen wie *de* oder *e* und Nominativformen, gefolgt von Akkusativ- und Dativformen. Dabei kommt es – wie bei einsprachigen Kindern auch – zu typischen Erwerbsfehlern wie Übergeneralisierungen von Nominativformen auf Akkusativ- und Dativkontexte oder Übergeneralisierungen von Akkusativformen auf Dativkontexte (69).

Beispiel
(69) Aleksandra, KM 25: ich gebe den tiger den auto.

Bei manchen mehrsprachigen Kindern kann beobachtet werden, dass sie vorübergehend Dativobjekte als Präpositionalphrasen realisieren (70, 71).

Beispiel
(70) Demir, KM18: ich zenke das blume an die kleine maus.
(71) Jelena, KM 18: ich schenke das zu die schaf.

In einer Untersuchung mit sukzessiv bilingualen Kindern mit den Erstsprachen Türkisch, Polnisch oder Russisch zeigte sich, dass diese Strategie unabhängig von der Erstsprache der Kinder auftritt. In allen Sprachkombinationen konnten solche Strukturen beobachtet werden, wenngleich besonders ausgeprägt bei Kindern mit der Erstsprache Türkisch (Schönenberger, Sterner & Ruberg, 2011). Allerdings produzieren auch einsprachige Kinder solche Strukturen, sodass die Mehrsprachigkeit für sich genommen das Auftreten solcher Strukturen nicht erklären kann (Eisenbeiss, 1994, 2002; Eisenbeiss, Bartke & Clahsen, 2006).

Eine Besonderheit im sukzessiv bilingualen Erwerb ist, dass viele Kinder sich im Erwerb des Artikelsystems erst einmal auf das Kasussystem konzentrieren und das Genussystem vorübergehend ignorieren. Diese Kinder unterscheiden zunächst nur zwischen den grammatischen Merkmalen Nominativ und Akkusativ, für die sie jeweils eine einzige Form reservieren: für den Nominativ *der* oder *die* (seltener auch *das*) und für den Akkusativ *den* (s. Tab. 8.9).

Tabelle 8.9: Zweigliedriges Kasussystem, kein Genussystem

Kasus	
Nominativ	*der* oder *die* oder *das*
Akkusativ	*den*

Erst im nächsten Schritt erweitern die Kinder ihr Artikelsystem um die Kategorie Genus, wobei sie zunächst ein zweigliedriges Genussystem aufbauen (z. B. *der* vs. *die* im Nominativ, s. Tab. 8.10), später dann ein dreigliedriges Genussystem (*der* vs. *die* vs. *das* im Nominativ, s. Tab. 8.11). Es gibt allerdings auch Kinder, die den umgekehrten Weg wählen und erst eine Genusunterscheidung vornehmen, bevor sie dann auch ein Kasussystem aufbauen (vgl. Kaltenbacher & Klages, 2006).

Tabelle 8.10: Zweigliedriges Genussystem, zweigliedriges Kasussystem

Kasus	Genus
Nominativ	*der* und *die*
Akkusativ	*den* und *die*

Tabelle 8.11: Dreigliedriges Genussystem (im Nominativ), zweigliedriges Kasussystem

Kasus	Genus
Nominativ	*der* und *die* und *das*
Akkusativ	*den* und *die*

Größere Probleme bereiten mehrsprachigen Kindern vor allem solche grammatischen Bereiche, die auch das Lexikon betreffen wie beispielsweise das Genussystem. Der Genuserwerb dauert bei mehrsprachigen Kindern im Vergleich zu einsprachigen Kindern sehr lange, wobei die Variationsbreite groß ist. So berichtet Wegener (1993) von kindlichen Zweitsprachlernern, die bereits nach drei Jahren Deutschkontakt kaum noch Genusfehler machen, während andere Kinder selbst nach vier Jahren Deutschkontakt keine Genusdifferenzierung vornehmen. Eine derart große Variationsbreite findet sich auch in anderen Untersuchungen zum Genuserwerb mehrsprachiger Kinder (Jeuk, 2008; Kaltenbacher & Klages, 2006). Dass gerade das Genus mehrsprachigen Kindern Probleme bereitet, verwundert jedoch kaum, wenn man bedenkt, dass ein Kind für jedes einzelne Nomen das Genus mitlernen muss. Ein Kind muss jedem einzelnen Nomen in seinem mentalen Lexikon das korrekte Genus zuweisen. Wie schnell ihm das gelingt, ist letztlich auch abhängig von Umfang und Qualität des sprachlichen Angebots:

a) Nomen müssen zusammen mit einem Artikel im sprachlichen Input eines Kindes auftreten (ein Nomen ohne Artikel ist eben ein Nomen ohne Genusinformation!),
b) Nomen müssen im Singular auftreten (Artikel im Plural tragen keine Genusinformation!),
c) Nomen müssen so häufig auftreten, dass ein Kind in der Lage ist, anhand der Artikelformen das Genus der einzelnen Nomen auch abzuleiten und in seinem mentalen Lexikon abzuspeichern.

Leider vergessen wir dies im Alltag nur allzu oft und verwenden der Einfachheit halber statt Artikel und Nomen einfach nur ein deiktisches, d.h. hinweisendes Element, das keine Rückschlüsse auf das Genus eines Nomens zulässt, z. B. „Gib mir mal das da". Sie sollten daher darauf achten, die Dinge immer beim Namen – oder vielmehr beim Nomen – zu nennen und dabei den Artikel nicht zu vergessen.

Ein weiterer Aspekt ist, dass das sprachliche Angebot, das ein Kind erhält, auch korrekt sein muss. Dies mag zwar im ersten Moment selbstverständlich erscheinen, trifft jedoch keineswegs immer zu. So befinden sich in Gruppen mit einem hohen Anteil sukzessiv bilingualer Kinder viele Kinder noch selbst im Erwerbsprozess und produzieren entsprechend viele falsche Artikelformen. In einem solchen Umfeld ist das Angebot geeigneter Sprachvorbilder begrenzt. Unter Umständen sind die frühpädagogischen Fachkräfte die einzigen Personen, die den Kindern als kompetentes sprachliches Vorbild im Deutschen dienen können. Aber auch außerhalb von Bildungseinrichtungen werden mehrsprachige Kinder mit falschen Genusformen konfrontiert. So befinden sich im Umfeld mehrsprachiger Kinder meist viele erwachsene Zweitsprachlerner, für die der Erwerb des Genussystems oft eine unüberwindbare Hürde darstellt. Es stellt sich hierbei die Frage, wie ein Kind, das selbst noch im Erwerbsprozess ist, erkennen soll, welche Genusformen in seinem sprachlichen Input falsch oder korrekt sind. Verlässt sich ein Kind einfach darauf, dass die Genusformen in seinem sprachlichen Angebot korrekt sind, besteht die Gefahr, dass es die Fehler aus dem Input übernimmt und für einzelne Nomen das falsche Genus lernt. Es ist naheliegend, dass ein fehlerhafter Input den Genuserwerb mehrsprachiger Kinder zusätzlich erschwert (Hulk & Cornips, 2006). Untersuchungen, die einen solchen Zusammenhang zweifelsfrei belegen, stehen jedoch noch aus. Diese Überlegungen machen aber deutlich, welche wichtige Rolle frühpädagogische Fachkräfte als sprachliches Vorbild spielen.

8.6 Bestimmung der Förderziele

Die Beobachtung eines gestuften Erwerbs grammatischer Strukturen stützt die Annahme, dass ein- und mehrsprachige Kinder über eine angeborene Spracherwerbsfähigkeit verfügen, die es ihnen erlaubt, Schritt für Schritt ein sprachliches Regelsystem aufzubauen. In der Regel gelingt es den Kindern problemlos, sich aus dem sprachlichen Input genau die Informationen zu holen, welche Sie zum Erreichen des nächsten Entwicklungsschrittes benötigen. Einige Kinder benötigen hierbei jedoch eine gezielte Unterstützung. Diesen Kindern müssen wir dann gezielt die Informationen zur Verfügung stellen, die sie zum Erreichen des nächsten Entwicklungsschritts benötigen. Hierzu bedarf es jedoch zunächst einmal der genauen Feststellung des sprachlichen Entwicklungsstandes eines Kindes. Denn ohne Kenntnis darüber, woran ein Kind gerade „arbeitet", geht die Förderung möglicherweise völlig an seinen Bedürfnissen vorbei. In einem solchen Fall würde die Sprachförderung zwar keinen Schaden anrichten, der förderliche Effekt wäre aber zumindest begrenzt.

Natürlich gibt es im kindlichen Spracherwerb ein breites Spektrum sprachlicher Entwicklungsverläufe, und welchen Weg ein Kind einschlägt, lässt sich im Einzelfall nur schwer vorhersagen. Dennoch lassen sich aufgrund der gestuften Abfolge im Erwerb zentraler grammatischer Strukturen – bei Kenntnis des aktuellen Entwicklungsstandes eines Kindes – Aussagen darüber treffen, welche Strukturen ein Kind als nächstes erwerben sollte (Dannenbauer, 2003). Als Orientierung kann hierbei das Phasenmodell dienen, das Sie bereits kennen gelernt haben.

Der erste Schritt bei der Planung konkreter Fördermaßnahmen ist immer die Frage, in welcher Erwerbsphase sich ein Kind befindet. Das Förderziel besteht dann im Erwerb derjenigen Strukturen, die charakteristisch für die nächst höhere Entwicklungsphase sind. Befindet sich ein Kind beispielsweise aktuell in Phase III des Spracherwerbs, besteht das Förderziel im Erwerb derjenigen Strukturmerkmale, die charakteristisch für Phase IV sind, nämlich der Subjekt-Verb-Kongruenz und Verbzweitstellung. Für ein Kind, das sich aktuell in Phase IV befindet, besteht das Förderziel im Erwerb des charakteristischen Merkmals von Phase V, der Nebensätze. Für Kinder, die bereits Phase V erreicht haben, besteht das Förderziel zunächst im Erwerb des Akkusativs. Ist der Akkusativ erworben, bildet der Erwerb des Dativs das nächste Förderziel.

Ein solches entwicklungsorientiertes Vorgehen setzt notwendigerweise voraus, dass der sprachliche Entwicklungsstand eines Kindes im Vorfeld genau bestimmt ist. Um eine Einordnung in das Phasenmodell zu ermöglichen, muss ein Verfahren mindestens die folgenden Strukturen überprüfen:

- Äußerungslänge,
- Satztypen (Hauptsatz – Nebensatz),
- Stellung finiter Verben in Haupt- und Nebensätzen,
- Subjekt-Verb-Kongruenz,
- Kasusmarkierung.

Im Hinblick auf die Einschätzung des grammatischen Entwicklungsstands haben Beobachtungsverfahren den Vorteil, dass die Beurteilung auf Basis spontansprachlicher Äußerungen in natürlichen Kommunikationssituationen erfolgt und damit ein breites Spektrum der produktiven Leistungen eines Kindes beobachtet werden kann. Ein grundlegendes Problem von Beobachtungsverfahren ist jedoch, dass mündliche Sprache flüchtig ist. Geschulte Beobachterinnen, vor allem Sprachtherapeutinnen, können in der Situation erkennen, ob ein Kind Artikel korrekt verwendet und finite Verben kongruent zum Subjekt bildet. Ohne entsprechende Ausbildung und/oder Erfahrung aber ist eine zuverlässige und differenzierte Einschätzung des grammatischen Entwicklungsstandes allein auf Basis von Beobachtungen nicht möglich. Daher werden für die Diagnostik des grammatischen Entwicklungsstandes oft Spontansprachanalysen eingesetzt. Hierbei wird eine Audio- oder Videoaufzeichnung eines Kindes in einer ungezwungenen Kommunikationssituation angefertigt. Die Äußerungen des Kindes werden anschließend verschriftlicht und nach einem vorgegebenen Raster im Hinblick auf ihre grammatische Struktur analysiert. Die Analyseergebnisse werden dann in Form eines Entwicklungsprofils zusammengefasst.

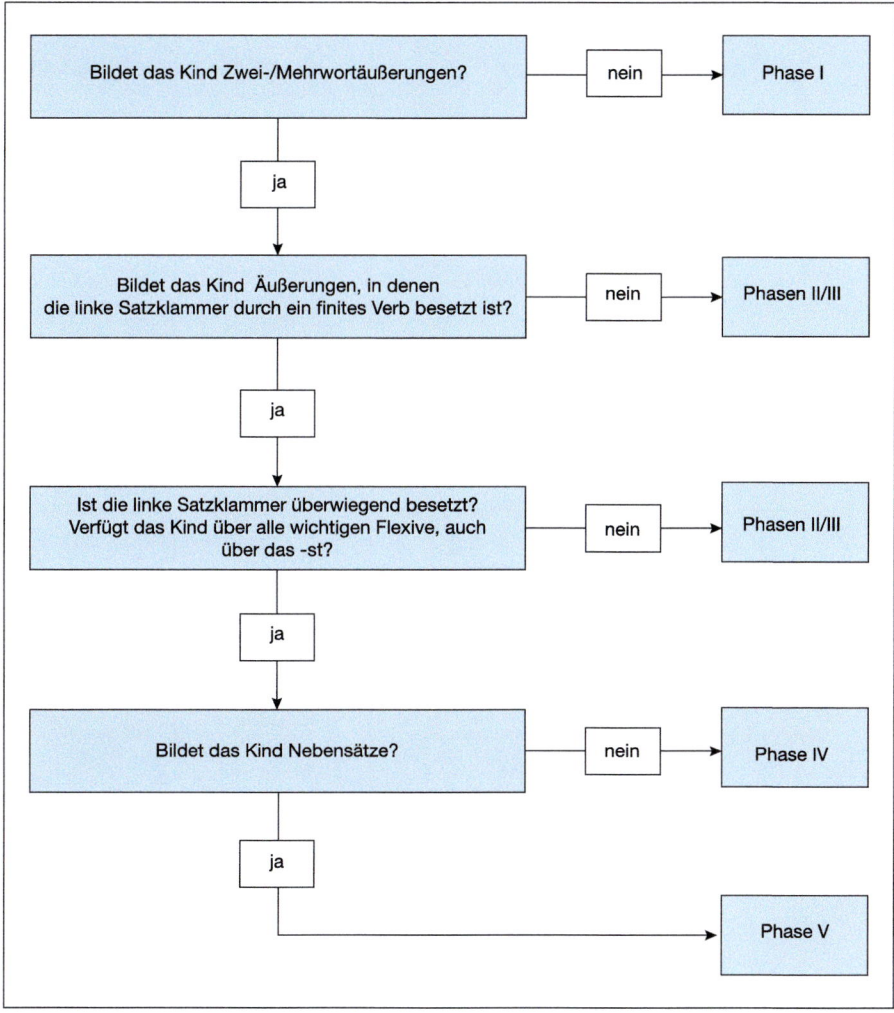

Abbildung 8.1: Beobachtungsfragen zum Erwerb der Satzstruktur

Spontansprachanalysen sind sehr zeitaufwändig. Dies liegt nicht zuletzt an der Anzahl der erforderlichen Äußerungen, wobei der meiste Zeitaufwand für die Transkription anfällt. In der Profilanalyse nach Clahsen (1986) werden beispielsweise mindestens 100 kindliche Äußerungen gefordert, um zu einer aussagekräftigen Einschätzung des grammatischen Entwicklungsstandes zu gelangen. Aber selbst dann finden sich nicht immer für jede grammatische Struktur, die überprüft werden soll, genügend Kontexte. Insbesondere eine Einschätzung des Artikelerwerbs ist auf Basis spontansprachlicher Äußerungen oft schwierig, da Kinder häufig anstatt eines Nomens ein Pronomen verwenden.

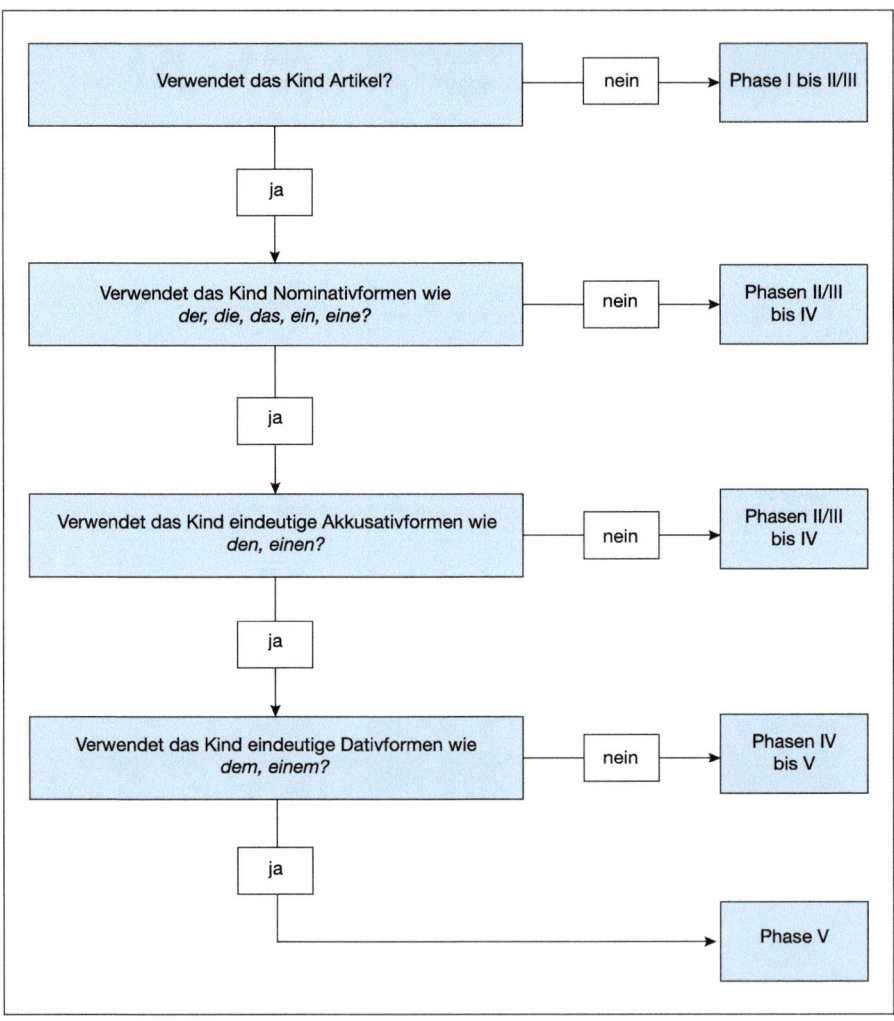

Abbildung 8.2: Beobachtungsfragen zum Kasuserwerb

Eine zeitökonomischere Alternative bieten Elizitationsverfahren. Hierbei wird der situative Kontext gezielt vorstrukturiert, um einem Kind die relevanten grammatischen Strukturen zu „entlocken". Man nennt dies elizitieren. Dies hat den Vorteil, dass der Umfang des zu analysierenden Datenmaterials deutlich reduziert wird und sichergestellt werden kann, dass für jede Zielstruktur genügend Kontexte vorhanden sind. Ohne eine Transkription der kindlichen Äußerungen kommen jedoch auch Elizitationsverfahren meist nicht aus, wenngleich diese deutlich weniger zeitaufwändig ist als bei Spontansprachanalysen. Beispiele für Elizitationsverfahren sind Lise-DaZ (Schulz & Tracy, 2011) oder Havas-5 (Reich & Roth, 2004). Beide Verfahren nutzen Bildimpulse, um die entsprechenden grammatischen Strukturen zu elizitieren.

Eine differenzierte Erfassung des grammatischen Entwicklungsstands erfordert immer einen gewissen Zeitaufwand und ist praktisch nicht für alle Kinder einer Gruppe zu leisten. Um dennoch zumindest einen ersten groben Eindruck von den grammatischen Kompetenzen der einzelnen Kinder zu erhalten und auch um Entwicklungsfortschritte zu dokumentieren, sollten Sie regelmäßig aus dem „Hinterhalt" heraus die einzelnen Kinder in einer Spielsituation beobachten, 20–30 Äußerungen der Kinder mitschreiben und vor dem Hintergrund der diagnostischen Leitfragen in Abbildung 8.1 und 8.2 bewerten. Als Strukturierungshilfe für die Beurteilung der Satzstruktur empfiehlt es sich, die Äußerungen in das topologische Feldermodell einzutragen. Hierbei müssen Sie sich jedoch darüber bewusst sein, dass ein solches Vorgehen nur einen ersten Eindruck des grammatischen Entwicklungsstandes vermittelt. Insbesondere bei Kindern, bei denen Sie eine Spracherwerbsproblematik vermuten, reicht dies nicht aus. Bei solchen Kindern ist der Einsatz eines Diagnoseverfahrens unverzichtbar – das dann aber nur von professionellen Fachkräften, d.h. Logopädinnen oder Sprachtherapeutinnen eingesetzt werden sollte.

8.7 Auf Strukturen aufmerksam machen

Im nächsten Schritt geht es darum, Sprachfördersituationen zu gestalten, die einem Kind genau die Informationen bieten, die es benötigt, um die nächste Entwicklungsphase zu erreichen. Für ein Kind besteht die Erwerbsaufgabe darin, die relevanten Strukturen im sprachlichen Input zu identifizieren und sich die zugrunde liegenden grammatischen Regeln zu erschließen. Es muss beispielsweise Flexive identifizieren und erkennen, welche grammatischen Informationen diese Flexive ausdrücken.

Was könnte Kindern dabei helfen? Dieser Frage wollen wir in einem kleinen Experiment nachgehen. In Abbildung 8.3 sehen Sie vier Bilder. In den Bildunterschriften steht jeweils auf Türkisch, was auf den einzelnen Bildern zu sehen ist. Welches grammatische Merkmal wird hier markiert und durch welches Flexiv?

Vergleicht man die beiden Formen *kedi* und *kediler* bzw. *fare* und *fareler* miteinander, stellt man sofort fest, dass die Wörter *kediler* und *fareler* markiert sind, nämlich durch die Endung *-ler*. Welche grammatische Funktion könnte dieses Flexiv erfüllen? Durch den direkten Vergleich der Bilder lässt sich ermitteln, dass

Abbildung 8.3: Kleiner Türkischkurs, Lektion 1
Zeichnung: Marcus Zimmermann

diese sich in einem Merkmal unterscheiden: Auf den beiden linken Bildern ist jeweils ein Objekt dargestellt, auf den beiden rechten Bildern jeweils zwei Objekte. Da dies der einzige Unterschied zwischen den linken und rechten Bildern ist, lässt sich vermuten, dass sich die Endung *-ler* auf diesen Unterschied bezieht. Dies ist in der Tat so. Wie Sie sicherlich bereits herausgefunden haben, geht es hier um die grammatischen Merkmale Singular und Plural. Im Türkischen ist das Flexiv *-ler* eine Pluralmarkierung. Hätten Sie nur jeweils die linken oder die rechten Bilder zur Verfügung, wäre es nicht möglich, das relevante Flexiv und seine grammatische Funktion zu identifizieren. Erst durch den morphologischen Kontrast der Singular- und Pluralformen gelingt dies.

Auch in Abbildung 8.4 ist es der Kontrast der Wortformen, der uns auf ein weiteres grammatisches Merkmal im Türkischen aufmerksam werden lässt. Sieht man einmal von der Wortstellung ab, ist die auffällige Markierung in beiden Sätzen *-yi*. Im ersten Fall ist das Nomen *fare*, im zweiten Fall das Nomen *kedi* durch die Endung *-yi* markiert. Auf beiden Bildern gibt es zwei Akteure, eine Maus und eine Katze. Der Unterschied zwischen den beiden Bildern liegt darin, dass im ersten Bild die Handlung von der Katze und im zweiten Bild die Handlung von der Maus ausgeht. Im Deutschen wird der handelnde Akteur in der Regel durch den Nominativ markiert und der Akteur, auf den sich eine Handlung bezieht, durch den Akkusativ. Dies ist auch im Türkischen so. Das Flexiv -*yi* ist tatsächlich eine Markierung für den Akkusativ. Diese Beispiele zeigen, dass der morphologische Kontrast eine wichtige Hilfe im Grammatikerwerb darstellt (vgl. Tracy, 2007).

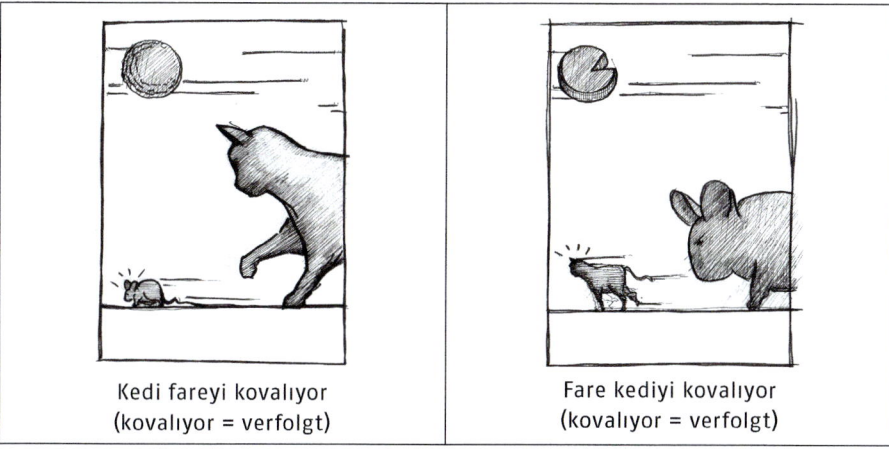

Abbildung 8.4: Kleiner Türkischkurs, Lektion 2

Abbildung 8.5: Fehlender morphologischer Kontrast
Zeichnung: Marcus Zimmermann

Im Deutschen würde unser kleines Experiment übrigens so nicht funktionieren (s. Abb. 8.5). Da die Artikelformen für die grammatischen Merkmale *Nominativ Singular Femininum* und *Akkusativ Singular Femininum* identisch sind, geht hier der morphologische Kontrast verloren. Dasselbe gilt für neutrale Nomen. In (72) steht *das Schwein* im Nominativ, in (73) dagegen im Akkusativ. Die Wortformen sind jedoch in beiden Fällen gleich.

Beispiel
(72) Das Schwein jagt die Maus.
(73) Die Maus jagt das Schwein.

Allein auf Basis dieser Artikelformen kann ein Kind den Akkusativ nicht erwerben. Solange die Wortformen im Nominativ und Akkusativ identisch sind, gibt es für ein Kind keinen Grund, von der Existenz unterschiedlicher grammatischer Merkmale auszugehen. Dies ändert sich, wenn das Kind mit maskulinen Formen konfrontiert wird. Denn im Maskulinum unterscheiden sich die Artikelformen im Nominativ (74) und Akkusativ Singular (75).

Beispiel
(74) Der Hund jagt die Maus.
(75) Die Maus jagt den Hund.

Erst durch den Vergleich der Artikelformen *der* und *den* kann ein Kind auf das grammatische Merkmal Akkusativ aufmerksam werden. Um sich die Funktion eines grammatischen Merkmals zu erschließen, reicht ein einziger Kontext jedoch nicht aus. Hierfür benötigt ein Kind viele weitere Beispiele, die es miteinander vergleichen kann. Dies ist auch notwendig, um ein vollständiges Flexionsparadigma aufzubauen. Ein Kind muss schließlich auch lernen, dass die Artikelform *den* zwar die einzige eindeutige Akkusativmarkierung ist, aber nicht die einzige Markierung überhaupt. Es muss lernen, dass auch *die Maus* in Beispiel (72) und *das Schwein* in Beispiel (73) Akkusativformen darstellen, auch wenn dies anhand der Wortformen nicht erkennbar ist. Um Kinder auf grammatische Strukturen aufmerksam zu machen, ist es daher wichtig, vielfältige Kontexte zu schaffen, in denen Form und Funktion einer Struktur möglichst eindeutig sind.

8.8 Kontexte schaffen

Wie lassen sich nun in einer Fördersituation gehäuft Kontexte für eine bestimmte grammatische Struktur schaffen, ohne Gefahr zu laufen, dass die Fördersituation zu einer konstruierten, sinnfreien Grammatiklehrstunde verkommt? Das Gute ist, dass Sprache alle Bereiche des KiTa-Alltags begleitet. Und damit ist automatisch auch Grammatik als unverzichtbarer Teil von Sprache in allen Bereichen des KiTa-Alltags präsent. Mit anderen Worten: Kontexte für eine bestimmte grammatische Struktur gibt es überall im KiTa-Alltag. Man muss sie nur finden!

Bleiben wir zunächst noch beim Erwerb des Akkusativs als Förderziel. Welche sprachlichen Einheiten tragen eine Akkusativmarkierung? Zum Beispiel Akkusativobjekte. Ob eine Äußerung ein Akkusativobjekt enthalten muss oder nicht, wird durch das Verb bestimmt. Es gibt Verben, die außer einem Subjekt keinen weiteren „Mitspieler" benötigen, beispielsweise die Verben *schlafen, rennen, kommen*. Andere Verben fordern neben einem Subjekt auch ein Objekt, meist ein Akkusativobjekt. Solche Verben werden als transitive Verben bezeichnet. Beispiele hierfür sind die Verben *kaufen, einpacken, suchen*. Und schließlich gibt es noch Verben, die außer einem Subjekt noch zwei weitere Mitspieler benötigen, meist ein Akkusativobjekt und ein Dativobjekt. Beispiele hierfür sind die Verben *schenken, geben, schicken* (vgl. Tab. 8.12).

Tabelle 8.12: Verben mit unterschiedlich viele Mitspielern

	Subjekt	**Verb**	**Objekt 1**	**Objekt 2**
intransitives Verb:	Peter	rennt.		
transitives Verb:	Peter	kauft	einen Tisch.	
ditransitives Verb:	Peter	schenkt	seinem Vater	einen Hund.

Für die Förderung des Akkusativerwerbs sind vor allem transitive Verben relevant, die ein Akkusativobjekt fordern (vgl. Motsch, 2006). In Äußerungen, die ein solches Verb enthalten, wird ein Objekt im Akkusativ unmittelbar mit dem Subjekt im Nominativ kontrastiert. Hier hat ein Kind also die Gelegenheit, Formen und Funktionen der grammatischen Merkmale Nominativ und Akkusativ in einer Äußerung unmittelbar zu vergleichen.

Im nächsten Schritt müssen wir nach Situationen im KiTa-Alltag fahnden, in denen sich Kontexte für solche transitiven Verben bieten. Hierbei ist zu berücksichtigen, dass Sprachförderung immer in konkreten Handlungssituationen erfolgen sollte, die von Kindern als sinnvoll erlebt werden. Was für ein Kind ein sinnvoller Handlungskontext sein kann, hängt einerseits von den Interessen des Kindes ab, aber auch von seinen aktuellen lebensweltlichen Bedingungen, und zur Lebenswelt des Kindes gehört auch die KiTa. Wenn Sie beispielsweise in der Gruppe gerade ein Projekt zu einem bestimmten Thema vorbereiten, bietet es sich an, dieses Thema auch in der Förderung aufzugreifen. Nehmen wir an, es ist bald Ferienzeit und Sie führen in Ihrer Gruppe gerade ein großes Projekt zum Thema *Ferien/Urlaub/Verreisen* durch. Was liegt näher, als dieses Thema in der Sprachförderung aufzugreifen? Suchen wir also jetzt im Wortfeld *Reisen* nach transitiven Verben. Die Verben *einpacken* und *mitnehmen* würden hier passen. Nun fahnden wir nach einer Situation, in der diese Verben besonderes häufig vorkommen. Eine solche Situation wäre beispielsweise das Spiel *Koffer packen*. Tatsächlich ist dieses Spiel für die Förderung des Akkusativerwerbs bestens geeignet (76). Im letzten Schritt müssen wir noch darauf achten, dass die Zielstruktur morphologisch möglichst stark kontrastiert wird. Es sollten daher auch viele Gegenstände mit in den Urlaub genommen werden, die mit maskulinen Nomen bezeichnet werden.

Beispiel
(76) Akkusativkontexte im Kontext *Verreisen*
Ich packe meinen Koffer.
Ich nehme einen Wecker mit.
Ich nehme meinen Teddy mit.
Ich nehme einen ... mit.

Thematische Anknüpfungspunkte können auch besondere Interessen und Vorlieben einzelner Kinder bieten. Manche Kinder spielen gerne mit dem Kaufladen in der Puppenecke, andere haben ein besonderes Faible für alles, was mit Autos und Flugzeugen zu tun hat. Prinzipiell eignet sich jedes Thema für die Förderung des Grammatikerwerbs, denn Grammatik ist schließlich nur das Gerüst, welches die Inhalte trägt. Kontexte für bestimmte grammatische Strukturen lassen sich daher in jedem Themenbereich schaffen. Spielt ein Kind beispielsweise gerne mit dem Kaufladen in der Puppenecke, suchen wir im Wortfeld *Kaufladen* nach transitiven Verben. Die Verben *einkaufen, geben, bezahlen* und *mögen* bieten sich an. Ein Rollenspiel im Kaufladen ist geradezu ideal, um Akkusativkontexte zu schaffen. Ein Gespräch könnte beispielsweise wie in Beispiel (77) aussehen. Auch hier sollte darauf geachtet werden, dass das Sortiment im Kaufladen eher Gegenstände enthält, die mit maskulinen Nomen bezeichnet werden.

Beispiel

(77) Akkusativkontexte im Kontext *Einkaufen*
   Kunde: Guten Tag. Ich möchte gerne einen Apfel.
   Verkäufer: Welchen Apfel möchten Sie denn? Wir haben zwei Sorten. Möchten Sie einen grünen Apfel oder einen roten Apfel?
   Kunde: Geben Sie mir bitte den roten Apfel.
   Ach ja. Und dann brauche ich noch …

Und wenn mit bekannten Nomen die ersten Akkusativmarkierungen angebahnt sind, dann können nach und nach auch verstärkt Feminina und Neutra in die Kontexte einbezogen werden, und in einem weiteren Schritt sollte solch ein Kontext dann auch zur Einführung neuer Wörter genutzt werden. Es entsteht eine Fördersituation, in der kontextabhängig Wortfelder eingeführt werden (zum Thema *Urlaub/Verreisen* oder zum Thema *Einkaufen*), zugleich wird über das Einführen neuer Nomen auch an Genusmarkierungen gearbeitet und über neue Verben dann auch an Kasusmarkierungen.

8.9 Weitere Förderziele

Förderziel: Dativ

Besteht das Förderziel im Erwerb des Dativs, sollten in einer Fördersituation eindeutige Dativformen mit Akkusativ- und Nominativformen kontrastiert werden. Eindeutige Markierungen für den Dativ sind die Artikelformen *dem* und *einem*. Diese Formen kommen nur in Dativkontexten vor und bieten daher einen starken Kontrast zu Markierungen anderer Kasus. Die Artikelform *der* für Dativ Femininum Singular ist dagegen keine eindeutige Dativmarkierung, da sie identisch mit der Artikelform für Nominativ Maskulinum Singular ist (78).

Beispiel

(78) Der Mann   dankt   der Frau.
   [Nom. Mask. Sg.]   [Dat. Mask. Sg.]

Kontexte für den Dativ finden sich häufig in Äußerungen mit einem ditransitiven Verb (79). Wie bei der Förderung des Akkusativerwerbs müssen Sie jetzt nur noch nach Situationen suchen, die an den Interessen und der Lebenswelt des Kindes anknüpfen und Kontexte für ditransitive Verben bieten.

> *Beispiel*
> (79) Peter schickt dem Opa einen Brief.

Auch eine Reihe von Präpositionen (*aus, bei, zu, von, seit, mit, nach*) zieht den Dativ nach sich. Viele räumliche Präpositionen (*in, neben, hinter, vor, über, unter, an, auf, zwischen*) können in Abhängigkeit vom semantischen Kontext den Akkusativ oder den Dativ nach sich ziehen (80, 81). Diese Präpositionen eignen sich besonders, um den Dativ mit dem Akkusativ zu kontrastieren.

> *Beispiel*
> (80) Der Vogel fliegt über das/dem Haus.   (Akkusativ/Dativ)
> (81) Die Katze rennt hinter die/der Mauer.   (Akkusativ/Dativ)

Förderziel: Erwerb der Hauptsatzstruktur

Beim Erwerb der Hauptsatzstruktur steht ein Kind vor zwei Erwerbsaufgaben, die miteinander gekoppelt sind: dem Erwerb der Verbzweitstellung und der Subjekt-Verb-Kongruenz. Einerseits muss ein Kind lernen, dass es in Hauptsätzen zwei Verbpositionen gibt und welche Eigenschaften mit den jeweiligen Positionen verbunden sind. Ein Kind muss erkennen, dass die linke Satzklammer finiten Verben vorbehalten ist, während infinite Verben und Verbteile nur die rechte Satzklammer besetzen können. Das entscheidende Merkmal ist hier also Finitheit, d. h. ob ein Verb mit dem Subjekt kongruiert.

Auf der anderen Seite muss ein Kind herausfinden, wie diese Kongruenzbeziehung zwischen Subjekt und Verb morphologisch markiert wird. Es muss ein Paradigma aufbauen, in dem die jeweiligen grammatischen Merkmale einem Flexiv zugeordnet werden, dass also beispielsweise bei Vollverben die 1. Person Singular durch das Flexiv *-e* oder ohne Endung markiert wird, die 2. Person Singular durch das Flexiv *-st*, die 3. Person Singular durch das Flexiv *-t* usw. Für Modalverben und das Verb *sein* muss ein Kind eigene Flexionsparadigmen aufbauen.

Wie kann man nun Kinder darin unterstützen, diese Erwerbsaufgaben zu lösen? Einen ersten Orientierungspunkt für den Einstieg in die Hauptsatzstruktur stellen Partikelverben dar. Verbpartikeln sind die ersten verbalen Elemente, die Kinder produzieren. Tracy (2007) vermutet, dass Verbpartikeln für Kinder einen strukturellen Bezugspunkt darstellen, da sie in Äußerungen zuverlässig die rechte Satzklammer besetzen. Hieraus leitet sich die Schlussfolgerung ab, dass der vielfältige Gebrauch von Äußerungen mit Partikelverben Kindern den Einstieg in den Erwerb der Satzstruktur erleichtert.

Für den Erwerb der linken Satzklammer spielen Modalverben und Formen von *sein* eine besondere Rolle. Sie gehören zu den ersten finiten Verbformen, die Kinder bilden. Gleichzeitig produzieren Kinder diese Verben im Gegensatz zu Vollverben bereits in frühen Phasen des Spracherwerbs fast ausschließlich in finiter, d.h. gebeugter Form. Das gilt sowohl für einsprachige Kinder (Clahsen, Eisenbeiss & Penke, 1996) als auch für sukzessiv bilinguale Kinder (Chilla, 2008). Für die zweite Aufgabe im Erwerb der Hauptsatzstruktur, dem Aufbau eines Flexionsparadigmas, müssen Kinder einerseits die relevanten Flexive identifizieren und andererseits herausfinden, welche Flexive für welche grammatischen Merkmale stehen. Hier spielt wieder der morphologische Kontrast eine wichtige Rolle. Allein auf Basis einer einzigen Äußerung wie „er geht" kann dies nicht gelingen. Steht einem Kind nur diese eine Verbform zur Verfügung, gibt es keinen Grund anzunehmen, dass die Form *geht* aus zwei Elementen besteht, nämlich dem Verbstamm *geh* und dem Flexiv *-t*. Dies ist erst dann der Fall, wenn ein Kind die Möglichkeit hat, unterschiedlich flektierte Formen eines Verbs mit den entsprechenden Formen eines zweiten Verbs zu vergleichen (s. Tab. 8.13).

Tabelle 8.13 Vergleich unterschiedlicher Verbformen

3. Person Singular	sie geh-t	sie lach-t
2. Person Singular	du geh-st	du lach-st
3. Person Plural	sie geh-en	sie lach-en

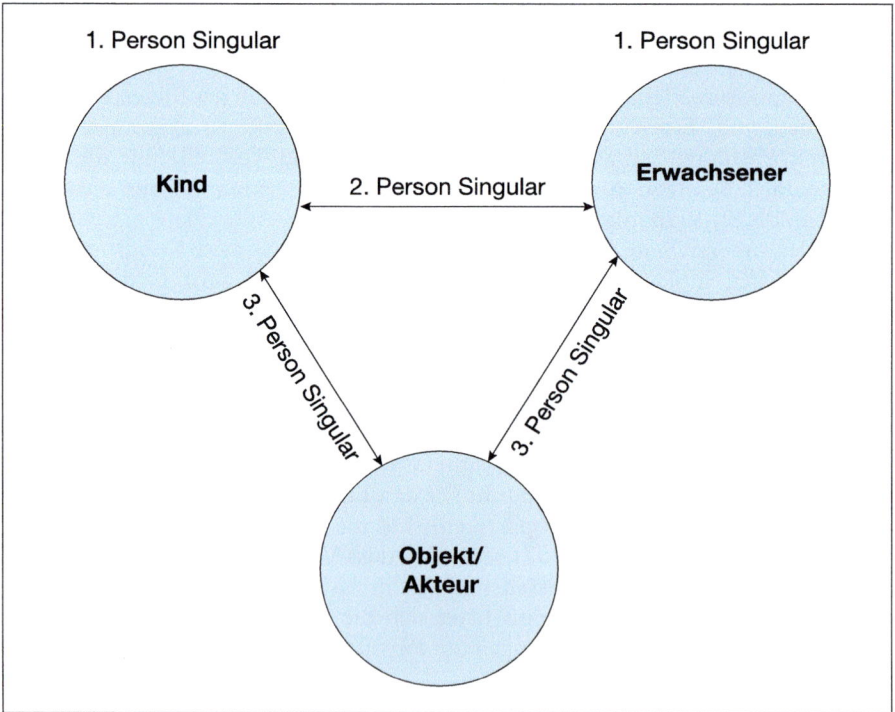

Abbildung 8.6: Kontexte für Variationen der grammatischen Person

Weitere Förderziele

Vor diesem Hintergrund ist es notwendig, dass wir Kindern Äußerungen mit finiten Verben anbieten, in denen das Subjekt hinsichtlich der Merkmale Person und Numerus variiert und unterschiedlich flektierte Formen einzelner Verben unmittelbar miteinander kontrastiert werden.

Besonders eignen sich hierfür Rollenspiele mit mindestens drei Akteuren. Spricht ein Akteur von sich selbst, tut er dies in der 1. Person Singular. Spricht ein Akteur einen anderen Akteur unmittelbar an, tut er dies in der 2. Person Singular. Und spricht ein Akteur über einen Dritten, dann tut er dies in der 3. Person Singular (s. Abb. 8.6). Das Gleiche gilt für den Plural, wenn von mehreren Akteuren die Rede ist.

Förderziel: Nebensätze

Für den Erwerb der Nebensätze besteht die Erwerbsaufgabe für ein Kind darin, die strukturellen Unterschiede zwischen Haupt- und Nebensätzen zu entschlüsseln. In Nebensätzen wird die linke Satzklammer durch einen Nebensatzeinleiter besetzt. Dadurch muss das finite Verb zusammen mit allen weiteren Verben und Verbteilen in der rechten Satzklammer verbleiben. Besonders stark wird die unterschiedliche Stellung des finiten Verbs in Verbindungen aus Nebensatz und Hauptsatz nach dem Muster *wenn – dann* kontrastiert (82).

Beispiel
(82) Wenn es kalt ist, dann ziehe ich mir eine Jacke an.

Auch in anderen Verbindungen aus Hauptsatz und Nebensatz werden die unterschiedlichen Stellungen des Verbs deutlich, insbesondere dann, wenn Haupt- und Nebensatz unmittelbar aufeinander folgen (83)–(85).

Beispiel
(83) Ich hoffe sehr, dass es morgen schneit.
(84) Du ziehst deine Jacke an, weil es kalt ist.
(85) Er versteht jetzt, wie es funktioniert.

Um den Erwerb von Nebensätzen anzubahnen, eignen sich besonders Äußerungen mit Konjunktionen, die bereits früh erworben werden, beispielsweise *wenn* oder *weil*.

Beispiel
(86) Wenn du mich morgen besuchst, essen wir Eis.
(87) Puh, der Bär bekam ein besonders großes Eis, weil er seinem Freund aus der Patsche geholfen hatte.

Kontexte für Nebensätze mit *wenn* (86) finden sich immer dann, wenn wir die zeitliche Abfolge von Ereignissen beschreiben oder wenn wir beschreiben, unter welchen Voraussetzungen ein bestimmtes Ereignis eintritt.

Die Konjunktion *weil* drückt einen kausalen, d.h. ursächlichen Zusammenhang aus. Kontexte für Nebensätze mit *weil* finden sich beispielsweise immer dann, wenn Ursache und Wirkung eines bestimmten Ereignisses oder eines Zustandes beschrieben werden, wie im Beispiel (87).

Damit drängt sich für die Förderung des Erwerbs von Nebensätzen ein Bildungsbereich in der KiTa geradezu auf, nämlich der Bereich der naturwissenschaftlichen und technischen Grunderfahrungen. In der forschenden Auseinandersetzung mit naturwissenschaftlichen Phänomenen spielen für Kinder Fragen nach dem *Warum* eine zentrale Rolle. Warum fliegt ein Luftballon? Warum schwimmt ein Boot? Warum ist Eis fest? Hier müssen also kausale Zusammenhänge hergestellt und versprachlicht werden. Die Antwort auf solche Fragen beginnt meist mit einem *Weil*. Wichtig ist in diesem Zusammenhang, dass Sie mit *weil* auch tatsächlich einen Nebensatz einleiten und nicht einen Hauptsatz.

Mit einfachen Antworten geben sich allerdings schon die Kleinsten nicht zufrieden. Mit einem ausgeprägten Forscherdrang wollen sie der Sache selbst auf den Grund gehen, die beobachteten naturwissenschaftlichen Phänomene aktiv nachvollziehen und sich durch Ausprobieren Ursache und Wirkung ihres eigenen Handelns erschließen. Dann spielen temporale Zusammenhänge eine Rolle und werden die entsprechenden sprachlichen Ausdrucksmittel benötigt: Wenn ich das Wasser in den Becher gefüllt habe, stelle ich den Becher ins Gefrierfach. Wenn ich den Becher ins Gefrierfach gestellt habe, muss ich erstmal warten. Wenn ich dies gemacht habe, mache ich jenes. Nebensatz – Hauptsatz. In diesem Zusammenhang kann man auch gut die Konjunktionen *bevor* und *nachdem* einführen, die ebenfalls Nebensätze einleiten.

Aber auch konditionale Zusammenhänge werden in naturwissenschaftlichen Experimenten relevant: Wenn ich Wasser in das Gefrierfach gebe, dann wird es zu Eis. Wenn ich Öl in Wasser gieße, dann schwimmt das Öl oben. Wenn ..., dann ... . Nebensatz – Hauptsatz.

8.10 Das eigene Sprachverhalten in Situationen zur Förderung des Grammatikerwerbs

Wenn Sie eine Fördereinheit geplant haben, die an den Interessen und an der Lebenswelt des Kindes ansetzt und in der sich viele kontrastreiche Kontexte für Strukturen ergeben, die für das Kind in der Zone der nächsten Entwicklung liegen, dann haben Sie bereits die „halbe Miete" – aber eben nur die halbe Miete. Um eine Fördersituation für den Spracherwerb nutzen zu können, benötigt ein Kind ein entsprechendes sprachliches Angebot. Das bedeutet: Sie müssen nicht nur Kontexte für bestimmte grammatische Strukturen schaffen, Sie müssen diese Kontexte auch nutzen, d.h. in ein sprachliches Angebot überführen. Es geht also darum, bewusst Äußerungen anzubieten, welche die Zielstruktur enthalten und in denen die Zielstruktur mit anderen Strukturen kontrastiert wird, wie dies bereits in den Abschnitten 8.7 bis 8.9 erläutert wurde.

Gleichzeitig geht es darum, bei dem Kind – natürlich nur indirekt – den Gebrauch der Zielstruktur herauszufordern und hierbei dem Kind eine implizite

Rückmeldung über seine eigenen Äußerungen geben. Hier ist also der Einsatz von Sprachlehrstrategien bzw. Modellierungstechniken gefragt, wie sie in Kapitel 5 beschrieben wurden, insbesondere das korrektive Feedback, Erweiterungen und Umformungen.

Wenn die Situation für das Kind interessant und motivierend ist, das Kind Sprache als sinnvolles Mittel zum Erreichen seiner Handlungsziele einsetzen kann und – das ist das Wichtigste überhaupt – wenn das Kind zu Ihnen eine vertrauensvolle Beziehung hat, sodass es mit Ihnen auch kommunizieren will, dann wird das Kind durch den Situationskontext automatisch zum Gebrauch der Zielstruktur herausgefordert werden.

Zusätzlich können Sie das Kind durch den gezielten Einsatz von Fragen zum Gebrauch einer Struktur animieren. Je nachdem WIE sie eine Frage stellen, muss die Antwort eine bestimmte grammatische Struktur aufweisen. Die Frage „Was macht der Junge da?" erfordert eine Antwort, die ein finites Verb enthält, beispielsweise „Der rennt." – wenngleich umgangssprachlich auch eine Antwort wie „rennen", also ein Verb im Infinitiv akzeptabel wäre. Die Frage „Was kauft der Junge da?" erfordert als Antwort mindestens ein Akkusativobjekt, z. B. „einen Lutscher". Die Frage „Wem gibt der Junge denn den Lutscher?" erfordert wiederum eine Antwort, die ein Dativobjekt enthält, z. B. „dem Mädchen". Und eine Frage wie „Warum verschenkt denn der Junge seinen Lutscher?" erfordert eine Antwort mit *weil*, also einen Nebensatz. Will man ein Kind zum Gebrauch einer bestimmten Struktur herausfordern, muss man also einfach die richtigen Fragen stellen.

Für ein Kind müssen in einer Fördersituation immer der Spaß und das Interesse am Handlungsgeschehen sowie der kommunikative Austausch im Vordergrund stehen. Um all die genannten Aspekte des eigenen Sprachverhaltens ganz nebenbei und natürlich in die Kommunikation einfließen zu lassen, ist viel Übung erforderlich. Damit die Kommunikation unter Ihren Übungen nicht leidet, sollten Sie sich nicht zuviel auf einmal vornehmen. Wichtig ist, dass Sie sich (sprachlich) natürlich verhalten, dass Sie authentisch sind. Wichtig ist auch, dass Sie Ihr eigenes Sprachverhalten in der Kommunikation mit Kindern immer wieder reflektieren. Alles andere kommt mit der Zeit von selbst.

8.11 Grammatik und Wortschatz Hand in Hand

Am Beispiel der Förderziele Kasus oder Nebensätze wird deutlich, wie die Förderung grammatischer Strukturen mit der semantisch-lexikalischen Förderung verschränkt ist. Beim Kasuserwerb geht es auch um den Erwerb kasusfordernder Wörter, also Verben und Präpositionen (s. o.). Im Bereich Genus muss ein Kind zum einen das richtige Genus eines Nomens erwerben, was eine lexikalische Erwerbsaufgabe ist, es muss das Genus aber auch an Artikeln und Adjektiven korrekt markieren, was eine morphosyntaktische Aufgabe ist. Bei den Nebensätzen muss ein Kind einerseits die syntaktische Struktur entschlüsseln. Diese Aufgabe fällt in den Bereich der Grammatik. Andererseits benötigt ein Kind für die Bildung von Nebensätzen aber auch ein Repertoire an verschiedenen Nebensatzeinleitern, und es muss sich Wissen darüber aneignen, welche semantischen

Konzepte mit den einzelnen Nebensatzeinleitern verknüpft sind. Diese Aufgaben fallen in den Bereich des Lexikons und der Semantik. Die Förderung des Grammatikerwerbs muss damit immer auch die Bereiche Lexikon und Semantik berücksichtigen. Umgekehrt berührt die semantisch-lexikalische Förderung immer auch Bereiche der Grammatik. Grammatikförderung und semantisch-lexikalische Förderung gehen damit immer Hand in Hand.

Dass Grammatik- und Wortschatzerwerb miteinander verschränkt sind, zeigt sich auch in Untersuchungen, die einen engen Zusammenhang zwischen dem Erwerb der Hauptsatzstruktur und dem Umfang des Verblexikons von Kindern belegen. Rothweiler (2009) vermutet solch einen Zusammenhang gerade auch im sukzessiven Spracherwerb. Hieraus lässt sich der Schluss ableiten, dass Kinder über ein gewisses Inventar an unterschiedlichen Verben und Verbformen verfügen müssen, um sich die Regeln der Verbflexion und Verbstellung in Hauptsätzen zu erschließen. Wie groß dieses Inventar sein muss und ob es einen Mindestumfang oder eine „kritische Masse" gibt, ist bislang noch nicht sicher geklärt. Aber dieses Beispiel macht deutlich, wie eng der Grammatikerwerb mit Bereichen des Lexikons verwoben ist.

8.12 Zusammenfassung

Tabelle 8.14: Empfehlungen für die Förderung des Grammatikerwerbs

Was Sie tun sollten ...	Was Sie nicht tun sollten ...
• die Ausgangslage berücksichtigen (Alter bei Erwerbsbeginn, Erwerbsdauer in der L2, Lebensweltliche Bedingungen, aktueller Sprachentwicklungsstand) • die Zone der nächsten Entwicklung vor dem Hintergrund eines Erwerbsmodells (Phasenmodell oder Meilensteinmodell) bestimmen • Alltagssituationen auf ihr Sprachförderpotential hin überprüfen: Wo bieten sich Kontexte für die Zielstruktur? • die Zielstruktur auf ihre Anwendbarkeit im Alltag hin überprüfen: Wo bieten sich Kontexte für die Verwendung? • Vielfältige Kontexte für die Zielstruktur schaffen • die Zielstruktur ungezwungen im Rahmen natürlicher Kommunikation anbieten • morphologische Kontraste schaffen (z. B. *Da ist der Hund* vs. *Ich sehe den Hund*) • morphologische Markierungen deutlich aussprechen (z. B. einen statt einn) • Modellierungstechniken einsetzen	• gezielt den Erwerb grammatischer Strukturen fördern, ohne die Ausgangslage eines Kindes zu berücksichtigen • Anwendung eines falschen Erwerbsmodells (z. B. ein Modell für den Grammatikerwerb erwachsener Zweitsprachlerner, das auf sukzessiv bilinguale Kinder übertragen wird) • Sprachförderung in konstruierten Situationen, die keinen Bezug zur Lebenswelt des Kindes haben • isolierte Fördersituationen zu einzelnen Zielstrukturen durchführen • metasprachliche Vermittlung der Zielstruktur („*Jedes Namenwort braucht einen Begleiter, damit es nicht so alleine ist*") • nur Kontexte schaffen, in denen Form und Funktion morphologisch nicht eindeutig markiert sind (z. B. *Da ist die Katze* vs. *Ich sehe die Katze*) • morphologische Markierungen verschleifen oder überbetonen • pattern drill/Satzmusterübungen

8.13 Literatur zum Weiterlesen

Musan, R. (2008). *Satzgliedanalyse*. Heidelberg: Universitätsverlag Winter.
  Dieses Buch gibt einen Überblick über die Grundlagen der Grammatik, insbesondere über Satzglieder und die Satzstruktur des Deutschen.
Tracy, R. (2007). *Wie Kinder Sprachen lernen. Und wie wir sie dabei unterstützen können*. Tübingen: Francke.
  Dieses Buch gibt in verständlicher Weise einen Überblick über den Spracherwerb ein- und mehrsprachiger Kinder sowie über Möglichkeiten der Förderung.
Chilla, S., Rothweiler, M. & Babur, E. (2010). *Kindliche Mehrsprachigkeit: Grundlagen, Störungen, Diagnostik*. München: Reinhardt.
  Dieses Buch thematisiert grundlegende Aspekte des Spracherwerbs mehrsprachiger Kinder und Erwachsener sowie spezifischer Sprachentwicklungsstörungen bei mehrsprachigen Kindern.

8.14 Lernkontrolle

Aufgabe 1: Im Folgenden lesen Sie einige Äußerungen des sukzessiv bilingualen Kindes Emir (Alter bei Erwerbsbeginn: 3;1, Erstsprache Türkisch, KM 23). Wie bewerten Sie den grammatischen Entwicklungsstand im Hinblick auf den Erwerb von Kasus und Genus?

> *Beispiel*
> (88) Äußerungen von Emir
>   (Frage des Interviewers: *Was soll der Vogel holen?*)
>   Emir: hol bitte den messer.
>   hol bitte den mann.
>   hol bitte den gabel.
>   hol bitte den schwein.
>
>   (Frage des Interviewers: *Was war das?*)
>   Emir: der messer.
>   der mann.
>   der gabel.
>   der schwein.

Aufgabe 2: Analysieren Sie drei Alltagssituationen im Hinblick auf ihr sprachliches Förderpotential: Frühstück, Morgenkreis, Freispiel in der Puppenecke. Wo bieten sich hier Kontexte für die Förderung des Erwerbs von

a) Subjekt-Verb-Kongruenz und Verbzweitstellung
b) Nebensätzen
c) Akkusativ
b) Dativ?

Wie können Sie die Situationen in Abhängigkeit vom jeweiligen Förderziel sprachlich begleiten? Entwerfen Sie kurze Musterdialoge!

9 Mit dem Einkaufszettel über den Sprachförderbasar – Förderplanung

> Dieses Kapitel befasst sich mit der Nutzung von Sprachförderprogrammen und Sprachfördermaterialien. Vor dem Hintergrund der in Kapitel 3 formulierten Leitlinien der Sprachförderung werden zunächst Möglichkeiten und Grenzen des Einsatzes von Sprachförderprogrammen und Sprachfördermaterialien diskutiert und exemplarisch am Beispiel von Bilderbüchern erläutert. Anschließend werden grundlegende Aspekte der Planung und Durchführung von Sprachfördermaßnahmen dargestellt.

Wer schon einmal auf einem echten Basar war, kennt das Phänomen: Man sieht dies, man sieht jenes und denkt sich: „Oh. Das ist aber schön. Das will ich haben." Und am Ende geht man nach Hause, die Taschen voll mit Dingen, die man eigentlich überhaupt nicht braucht. Dieses Problem lässt sich nur lösen, wenn man sich vorher überlegt, was man braucht, wenn man sich einen Einkaufszettel schreibt.

Ähnlich verhält es sich mit dem „Sprachförderbasar". Auch hier benötigt man eine Art Einkaufsliste, um in dem kaum zu überblickenden Angebot an Sprachförderprogrammen und Materialien nicht den Überblick zu verlieren und um auch wirklich das auszuwählen, was man tatsächlich gebrauchen kann. Aber welche Programme und Materialien sind brauchbar? Diese Frage wollen wir nun noch einmal aufgreifen.

> **Leitlinie 1:** Sprachförderung erfolgt in Situationen, in denen Kinder Sprache als Instrument zum Erreichen persönlicher Ziele einsetzen können.
>
> **Leitlinie 2:** Sprachförderung erfolgt in Situationen, die zum Sprechen anregen und inhaltlich und thematisch an der Lebenswelt des Kindes anknüpfen.
>
> **Leitlinie 3:** Sprachförderung erfolgt zielorientiert.
>
> **Leitlinie 4:** Sprachförderung orientiert sich am natürlichen Entwicklungsverlauf. Die Auswahl der Förderziele folgt dem Prinzip der Entwicklungsproximalität.
>
> **Leitlinie 5:** Die Umsetzung einer entwicklungsproximalen Förderung erfolgt strukturzentriert.
>
> **Leitlinie 6:** Sprachförderung nutzt implizite Sprachlehrstrategien in natürlichen Kommunikationssituationen.
>
> **Leitlinie 7:** Grundlage von Förderentscheidungen bildet die diagnostische Erfassung des Erwerbshintergrundes, des Sprachstandes und der Spracherwerbsbedingungen eines Kindes.

Im Folgenden werden zunächst einige grundlegende Aspekte der Nutzung von Sprachförderprogrammen und Sprachfördermaterialien thematisiert. Als Grundlage hierfür dienen die bereits in Kapitel 3 formulierten *Leitlinien der Sprachförderung*, die im Kasten auf Seite 152 nochmals zusammengefasst sind.

9.1 Sprachförderprogramme

Förderprogramme bieten ein Curriculum von Fördereinheiten an, die in einer mehr oder weniger streng festgelegten Abfolge durchgeführt werden sollen. Folgt man *Leitlinie 4*, wird ein grundsätzliches Problem von Sprachförderprogrammen deutlich. Eine entwicklungsproximale Förderung setzt voraus, dass das Sprachförderangebot in Abhängigkeit vom aktuellen Sprachentwicklungsstand eines Kindes erfolgt. Dies wiederum setzt eine diagnostische Erfassung des Sprachentwicklungsstandes eines Kindes voraus (*Leitlinie 7*). Wann welche Fördereinheit durchgeführt wird, richtet sich bei Sprachförderprogrammen aber meist nicht oder nur in sehr groben Zügen nach dem sprachlichen Entwicklungsstand der geförderten Kinder. Es gibt allerdings auch Ausnahmen. Beispielsweise sieht das Programm *Deutsch für den Schulstart* (Kaltenbacher & Klages, 2007) in Abhängigkeit vom jeweiligen Sprachentwicklungsstand eines Kindes unterschiedliche Einstiegspunkte in das Programm vor.

Ein anderes Problem ergibt sich daraus, dass Förderprogramme in der Regel feste Vorgaben zur Gestaltung der Fördersituation machen. Thema, Material und Ablauf der einzelnen Fördereinheiten sind festgelegt. Ob ein Kind eine vorgegebene Fördersituation als sinnvoll erlebt und Sprache als Instrument zum Erreichen persönlicher Handlungsziele einsetzt (*Leitlinie 1*) und ob die Fördersituation einen inhaltlichen und thematischen Bezug zur Lebenswelt eines Kindes aufweist (*Leitlinie 2*), hängt von dem jeweiligen Kind ab. Für einige Kinder mag dies zutreffen, für andere wiederum nicht. Eine individuelle Ausrichtung der Fördersituation auf die Interessen eines Kindes ist in Förderprogrammen jedoch grundsätzlich nur dann möglich, wenn man im Hinblick auf die Gestaltung der Fördersituationen von den Vorgaben des Programms abweicht.

Förderkonzepte dagegen geben nur die Rahmenbedingungen der Förderung vor. Sie nennen grundlegende Prinzipien, nach denen die Förderung ausgerichtet werden sollte und machen Vorschläge, wie einzelne Fördereinheiten in Abhängigkeit von den individuellen sprachlichen Voraussetzungen eines Kindes und den Rahmenbedingungen des KiTa-Alltags gestaltet werden können. In diesem Sinn ist unser Ansatz – mit der Vorgabe von Leitlinien für die Förderung – ein Sprachförderkonzept. Förderkonzepte lassen mehr Spielraum, die Förderung auf die individuellen Bedürfnisse einzelner Kinder oder einer Gruppe von Kindern abzustimmen und sind in dieser Hinsicht Sprachförderprogrammen überlegen.

Ein weiterer Schwachpunkt vieler Sprachförderprogramme ist, dass der Aufbau von Handlungs- und Weltwissen, der insbesondere für die semantische und lexikalische Entwicklung von großer Bedeutung ist, nicht ausreichend unterstützt wird. Dies ist insbesondere dann der Fall, wenn in der Förderung überwiegend Bildmaterial zum Einsatz kommt. In Kapitel 7 wurde deutlich, dass der

Wortschatzerwerb stark an konkrete Handlungserfahrungen gebunden ist. Der Erwerb eines neuen Wortes kann einerseits darin bestehen, dass das Kind zu einem schon bekannten Konzept (z. B. *traurig sein*) oder einer Objektkategorie (z. B. *Trillerpfeife*) nur das passende Wort erwerben muss. Aber in vielen Fällen geht es beim Erwerb von Wörtern auch darum, die zugehörigen Konzepte zu erwerben und die neuen Wörter in bestehende semantische Netzwerke einzuknüpfen. Beschränken sich die sprachlichen Handlungserfahrungen auf bildliche Darstellungen, kann ein Kind sich viele relevante Bedeutungsmerkmale nicht erschließen. Vor allem kann ein Kind Bilder nicht schmecken, nicht riechen, nicht fühlen und auch die realen Größenverhältnisse bildlich dargestellter Objekte lassen sich meist nur schwer abschätzen. Hinzu kommt, dass sich bildliche Darstellungen meist auf konkrete Objekte beschränken. Eigenschaften und Handlungen lassen sich dagegen nur schwer darstellen. Insofern ist der Erwerb von Adjektiven (*glücklich, freundlich, langweilig, energisch*) oder von Verben (*verstecken, glauben, kriechen, verraten, füllen, sieben*) über Abbildungen kaum möglich.

Damit ist auch bereits die Frage nach dem richtigen Sprachförderprogramm beantwortet. Auch wenn einige Anbieter dies versprechen: Ein allumfassendes Sprachförderprogramm, das für jedes Kind die passende Förderung ermöglicht und hierfür alle notwendigen Materialien bereithält, gibt es nicht. Eine gezielte Sprachförderung, die am individuellen Entwicklungsstand ansetzt, handlungsorientiert ist und sich an der Lebenswelt und an den Interessen eines Kindes orientiert, erfordert immer eine individuelle Förderplanung. Eine Sprachförderung nach Schema „F" ist damit ausgeschlossen und unserer Ansicht nach auch kontraindiziert, da einerseits die Spontaneität von Kindern wie auch von frühpädagogischen Fachkräften und andererseits die Eigenaktivität (auch im Erwerbsprozess) des Kindes zu wenig berücksichtigt wird. Versteht man Sprachförderprogramme allerdings nicht als starre Anleitungen, die Schritt für Schritt befolgt werden müssen, sondern vielmehr als Material- und Ideensammlung für ergänzende Angebote im Rahmen eines individuellen Förderplans, bietet fast jedes Sprachförderprogramm nützliche Anregungen und Material für die Sprachförderpraxis.

An dieser Stelle wünschen Sie sich als Leser sicherlich, dass die gängigsten Sprachförderprogramme kritisch „unter die Lupe" genommen werden. Da es derzeit jedoch noch keine gesicherten wissenschaftlichen Ergebnisse zur Wirksamkeit bzw. Wirkungslosigkeit der aktuell verfügbaren Sprachförderprogramme und Sprachförderkonzepte gibt, erscheint es uns nicht gerechtfertigt, einzelne Programme bzw. Konzepte zu bewerten, sondern wir möchten es an dieser Stelle bei einer allgemeinen sprachpädagogischen Kritik an Sprachförderprogrammen belassen.

Exkurs 2

Wie stolprig sind Stolpersteine des Deutschen?

Einige Sprachförderkonzepte konzentrieren sich in der Förderung mehrsprachiger Kinder vor allem auf solche Bereiche, in denen sich die Erstsprache der Kinder strukturell vom Deutschen unterscheidet. Ausgangspunkt hierfür bilden Überlegungen, wonach mehrsprachigen Kindern im Erwerb der Zweitsprache besonders solche Bereiche Probleme bereiteten, in denen sich Erst- und Zweitsprache strukturell unterscheiden. Beispielsweise gibt es im Türkischen – im Gegensatz zum Deutschen – keine Artikel. Die Hypothese wäre demnach, dass der Artikelerwerb türkischsprachigen Kindern mehr Probleme bereitet als beispielsweise englischsprachigen Kindern, deren Erstsprache Artikel kennt. Der Artikelerwerb im Deutschen stellt – so die Annahme – für türkische Kinder einen „Stolperstein" im Erwerb des Deutschen dar, den es spezifisch zu fördern gilt.

Hierbei stellt sich allerdings zunächst die Frage, ob bei mehrsprachigen Kindern die Erstsprache tatsächlich einen Einfluss auf den Erwerb der Zweitsprache hat und wenn ja, wie die beiden Sprachen miteinander interagieren. Denn bestimmte Strukturen der Zweitsprache können für ein Kind nur dann Problembereiche darstellen, wenn ein Kind Erst- und Zweitsprache zueinander in Beziehung setzt. Und nur wenn die vermeintlichen Stolpersteine auch tatsächlich Problembereiche im kindlichen Zweitspracherwerb darstellen, ergibt eine gezielte Förderung dieser Bereiche einen Sinn.

Für die Frage, ob und wie sich die beiden Sprachsysteme mehrsprachiger Kinder gegenseitig beeinflussen, sind vor allem Untersuchungen von Interesse, die sich mit sprachlichem Transfer befassen. Als sprachlichen Transfer bezeichnet man die Übertragung von Elementen, Merkmalen und Regeln der Erstsprache auf die Zweitsprache. Dass Transfer im Zweitspracherwerb Erwachsener eine Rolle spielt, ist intuitiv nachvollziehbar und auch wissenschaftlich gut belegt. Höchst umstritten ist jedoch, ob dies auch für den kindlichen Zweitspracherwerb zutrifft. Bislang gibt es keine eindeutigen Belege, die eine solche Annahme unterstützen (Meisel, 2009). Wie bereits in Kapitel 8 dargestellt, unterscheidet sich der Erwerb von Satzstruktur und Verbflexion bei mehrsprachigen Kindern, die bis zum Alter von vier Jahren mit dem Erwerb des Deutschen beginnen, qualitativ nicht von dem einsprachiger Kinder (Chilla, 2008; Meisel, 1994; Rothweiler 2006). Die mehrsprachigen Kinder durchlaufen im Erwerb der Satzstruktur die gleichen Erwerbsphasen und sind häufig genau so erfolgreich wie einsprachige Kinder. Dies gilt auch für Kinder, deren Erstsprache sich strukturell vom Deutschen unterscheidet.

Allerdings kann im frühen Zweitspracherwerb für einzelne Phänomene ein Einfluss der Erstsprache beobachtet werden. So kann das „Wissen" um die Existenz einer bestimmten Struktur in der Erstsprache den Erwerb der Zweitsprache beschleunigen. Umgekehrt können sprachliche Strukturen der Zweitsprache, die keine Entsprechung in der Erstsprache finden, verzögert erworben werden. Je nach Sprachenkonstellation kann es also zu einem verlangsamten oder beschleunigten Erwerb einzelner Strukturen in der Zweitsprache kommen (Müller, Cantone, Kupisch, Schmitz, 2002).

Ein weiterer Aspekt des Spracheneinflusses betrifft die Sprachenverwendung. Kinder, die sowohl eine Sprache erwerben, in der pronominale Subjekte grundsätzlich ausgelassen werden (sogenannte *subject drop*-Sprachen wie Italienisch, Türkisch, Spanisch), wie auch eine, in der das nicht erlaubt ist (wie Deutsch, Französisch, Englisch), übertragen diese Eigenschaften zwar nicht von einer Sprache auf die andere, aber viele Kinder befolgen in der *subject drop*-Sprache die Regel weniger streng. Mit anderen Worten: Sie produzieren mehr pronominale Subjekte, als es in diesen Sprachen eigentlich üblich ist. Ähnliches ist bei türkischdeutschen Kindern zu beobachten, die häufiger Artikel im Deutschen auslassen als einsprachige Kinder. Dies könnte ein Einfluss des Türkischen sein, das keine Artikel kennt. Ein Transfer einer türkischen Struktur ist dies aber nicht, denn die Kinder lassen Artikel nicht grundsätzlich aus.

Letztlich handelt es sich bei den beobachteten Phänomenen zum Spracheneinfluss um graduelle Unterschiede zwischen ein- und mehrsprachigen Kindern, die den Erwerbserfolg in keiner Weise beeinträchtigen müssen. Hierbei ist auch zu berücksichtigen, dass die Erwerbsgeschwindigkeit auch in einer mehrsprachigen Erwerbskonstellation einer großen Variationsbreite unterliegt, wie dies aus dem einsprachigen Erwerb bekannt ist. Hinzu kommt, dass von einem Spracheneinfluss nie ganze Sprachsysteme betroffen, sondern immer nur einzelne sprachliche Strukturen. Insofern lässt sich allein aus der Beobachtung, dass sich Erst- und Zweitsprache eines Kindes in bestimmten Eigenschaften unterscheiden, eben nicht schließen, dass der Erwerb dieser Eigenschaften für das Kind besonders problematisch wäre. Nach dem gegenwärtigen Kenntnisstand ist es daher nicht gerechtfertigt, strukturelle Unterschiede zwischen Erst- und Zweitsprache pauschal als Stolpersteine zu bezeichnen.

9.2 Einsatz von Sprachfördermaterialien

Die genannten Leitlinien der Sprachförderung können auch zur Bewertung von Sprachfördermaterialien genutzt werden. Das Angebot kommerzieller Sprachfördermaterialien ist in den letzten Jahren sprunghaft angestiegen. Im Handel ist eine nicht mehr zu überblickende Anzahl von Spielen, Büchern und anderen Materialien erhältlich, die das Etikett „Sprachförderung" tragen. Was solche als „Sprachfördermaterialien" ausgewiesenen Produkte von „gewöhnlichen" Materialien unterscheidet, bleibt oft unklar, ist jedoch für die Praxis letztlich auch unerheblich. Denn ob ein bestimmtes Material ein Sprachfördermaterial ist, hängt nicht davon ab, ob es als ein solches ausgewiesen ist, sondern ob Sie es für die Sprachförderung einsetzen können und wie Sie es verwenden.

Grundsätzlich ist jedes Material ein Sprachfördermaterial, das in der Sprachförderung eingesetzt werden kann. Wenn ich mit einem Kind mit dem Kaufmannsladen spiele und dem Kind hierbei bestimmte sprachliche Strukturen anbiete, die für das Kind in der Zone der nächsten Entwicklung liegen, dann wird der Kaufmannsladen in diesem Moment zum Sprachfördermaterial. Wenn ein Kind beispielsweise die Wörter *Löffel* und *Gabel* noch nicht sicher erworben hat und Sie deshalb beim Frühstück gezielt diese Wörter verwenden und die Objektkategorien *LÖFFEL* und *GABEL* kontrastieren (Was unterscheidet den Gegenstand Löffel vom Gegenstand Gabel?) und auf diese Weise Bedeutungsmerkmale thematisieren, dann werden in diesem Moment Löffel und Gabel zu Sprachfördermaterialien.

Auch Bilderbücher können – wenngleich meist nicht als Sprachfördermaterial ausgewiesen – in der Sprachförderung eingesetzt werden und dadurch zu Sprachfördermaterialien werden. Bevor Sie ein bestimmtes Material in der Sprachförderung einsetzen, sollten Sie dieses zunächst einer Bewertung hinsichtlich der Einsetzbarkeit unterziehen. Einige grundlegende Aspekte bei der Auswahl und Nutzung von Sprachfördermaterialien sollen im Folgenden exemplarisch am Beispiel von Bilderbüchern thematisiert werden.

Wie bereits in Kapitel 5 dargestellt wurde, ist sprachlicher Input ohne (sprachliche) Interaktion für den kindlichen Spracherwerb unzureichend. Das gilt auch für das Vorlesen. Das sprachliche Material, welches dem Kind durch das Vorlesen angeboten wird, muss in natürlichen Kommunikationssituationen aufbereitet werden, die von dem Kind als bedeutsam erlebt werden und einen konkreten Handlungsbezug aufweisen (*Leitlinien 1 und 2*). Ein echtes Gespräch wird sich nur dann entwickeln, wenn ein Kind mit seinen persönlichen Erfahrungen an die Handlung des Buches anknüpfen und diese Erfahrungen in das Gespräch mit einbringen kann. Insofern ist bei der Auswahl von Bilderbüchern zu beachten, dass sich das Thema eines Buches an der Lebenswelt und an den Interessen eines Kindes orientiert (*Leitlinie 2*). Zudem sollten die Abbildungen kindgerecht und klar strukturiert sein. Ein Kind sollte sich die Geschichte eines Buches möglichst selbstständig aus den Abbildungen erschließen können, damit es die Möglichkeit erhält, eigene Ideen über den Verlauf der Geschichte zu entwickeln und diese sprachlich zu äußern. Das sprachförderliche Potenzial von Bilderbüchern entfaltet sich erst in der Kommunikation über das Buch. Der Akt des Vorlesens gibt nur den Impuls für weiterführende Gesprächsanlässe.

Für Bilderbücher ist das Kriterium des Einsatzes impliziter Lehrmethoden (*Leitlinie 6*) erfüllt, wenn es einer Sprachförderkraft gelingt, mit einem oder mehreren Kindern über das Buch ins Gespräch zu kommen und wenn sie hierbei implizite Sprachlehrstrategien einsetzt wie sie in Kapitel 5 bereits ausführlich beschrieben wurden. Die Anwendung von Sprachlehrstrategien erfolgt jedoch nicht beim Vorlesen selbst, sondern während der Kommunikationsphasen, die das Betrachten des Bilderbuchs begleiten.

Whitehurst et al. (1988) entwickelten die gemeinsame Bilderbuchbetrachtung erstmals zu einer Sprachfördermethode weiter, die sie als *dialogic reading* (dialogische Bilderbuchbetrachtung) bezeichnen. Die grundlegenden Prinzipien dieser Methode sind im folgenden Kasten zusammengefasst und entsprechen weitgehend den in Kapitel 5 vorgestellten Sprachlehrstrategien und Modellierungstechniken.

Techniken des *dialogic reading* (nach Arnold, Lonigan, Whitehurst & Epstein, 1998, S. 238–239)
- **Verwende Was-Fragen.** Kinder erwerben Sprache(n), indem sie sie gebrauchen. Durch Was-Fragen wird das Kind stärker zum Sprechen an als Zeigen oder Ja/Nein-Fragen.

- **Lass Antworten Fragen folgen.** Sobald ein Kind das Wort für ein abgebildetes Objekt kennt, sollten Sie weitere Fragen über das Objekt stellen, durch die das Kind aufgefordert wird, Aspekte des Objekts wie Form, Farbe oder seine Teile zu beschreiben, für was das Objekt benutzt wird oder wer es nutzt.
- **Wiederhole, was das Kind sagt.** Sie sollten korrekte Antworten eines Kindes wiederholen, um es zu bestärken und ihm zu signalisieren, ob seine Äußerung korrekt ist.
- **Hilf dem Kind, wenn es notwendig ist.** Sie sollten ein Modell einer guten Antwort bieten, damit das Kind dieses Modell für die eigene Sprachproduktion nutzen kann.
- **Lobe und bestärke das Kind.** Geben Sie dem Kind ein Feedback und loben Sie es, wenn es etwas über das Buch sagt, z. B. „Das hast du schön gesagt" oder „Das stimmt" oder „Gut gemacht".
- **Folge den Interessen des Kindes.** Es ist wichtig, über die Dinge zu reden, über die das Kind reden möchte. Wenn ein Kind auf ein Bild zeigt und anfängt, über einen Teil der Seite zu sprechen, sollte man dieses Interesse als Chance nutzen, das Kind zum Sprechen zu ermuntern.
- **Hab Spaß.** Vorlesen kann Spaß machen, wenn die Vorlesesituation spielerisch gestaltet ist und Ihre Aktionen sich immer wieder mit denen des Kindes abwechseln.
- **Stelle offene Fragen.** Offene Fragen erfordern komplexere Antworten als einfache Was-Fragen. Sie sollten hierbei ggf. Modelle einer guten Antwort anbieten. Wenn das Kind nicht mehr über eine Seite reden möchte, können weitere Informationen eingeführt werden.
- **Erweitere, was das Kind sagt.** Wiederholen Sie kindliche Äußerungen und fügen Sie dabei weitere Informationen hinzu. Sie sollten einer Äußerung aber nicht zu viel Information hinzufügen, damit das Kind die Äußerung noch wiederholen kann.

Ein förderlicher Effekt des *dialogic reading* auf den kindlichen Spracherwerb wurde mittlerweile in einer Reihe von Studien bestätigt (u.a. Arnold et al., 1994; Hargrave & Sénéchal; 2000, Lonigan & Whitehurst, 1998; Whitehurst et al., 1988). Signifikante Effekte zeigen sich hierbei vor allem beim Wortschatzumfang. Nicht erfasst wurde bislang der Einfluss auf die semantische Entwicklung. Bereits in Kapitel 7 wurde jedoch deutlich, dass für den Erwerb von Wortbedeutungen vielfältige Handlungserfahrungen notwendig sind. Das Betrachten von Bilderbüchern alleine ist hierfür nicht ausreichend, kann jedoch als Impuls für weiterführende Sprachförderaktivitäten genutzt werden.

Ob sich durch dialogische Vorlesesituationen auch der Grammatikerwerb fördern lässt, ist bislang nicht eindeutig belegt. In einer Studie konnte beobachtet werden, dass die durchschnittliche Äußerungslänge (MLU, engl. *mean length of utterance*) der geförderten Kinder im Vergleich zu nicht geförderten Kindern höher war. Die durchschnittliche Äußerungslänge wird als grobes Maß für die grammatische Komplexität von Äußerungen gesehen. Die Ergebnisse dieser Studie deuten damit auf einen förderlichen Einfluss des *dialogic reading* auch im Bereich der Grammatikentwicklung hin (Whitehurst et al. 1988).

Damit ein Kind das sprachliche Angebot beim gemeinsamen Betrachten eines Bilderbuchs optimal für die Erweiterung seiner sprachlichen Fähigkeiten nutzen kann, sollte noch ein weiteres Kriterium erfüllt sein. Die Auswahl der Förderziele sollte sich am natürlichen Entwicklungsverlauf orientieren und entwicklungsproximal erfolgen (*Leitlinie 4*). Voraussetzung hierfür ist, dass der sprachliche Entwicklungsstand eines Kindes mit Hilfe eines geeigneten diagnostischen Verfahrens ermittelt (*Leitlinie 7*) und vor dem Hintergrund eines Entwicklungsmodells die Zone der nächsten Entwicklung bzw. die Förderziele bestimmt werden. Ein Bilderbuch sollte dann Impulse für den Gebrauch solcher sprachlichen Strukturen bieten, die für ein Kind in der Zone der nächsten Entwicklung liegen (*Leitlinie 5*). Dies erfordert zunächst einmal eine Analyse, für welche sprachlichen Strukturen sich beim Betrachten unterschiedlicher Bilderbücher Kontexte bieten, damit eine gezielte Auswahl im Hinblick auf die Förderziele eines Kindes erfolgen kann.

Bei einigen Bilderbüchern werden bestimmte Strukturen bereits im Begleittext fokussiert (vgl. Seidl, 2008). Ein Beispiel ist das Buch *Von Kopf bis Fuß* (Carle, 1997). In diesem Buch ist jeweils auf der linken Seite ein Tier abgebildet, das eine Bewegung vollführt, z. B. den Kopf drehen oder in die Hände klatschen. Jeweils auf der rechten Seite ist ein Kind abgebildet, das diese Bewegung nachahmt. Im Folgenden lesen Sie einen kurzen Textausschnitt:

> *Ich bin ein Seehund und klatsche in die Hände. Kannst du das auch?*
> *Das kann ich auch!*
> *Ich bin ein Gorilla und klopf mir auf die Brust. Kannst du das auch?*
> *Das kann ich auch!*
> *Ich bin eine Katze und mache einen Buckel. Kannst du das auch?*
> *Das kann ich auch!* (aus Carle, 1997)

Die hier angebotenen Sätze eigenen sich in besonderer Weise für die Förderung des Erwerbs der Hauptsatzstruktur. In den Sätzen steht das Subjekt immer abwechselnd in der 2. Person Singular und in der 1. Person Singular (89).

Beispiel
(89) Kannst du$_{\text{[2. Person Singular]}}$ das auch?
    Das kann ich$_{\text{[1. Person Singular]}}$ auch.

Hierbei werden unterschiedliche Flexionsformen des Verbs *können* unmittelbar kontrastiert, und ein Kind erhält die Möglichkeit, durch den Vergleich dieser Verbformen Kongruenzmerkmale und deren morphologische Markierung am Verb zu identifizieren. Hinzu kommt, dass Modalverben wie *können* einen besonderen Status haben. Sie werden früh erworben und stehen im Gegensatz zu Vollverben in kindlichen Äußerungen von Anfang an in Zweitstellung. Damit eignen sich Modalverbkonstruktionen in besonderer Weise, um Kinder den Einstieg in die Satzstruktur zu erleichtern.

Ein weiteres Beispiel für die Fokussierung sprachlicher Strukturen in Bilderbüchern ist das Buch *Brauner Bär, wen siehst denn du?* (Martin Jr. & Carle, 1997).

Darin wird auf jeder Seite ein Tier vorgestellt, an das die Frage gerichtet wird, wen es sieht. Die Tiere sehen immer das Tier, welches auf der folgenden Seite abgebildet ist. Auch in diesem Buch folgt der Text immer dem gleichen Schema:

Blaues Pferd, wen siehst denn du?
Ich seh einen grünen Frosch, der schaut mir zu.
Grüner Frosch, wen siehst denn du?
Ich seh eine lila Katze, die schaut mir zu.
Lila Katze, wen siehst denn du?
Ich seh einen weißen Hund, der schaut mir zu.
(aus Martin Jr. & Carle, 1997)

Auf der letzten Seite sind nochmals alle Tiere abgebildet und die Kinder werden aufgefordert, zu sagen, wen sie dort alles sehen: „Wir sehn einen braunen Bären, einen roten Vogel ..."

Bereits aus dem Titel des Buches geht hervor, welche sprachliche Struktur hier besonders hervorgehoben wird. Das Verb *sehen* ist ein transitives Verb und fordert immer ein Akkusativobjekt. Durch die wiederholte Verwendung des Verbs *sehen* entstehen somit zahlreiche Akkusativkontexte. Das sprachliche Material ist so gewählt, dass die Akkusativmarkierung an Artikeln und Adjektiven morphologisch deutlich wird. Der Akkusativ ist an Artikeln und Adjektiven nur bei maskulinem Genus eindeutig markiert. Das Genus der abgebildeten Tiere ist in fünf Fällen Maskulinum, in drei Fällen Femininum und in zwei Fällen Neutrum. Damit wird der Akkusativ bei der Hälfte aller Kontexte morphologisch eindeutig markiert. Durch die Frage „Wen siehst denn du?", in der das Fragepronomen ebenfalls eine eindeutige Akkusativmarkierung trägt, erhält ein Kind zudem auch bei femininem und neutralem Genus einen Hinweis darauf, dass ein Akkusativkontext vorliegt.

Neben dem Akkusativ werden aber auch Subjekt-Verb-Kongruenz und Verbzweitstellung hervorgehoben. In den Sätzen des Begleittextes steht das Subjekt immer abwechselnd in der 2. Person Singular, 1. Person Singular und 3. Person Singular (90).

> *Beispiel*
> (90) Wen siehst denn du[2. Person Singular]?
> Ich[1. Person Singular] seh ein schwarzes Schaf.
> Das[3. Person Singular] schaut mir zu.

Der unmittelbare Kontrast der unterschiedlichen Verbformen ermöglicht es, die einzelnen Verbformen miteinander zu vergleichen und einzelne Verbflexive sowie deren Funktion zu identifizieren.

Nicht immer ergeben sich bereits aus dem Begleittext Kontexte für die Verwendung einer bestimmten sprachlichen Struktur. Dennoch bieten viele Bilderbücher thematische Anknüpfungspunkte für die Gestaltung weiterführender Spielsituationen, in denen sich dann gehäuft Kontexte für die Zielstruktur schaffen lassen. Exemplarisch lässt sich dies an dem Buch *Kasimir backt* (Klinting, 1997) verdeutlichen. Dieses Buch handelt von dem Biber Kasimir, der anlässlich seines Geburtstags einen Kuchen backt. Das Buch beschreibt ausführlich, welche Zutaten für den Kuchen benötigt werden und wie Kasimir hieraus einen Kuchen herstellt. Am Ende des Buches findet sich ein Rezept für Kasimirs Kuchen.

Nehmen wir an, das Backen eines Kuchens träfe die Interessen eines Kindes. Und nehmen wir an, das Förderziel für dieses Kind bestünde im Erwerb der Hauptsatzstruktur. Dann sollten sich bei der Bilderbuchbetrachtung Kontexte für den Gebrauch von Hauptsätzen mit wechselnden Subjekten in der 1., 2. und 3. Person ergeben. Dies ist in dem Begleittext nicht der Fall, da die Handlung ausschließlich aus der Erzählerperspektive geschildert wird und Subjekte dadurch immer in der 3. Person Singular stehen. Nun könnte man das Thema des Buches zum Anlass nehmen, um mit dem Kind Kasimirs Kuchen nachzubacken. In solch einer konkreten Handlungssituation lassen sich dann vielfältige Kontexte für den Gebrauch der Zielstruktur schaffen, die dem Kind als Modell dienen (91), sowie implizite Sprachlehrstrategien einsetzen, die das Kind zusätzlich im Erwerb der Zielstruktur unterstützen (92).

> **Beispiel**
>
> (91) Was geben wir$_{[3.\ Person\ Plural]}$ jetzt dazu?
> Ich$_{[1.\ Person\ Singular]}$ gebe das Mehl dazu.
> Gibst du$_{[2.\ Person\ Singular]}$ den Zucker dazu?
>
> (92) Kind: (*zeigt auf den Zucker*) das da habe.
> Sprachförderkraft: Ah, den Zucker willst du haben.

Gleichzeitig erhält das Kind in solchen Situationen die Möglichkeit, seinen Wortschatz zu erweitern. In ähnlicher Weise ließen sich, anknüpfend an das Thema Backen, Fördersituationen schaffen, bei denen das Ziel im Erwerb des Akkusativs liegt, beispielsweise durch die Verwendung der transitiven Verben *brauchen, nehmen, kaufen, rühren*.

Damit ein Kind von einem gezielten sprachlichen Angebot profitieren kann, sollte Sprachförderung regelmäßig stattfinden. Dies gilt selbstverständlich auch für die dialogische Bilderbuchbetrachtung. In den zitierten Studien zum dialogischen Bilderbuchlesen nahm jedes Kind über einen längeren Zeitraum mindestens 10 min pro Tag an gemeinsamen Bilderbuchbetrachtungen teil. Die jeweiligen Bücher wurden innerhalb weniger Tage mehrmals, mindestens jedoch zweimal betrachtet. Entscheidend für die Wirksamkeit sind aber nicht nur Dauer und Umfang der Bilderbuchbetrachtung, sondern auch die Gruppengröße. Als wirksam hat sich die dialogische Bilderbuchbetrachtung bei Gruppengrößen von fünf bis acht Kindern pro Vorlesegruppe erwiesen. Erfolgt die Bilderbuchbetrachtung dagegen mit der gesamten Gruppe einer Kindertageseinrichtung, sind die positiven Effekte auf die Sprachentwicklung vergleichsweise gering (Whitehurst et al., 1994). Diese Befunde machen deutlich, wie wichtig es ist, dass Sprachförderung regelmäßig und in kleinen Gruppen stattfindet.

All diese Aspekte müssen auch beim Einsatz anderer Materialien in der Sprachförderung berücksichtigt werden. Sprachfördermaterialien sollten nicht einfach eingesetzt werden, weil man sie gerade zur Hand hat, weil sie günstig zu beschaffen sind oder weil sie einfach handhabbar sind. Solche Aspekte spielen natürlich auch eine Rolle. Die Auswahl von Sprachfördermaterialien sollte aber nicht nur nach solchen ökonomischen Gesichtspunkten erfolgen, sondern in erster Linie nach methodischen und didaktischen Kriterien. Dies gilt ebenso für die Durchführung einzelner Fördereinheiten aus Sprachförderprogrammen oder Ideensammlungen.

Vor dem Einsatz von Sprachfördermaterialien sollten Sie zunächst überlegen, welche sprachlichen Strukturen sozusagen in dem Material stecken: Welchen Wortschatz bietet das Material an? Welche Aspekte von Sprache werden besonders deutlich? Welche sprachlichen Strukturen treten besonders häufig und kontrastreich auf?

Sprachförderung sollte immer in einem kommunikativen Kontext erfolgen. Sie sollten daher überprüfen, ob das Sprachfördermaterial Kinder zum Sprechen anregt, ob es sich so einsetzen lässt, dass Kinder Sprache als Instrument zum Erreichen ihrer persönlichen Handlungsziele verwenden können und ob es thematische und inhaltliche Bezüge zur Lebenswelt der Kinder in Ihrer Gruppe gibt. Und schließlich ist zu prüfen, ob das Material kindgerecht gestaltet und verarbeitet ist.

Wenn diese Fragen beantwortet sind, gilt es zu überlegen, für welche Kinder ein bestimmtes Sprachfördermaterial bzw. Angebot im Hinblick auf die sprachlichen Förderziele, die individuellen Interessen, aber auch im Hinblick auf die kognitiven Entwicklungsvoraussetzungen einzelner Kinder geeignet ist. Am Ende dieses Kapitels sind all diese Aspekte nochmals in Form von Leitfragen für den Einsatz von Sprachfördermaterialien zusammengefasst.

Sicherlich ahnen Sie es schon: Einen Einkaufszettel, auf dem bestimmte Sprachförderprogramme, Ideensammlungen für Sprachfördereinheiten oder Sprachfördermaterialien aufgelistet sind, die sich für die Praxis eignen, werden Sie in diesem Buch nicht finden. Das geht auch gar nicht. Denn welches Material in der Sprachförderung einsetzbar ist und wie eine Sprachfördersituation konkret gestaltet werden sollte, hängt von der individuellen sprachlichen und lebensweltlichen Ausgangslage der einzelnen Kinder und von den individuellen Förderzielen ab. Der „Einkaufszettel" ist also nicht eine Sammlung nützlicher Produkte, sondern ein individueller Förderplan für die einzelnen Kinder, bei dem Sie die individuelle sprachliche und lebensweltliche Ausgangslage eines Kindes bestimmen, auf dieser Basis Förderziele festlegen und die Umsetzung dieser Förderziele in konkreten Sprachfördereinheiten planen und dokumentieren.

Beim „Einkauf" – um in unserem Bild zu bleiben – geht es dann darum, einen Blick dafür zu entwickeln, welches sprachliche Potenzial ein bestimmtes Material oder eine bestimmte Situation birgt und ob dies für die Umsetzung des individuellen Förderplans von Nutzen ist. Viele Aspekte, die bei der Erstellung eines Förderplans berücksichtigt werden müssen, wurden bereits in den vorangehenden Kapiteln angesprochen. Im Folgenden werden diese noch einmal kurz zusammengefasst.

9.3 Allgemeine Aspekte einer Förderplanung

Bestimmung der Ausgangslage

Ausgangspunkt der Förderplanung sollte immer eine diagnostische Feststellung der sprachlichen Ausgangslage eines Kindes sein (Kany & Schöler, 2010). Ziel ist es hierbei, mit Hilfe geeigneter diagnostischer Verfahren den sprachlichen Entwicklungsstand eines Kindes auf den unterschiedlichen sprachlichen Ebenen zu erheben, um hieraus Ansatzpunkte für die Förderung zu gewinnen. Für eine differenzierte Bewertung des sprachlichen Entwicklungsstandes sind Informationen zu den Erwerbsbedingungen eines Kindes notwendig. Eine lebensweltorientierte Ausrichtung der Förderung erfordert zudem Informationen über die Interessen und die aktuelle Lebenssituation eines Kindes.

Der kindliche Spracherwerb unterliegt einer großen Variationsbreite. Gerade im Elementarbereich zeigt sich im Hinblick auf den individuellen Sprachentwicklungstand der einzelnen Kinder eine große Heterogenität. Aufgabe frühpädagogischer Fachkräfte ist es, das sprachliche Angebot so zu differenzieren, dass alle Kinder gemäß ihrer individuellen Entwicklungsvoraussetzungen von dem sprachlichen Angebot in der KiTa profitieren können.

Praktisch ist es jedoch unmöglich, hierbei jedem Kind gleichermaßen gerecht zu werden. Frühpädagogische Fachkräfte verfügen in der Regel nicht über die notwendige Zeit, um für jedes einzelne Kind einer Gruppe ausgehend von seinen individuellen Entwicklungsvoraussetzungen regelmäßig gezielte Fördermaßnahmen in Kleingruppen zu planen und durchzuführen (vgl. Gasteiger-Klicpera, Knapp & Kucharz, 2010; Rothweiler et al., 2010). Dies wäre zwar wünschenswert, allerdings lassen die derzeit geltenden Betreuungsschlüssel dies kaum zu (für einen Überblick siehe Bock-Famulla & Große-Wöhrmann, 2010). Eine gezielte Kleingruppenförderung wird sich daher in der Praxis häufig auf solche Kinder beschränken müssen, bei denen der sprachliche Förderbedarf besonders groß ist. Hier gilt der Grundsatz: Je spezifischer die sprachlichen Förderbedürfnisse eines Kindes sind, desto spezifischer muss die Förderung sein.

Um innerhalb einer Gruppe diejenigen Kinder herauszusieben, bei denen ein intensiver Sprachförderbedarf besteht, können Screeningverfahren eingesetzt werden, wie sie in Kapitel 4 beschrieben wurden. Solche Verfahren geben jedoch keine Hinweise darauf, wo eine gezielte Förderung ansetzen muss. Daher muss für diejenigen Kinder, bei denen ein sprachlicher Förderbedarf festgestellt wurde, immer eine differenzierte Sprachstandserhebung folgen.

Bestimmung der Förderziele

Dreh- und Angelpunkt einer gezielten, am Entwicklungsstand eines Kindes ansetzenden Sprachförderung ist die Bestimmung der sprachlichen Förderziele. Als Förderziel werden diejenigen sprachlichen Bereiche bestimmt, die für ein Kind in der Zone der nächsten Entwicklung liegen. Auf semantisch-lexikalischer Ebene können dies Bereiche sein, in denen ein Kind lexikalische Lücken hat, d.h. Bereiche, in denen einem Kind bestimmte Wörter fehlen. Es können aber auch

Bereiche sein, in denen ein Kind für bestimmte Wörter noch nicht über die entsprechenden Bedeutungsmerkmale und Konzepte verfügt. Auf grammatischer Ebene bestehen die Förderziele in erster Linie im Erwerb der Satzstruktur, d. h. Verbstellung und Verbflexion sowie im Erwerb des Kasus- und Genussystems.

Die Grundlage für die Bestimmung der Förderziele bilden immer die Ergebnisse einer Sprachdiagnostik, durch die der Sprachentwicklungsstand eines Kindes bestimmt wird. Die Interpretation dieser Ergebnisse erfolgt insbesondere im Bereich der Grammatik auf Basis eines Modells kindlicher Sprachentwicklung, das Hypothesen darüber zulässt, welche sprachlichen Strukturen ein Kind als nächstes erwerben wird. Des Weiteren müssen bei der Auswahl der Förderziele auch die kommunikativen Bedürfnisse eines Kindes berücksichtigt werden. Vorrang haben bei der Auswahl der Förderziele solche sprachlichen Strukturen, die ein Kind für das Erreichen seiner Handlungsziele im Alltag benötigt.

Planung und Gestaltung von Fördersituationen

Im nächsten Schritt geht es um die konkrete Planung und Umsetzung von Sprachfördersituationen. Man kann sich dieser Aufgabe von zwei Seiten nähern.

Auf der einen Seite bilden die sprachlichen Förderbedürfnisse eines bestimmten Kindes den Ausgangspunkt. Sie haben den Sprachentwicklungsstand eines Kindes erhoben und für dieses Kind die Förderziele bestimmt. Im nächsten Schritt geht es darum, Situationen zu finden, die Kontexte für die als Förderziel bestimmten sprachlichen Strukturen bieten. Wie dies konkret geschehen kann, wurde bereits in den Kapiteln 7 und 8 ausgeführt und wird nochmals in Kapitel 10 exemplarisch anhand einzelner Förderbeispiele dargestellt. Daher soll dieser Aspekt an dieser Stelle nicht weiter vertieft werden.

Auf der anderen Seite kann auch ein konkretes Angebot den Ausgangspunkt für die weitere Förderplanung bilden. Da Sprache alle Bereiche des KiTa-Alltags begleitet, lassen sich auch in praktisch jeder Situation Kontexte für eine bestimmte Zielstruktur schaffen. Allerdings eignet sich nicht jede Alltagssituation für die Förderung jeder beliebigen Struktur. Es gilt daher zu überlegen, welches Förderpotenzial eine bestimmte Situation bzw. ein bestimmtes pädagogisches Angebot im KiTa-Alltag im Hinblick auf die unterschiedlichen Bedürfnisse der einzelnen Kinder bietet. Oder anders ausgedrückt: Welche sprachlichen Strukturen stecken in einem pädagogischen Angebot und welche Kinder können hiervon besonders profitieren? Wichtig ist auch bei dieser Herangehensweise, dass eine frühpädagogische Fachkraft die individuellen Förderziele der einzelnen Kinder in ihrer Gruppe kennt. Denn damit auch wirklich die richtigen Kinder von dem Förderangebot profitieren, ist es wichtig, dass genau die Kinder an dem Angebot teilnehmen, auf deren Förderziel die Situation ausgerichtet ist.

Findet die Sprachförderung in einer Kleingruppe statt, dann stellt sich bei beiden Vorgehensweisen die Frage, welche Kinder in die Fördersituation eingebunden werden sollen. Diese Frage lässt sich nicht alleine im Hinblick auf die individuellen Förderziele der Kinder beantworten. Wenn Sie eine Fördereinheit planen, die auf die sprachlichen Bedürfnisse eines bestimmten Kindes ausgerichtet ist, dann ist es natürlich sinnvoll, andere Kinder mit ähnlichen Förderzielen in die Förderung einzubeziehen. Zu Bedenken ist hierbei jedoch, inwiefern das Förderthema die Interessen und die Lebenswelt dieser anderen Kindern trifft. Ein Rollenspiel in der Puppenecke kann für ein Kind hochinteressant sein, für ein anderes dagegen sterbenslangweilig – mit entsprechenden Konsequenzen für die Kommunikation.

Auswirkungen auf die Kommunikation haben auch die persönlichen Beziehungen der Kinder zueinander. Zwei Kinder, die zwar die gleichen Förderziele und Interessen haben, sich aber nicht mögen, werden die Fördersituation unter Umständen eher als Schauplatz für die Austragung persönlicher Differenzen nutzen als für die Erweiterung ihrer sprachlichen Kompetenzen. Günstiger ist es, solche Kinder in die Fördersituation einzubeziehen, die ähnliche Interessen haben und auch im KiTa-Alltag bevorzugt miteinander kommunizieren. Insofern ist der sprachliche Entwicklungsstand der Kinder kein vorrangiges Kriterium für die Zusammenstellung einer Fördergruppe.

Bei einer sprachlich heterogenen Fördergruppe ist jedoch zu beachten, dass während einer Fördereinheit die Aufmerksamkeit einer pädagogischen Fachkraft von mehreren Kindern gleichzeitig in Anspruch genommen wird. Um das sprachliche Angebot in (Klein-)Gruppensituationen für den Spracherwerb nutzen zu können, muss gewährleistet sein, dass ein Kind sich an der Kommunikation ausreichend beteiligen kann. Häufig sind es aber gerade die sprachlich weiter entwickelten Kinder, die in Gruppensituationen die Kommunikation dominieren. Um zu gewährleisten, dass auch tatsächlich diejenigen Kinder von einer Fördersituation profitieren, auf die das sprachliche Angebot ausgerichtet ist, sollte eine frühpädagogische Fachkraft ihren kommunikativen Fokus bewusst auf diese Kinder richten.

In diesem Zusammenhang verdient die „Regel des Mittelpunktkindes" (Reich, 2008, S. 65 f.) eine besondere Erwähnung. Diese Methode sieht vor, dass sich frühpädagogische Fachkräfte bei der Sprachförderung im Wechsel immer einem Kind besonders zuwenden. Das bedeutet, dass die Sprachförderkraft während einer Fördereinheit gezielt auf die sprachlichen Bedürfnisse und Interessen des jeweiligen Mittelpunktkindes achtet und ihr sprachliches Angebot auf die Förderziele dieses Kindes ausrichtet – ohne die anderen Kinder dabei zu vernachlässigen. Sie reagiert bevorzugt auf Äußerungen des Mittelpunktkindes, greift dessen Äußerungen auf und führt sie thematisch weiter. Das jeweilige Mittelpunktkind wird zudem mit Privilegien ausgestattet. So darf es beispielsweise die Spielpartner bestimmen, bei Spielen als erstes beginnen oder Anweisungen geben.

Ein Kind wird nur dann von einem gezielt vorstrukturierten sprachlichen Angebot profitieren können, wenn es dieses regelmäßig über einen längeren Zeitraum erhält. Sprachfördermaßnahmen sollten daher immer als längerfristige Angebote geplant werden, bei denen regelmäßig und in unterschiedlichen Aktivitäten gezielt eine bestimmte sprachliche Struktur in den Blick genommen wird, beispielsweise in Form kleiner Projekte zu einem bestimmten Thema.

Während der Durchführung von Sprachförderung ist das Sprachverhalten der Sprachförderkraft der bestimmende Faktor für den Erfolg einer Fördermaßnahme. Durch eine sorgfältige Planung der Fördersituation lassen sich genügend Kontexte für den Gebrauch eines bestimmten sprachlichen Gegenstandes schaffen. Damit ein Kind seine sprachlichen Fähigkeiten erweitern kann, muss eine frühpädagogische Fachkraft diese Kontexte jedoch auch aufgreifen und in ein sprachliches Angebot überführen. Sie muss einen bestimmten sprachlichen Gegensand einerseits häufig verwenden, sie muss ihn aber auch so verwenden, dass ein Kind alle relevanten Informationen leicht ableiten kann. Für den Bereich der Grammatik bedeutet dies beispielsweise, dass syntaktische Funktionen morphologisch möglichst eindeutig und kontrastiv markiert sein sollten (vgl. Kap. 8). Im Bereich der Semantik und des Lexikons ist es beispielsweise wichtig, dass möglichst viele Eigenschaften eines Wortes aus der Situation und dem sprachlichen Kontext heraus deutlich werden. Hierzu gehören unterschiedliche Bedeutungsmerkmale aber auch grammatische Eigenschaften eines Wortes (vgl. Kap. 7). Unterstützt wird dies durch den Einsatz von Modellierungstechniken (vgl. Kap. 5).

Dies alles fordert von einer Sprachförderkraft ein hohes Maß an Planung und Kontrolle des eigenen Sprachverhaltens. Auch wenn Kommunikationssituationen kaum planbar sind, ist es erfahrungsgemäß gerade bei unerfahrenen Sprachförderkräften hilfreich, vor der Durchführung einer Sprachfördersituation mögliche Dialoge durchzuspielen, um entsprechende sprachliche Handlungsroutinen zu entwickeln. Dass die Kommunikation unter realen Bedingungen dann meist vollständig anders verläuft, ist zu erwarten und sollte nicht frustrieren. Um die eigenen Handlungskompetenzen und damit die Qualität von Sprachförderung weiter zu verbessern, ist es jedoch erforderlich, das eigene sprachpädagogische Handeln nach Abschluss einer Fördereinheit zu reflektieren.

Dokumentation und Evaluation der Förderung

Sprachförderung ist immer ein zyklischer Prozess. Auf Basis der Ergebnisse einer Sprachstandsfeststellung werden Hypothesen über die nächsten Entwicklungsschritte eines Kindes entwickelt und Förderziele formuliert, die dann in konkrete Fördermaßnahmen umgesetzt werden. Es werden also Aussagen über den Ist-Zustand und den Soll-Zustand getroffen und entsprechende Maßnahmen ergriffen, um den Soll-Zustand zu erreichen. Dass diese Maßnahmen auch tatsächlich wirksam sind, kann jedoch nicht ohne weiteres vorausgesetzt werden. Daher muss nach Abschluss eines Sprachförderprojekts eine Evaluation der Förderziele erfolgen (vgl. Schuck, 2003).

Wenn ein Kind nach Abschluss eines Sprachförderprojekts das Förderziel nicht erreicht hat, kann dies unterschiedliche Gründe haben. Eine Möglichkeit besteht darin, dass der sprachliche Entwicklungsstand eines Kindes – der Ist-Zustand – nicht ausreichend genau bestimmt wurde. Dann würden alle weiteren Förderentscheidungen auf falschen Annahmen basieren und die Förderung möglicherweise an den Entwicklungsbedürfnissen des Kindes vorbei gehen. Eine andere Möglichkeit besteht darin, dass die Hypothesen über die Förderziele – der Soll-Zustand – nicht zutreffend waren, beispielsweise weil diese Hypothesen nicht vor dem Hintergrund eines Entwicklungsmodells gebildet wurden. Oder aber die eingesetzten Fördermethoden waren unzureichend, um ein Kind wirksam in seiner Sprachentwicklung zu unterstützen, beispielsweise weil es der Sprachförderkraft nicht gelungen ist, die relevanten sprachlichen Strukturen in geeigneter

Weise anzubieten. Um mögliche Fehlerquellen zu ermitteln, ist eine sorgfältige Reflexion des gesamten Förderprozesses notwendig, der alle Teilschritte berücksichtigt.

Denkbar ist auch, dass die Dauer der Sprachfördermaßnahme nicht ausreichend war. Denn: Jedes Kind hat im Spracherwerb sein eigenes Tempo. Prognosen darüber, wie viel Zeit ein Kind bei gezielter Förderung für den Erwerb eines bestimmten sprachlichen Gegenstands benötigen wird, sind unmöglich. Insbesondere der Erwerb grammatischer Strukturen kann sich über einen längeren Zeitraum hinziehen. Viele Kinder durchlaufen hierbei Plateauphasen, in denen kaum Entwicklungsfortschritte feststellbar sind. In vielen Fällen kommt es auch zu einem U-förmigen Entwicklungsverlauf. Dies bedeutet, dass die Sprachleistungen eines Kindes in Bezug auf eine grammatische Struktur kurzzeitig schlechter werden, um dann anschließend wieder anzusteigen. Ein solcher „Einbruch" darf nicht als Entwicklungsrückschritt fehlinterpretiert werden, sondern ist ein Hinweis darauf, dass ein Kind sein sprachliches Regelsystem neu organisiert. Häufig kündigt ein solcher Einbruch den nächsten Erwerbsschritt an, der dann innerhalb kurzer Zeit vollzogen wird.

Eine prozessbegleitende Diagnostik gibt wichtige Hinweise darauf, an welchen Strukturen ein Kind gerade arbeitet und ob diese mit den Förderzielen übereinstimmen. Oder mit anderen Worten: Ob man mit der Planung und Gestaltung der Sprachförderung auf dem richtigen Weg ist oder ob eine Neubestimmung der Förderziele notwendig ist.

Eine sprachdiagnostische Überprüfung am Ende einer Fördersequenz ist noch aus einem weiteren Grund notwendig. Das Erreichen eines bestimmten Förderziels ist nur ein Schritt im Spracherwerbsprozess. Viele weitere müssen folgen. Damit bildet das Erreichen eines Förderziels gleichzeitig den Ausgangspunkt für die nächsten Entwicklungsschritte eines Kindes bzw. Förderziele.

In den Bildungsplänen der Länder wird von frühpädagogischen Fachkräften neben einer systematischen Entwicklungsbeobachtung auch die Dokumentation kindlicher Entwicklungs- und Lernprozesse gefordert (JMK/KMK, 2004). Das hat gute Gründe. Zum einen dient eine solche Dokumentation der Sprachförderkraft als Grundlage für die Reflexion der Planung und Durchführung von Sprachfördermaßnahmen und ist Teil der Qualitätssicherung in Kindertageseinrichtungen. Zum anderen sichert eine solche Dokumentation die Anschlussfähigkeit im Hinblick auf Förderinhalte und Methoden beim Übergang zwischen zwei Bildungsinstitutionen. Aber auch im Hinblick auf die Kooperation von Fachkräften unterschiedlicher Disziplinen wie beispielsweise Erzieherinnen und Logopädinnen ist eine differenzierte Dokumentation des Entwicklungsverlaufs eines Kindes und der Sprachfördermaßnahmen notwendig, um die sprachpädagogische Arbeit aufeinander abzustimmen.

9.4 Zusammenfassung

Leitfragen für den Einsatz von Sprachfördermaterialien:
- Welche sprachlichen Strukturen stecken in dem Material (Wortschatz, Grammatik)?
- Werden diese sprachlichen Strukturen kontrastreich präsentiert?
- Regt das Material zum Sprechen an?
- Ermöglicht das Material einem Kind, Sprache als Instrument zum Erreichen seiner persönlichen Handlungsziele einzusetzen?
- Knüpft das Material thematisch und inhaltlich an der Lebenswelt der Kinder in Ihrer Gruppe an?
- Ist das Material kindgerecht?
- Für welche Kinder ist das Material geeignet (sprachlich, kognitiv, motorisch)?

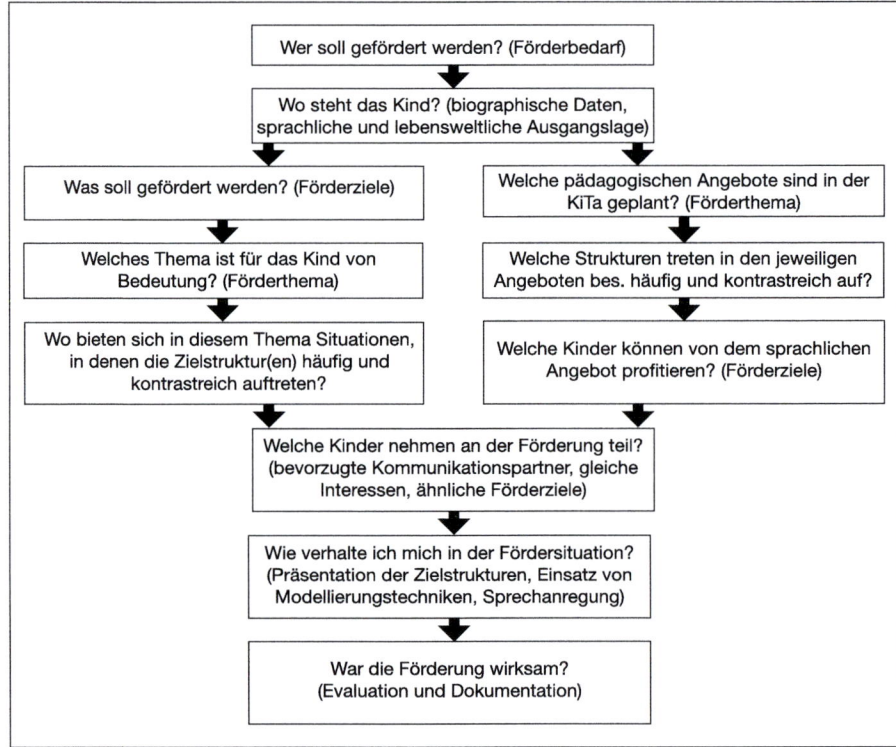

Abbildung 9.1: Überblick über die Förderplanung

9.5 Literatur zum Weiterlesen

Seidl, M. (2008). *Sprachliche Förderung durch Vorlesen. Dokumentation und Analyse gesprächszentrierter Vorlesesituationen mit Bilderbüchern mit spezifischem Sprachförderpotential*. München: Deutsches Jugendinstitut. Verfügbar unter: www.dji.de/bibs/384_9882_Vorlesesituationen.pdf [13.04.2011].
In diesem Text werden grundlegende Aspekte der dialogischen Bilderbuchbetrachtung thematisiert und einzelne Bilderbücher im Hinblick auf ihr Sprachförderpotential analysiert.

Jampert, K., Zehnbauer, A., Best, P., Sens, A., Leuckefeld, K., Laier, M. (Hrsg.), *Kinder-Sprache stärken! Sprachliche Förderung in der Kita: das Praxismaterial*. Weimar/Berlin: Verlag das Netz.
In diesem Buch werden die Bildungsbereiche Musik, Medienarbeit, Bewegung und Naturwissenschaften im Hinblick auf ihr sprachliches Potenzial in den Blick genommen.

9.6 Lernkontrolle

Aufgabe 1: Ein Förderprogramm für KiTa- und Vorschulkinder sieht eine mehrwöchige Sprachförderung zum Thema Verben vor. Diese besteht aus verschiedenen aufeinander aufbauenden Lerneinheiten, die nacheinander durchgeführt werden sollen.

Lerneinheit 1: Infinitiv. Lernziel: verschiedene Verben im Infinitiv kennen lernen (z. B. lachen).

Lerneinheit 2: 1. Person Singular. Lernziel: Verben in der 1. Person Singular kennen lernen (z. B. ich lache).

Lerneinheit 3: 2. Person Singular. Lernziel: Verben in der 2. Person Singular kennen lernen (z. B. du lachst).

Lerneinheit 4: 3. Person Singular. Lernziel: Verben in der 3. Person Singular kennen lernen (z. B. er/sie/es lacht).

Wie beurteilen Sie dieses Vorgehen? Orientieren Sie sich bei der Bewertung an den in diesem Kapitel genannten Leitlinien von Sprachförderung.

Aufgabe 2: Im Folgenden lesen Sie die Ergebnisse der Sprachbeobachtung eines Kindes. Entwerfen Sie ausgehend von den Beobachtungsergebnissen einen Förderplan für dieses Kind.

> Dilan hat die Verbzweitstellung erworben. In Hauptsätzen wird die linke Satzklammer obligatorisch durch ein finites Verb besetzt. Auch die Subjekt-Verb-Kongruenz ist erworben. Finite Verben sind immer korrekt gebeugt, d. h. kongruent zum Subjekt. Dilan produziert auch bereits Nebensätze (*wenn das fliegt*). Damit befindet sie sich in Phase V nach Clahsen.
> Dilan verwendet bereits Artikel (*die, das*). Hierbei handelt es sich allerdings noch ausschließlich um Nominativformen, die auf Akkusativkontexte

übergeneralisiert werden. Eindeutige Akkusativformen (*den*, *einen*) produziert Dilan noch nicht. Das Förderziel besteht demnach im Erwerb des Akkusativs.

Dilan spielt gerne in der Puppenecke. Besondere Sorgfalt verwendet sie dabei auf die Einrichtung und Gestaltung der Puppenstube. Hierfür bastelt sie gerne auch selbst Einrichtungsgegenstände. Auch für Tiere hat Dilan ein besonderes Interesse. Sie betrachtet gerne Bilderbücher über Tiere und geht gerne in den Zoo. Dilan hat bald Geburtstag und plant bereits ihre Geburtstagsparty.

10 Sprachförderung konkret – Beispiele für die Planung und Umsetzung

> In diesem Kapitel werden Sprachförderbeispiele vorgestellt, anhand derer das Vorgehen bei der Planung und Umsetzung konkreter Sprachfördermaßnahmen praktisch erläutert wird. Der Schwerpunkt liegt hierbei auf der Förderung zentraler grammatischer Strukturen sowie der semantisch-lexikalischen Entwicklung.

Im Folgenden wird die Planung und Umsetzung einer alltagsintegrierten Sprachförderung exemplarisch anhand von vier Praxisbeispielen dargestellt. Nach unserer Auffassung sollte Sprachförderung immer individualisiert erfolgen, d. h. an die individuellen sprachlichen und lebensweltlichen Voraussetzungen des Kindes angepasst sein. Insofern sind die hier vorgestellten Praxisbeispiele nicht ohne weiteres für jedes Kind geeignet. Ob die einzelnen Praxisbeispiele für die Förderung eines Kindes in Ihrer Gruppe angemessen sind, hängt davon ab, ob sie a) sprachlich an der Zone der nächsten Entwicklung dieses Kindes ansetzen und b) an den Interessen und der Lebenswelt des Kindes orientiert sind.

Mit diesem Kapitel verfolgen wir nicht das Ziel, eine ausgearbeitete Sammlung von Ideen für die Förderung zusammenzustellen. Vielmehr geht es darum, anhand konkreter Beispiele grundlegende Aspekte der Förderplanung, wie sie in den vorangehenden Kapiteln bereits dargestellt wurden, praktisch zu verdeutlichen. Hierzu wird zunächst in jedem Beispiel ein Kind vorgestellt und dessen sprachliche und lebensweltliche Ausgangslage beschrieben. In der Praxis sollte die sprachliche Ausgangslage mit Hilfe eines sprachdiagnostischen Verfahrens bestimmt werden, dazu zählt auch eine Spontansprachanalyse. In den Praxisbeispielen beschränken wir uns darauf, den Sprachentwicklungsstand anhand von kurzen und ausgewählten Transkripten zu beschreiben.

Im nächsten Schritt wird die Planung und Umsetzung konkreter Fördereinheiten beschrieben. Diese Fördereinheiten sind jeweils spezifisch auf die sprachliche und lebensweltliche Ausgangslage eines einzelnen Kindes ausgerichtet. Dies darf jedoch keinesfalls dahingehend missverstanden werden, dass die Förderung als Einzelförderung mit dem Kind alleine erfolgen sollte. Vielmehr sollten die Fördereinheiten immer in einer Kleingruppe durchgeführt werden. Die Förderung in der Kleingruppe folgt dann der Regel des Mittelpunktkindes, d. h. der Fokus der frühpädagogischen Fachkraft richtet sich in der Fördersituation besonders auf dasjenige Kind, für das die Sprachfördereinheit konzipiert wurde, ohne dabei die (sprachlichen) Bedürfnisse der anderen Kinder aus dem Blick zu verlieren. Bei einigen Einheiten bietet es sich an, die Förderung in einem Nebenraum durchzuführen, andere Einheiten lassen sich besser als Kleingruppenangebot innerhalb der Gesamtgruppe durchführen.

In jedem Praxisbeispiel wird skizzenhaft eine Fördersequenz bestehend aus mehreren Sprachfördereinheiten beschrieben. Die einzelnen Fördereinheiten sind nicht als ein festgelegtes Programm zu verstehen, bei dem beispielsweise montags Fördereinheit 1, dienstags Fördereinheit 2 und mittwochs Fördereinheit 3 durchgeführt wird. Es handelt sich also nicht um ein „Drehbuch", das eins-zu-eins umgesetzt werden muss, sondern vielmehr um Vorschläge für Förderangebote, die offen sind für Veränderungen und weiterführende Aktivitäten. Sie geben nur den thematischen Rahmen vor, in dem Sprachförderung stattfindet. Dieser Rahmen ist so gestaltet, dass die Situation zum Sprechen anregt und dass sich genügend Kontexte für sprachliche Formen und Strukturen bieten, die für das Mittelpunktkind in der Zone der nächsten Entwicklung liegen. Das Drehbuch schreiben aber die Kinder, indem sie mit ihren eigenen Ideen den thematischen Rahmen ausfüllen. Frühpädagogischen Fachkräften kommt hierbei die Funktion zu, bestimmte sprachliche Formen und Strukturen, die für die Kinder in der Zone der nächsten Entwicklung liegen, in geeigneter Weise in das Drehbuch der Kinder bzw. in die Kommunikation, die sich innerhalb einer Fördersituation entwickelt, einfließen zu lassen. In vielen Fällen wird sich solch ein Rahmen dazu eignen, an verschiedenen sprachlichen Formen und Strukturen zu arbeiten, sodass das Angebot durchaus für mehr als ein Kind ein spezifisches Förderangebot darstellen kann. Wenn Sie z. B. die Realisierung des Akkusativs an Artikeln als Förderziel festlegen, dann schaffen Sie damit gleichzeitig viele Kontexte für korrekte Genusmarkierungen. Hiervon können dann auch Kinder profitieren, die den Akkusativ bereits erworben haben, aber mit Genusmarkierungen noch unsicher sind.

In diesem Sinne ist eine Fördereinheit nicht gleichzusetzen mit einer zeitlichen Einheit. Eine Fördereinheit kann eine halbe Stunde dauern oder aber mehrere Tage oder sogar Wochen. Möglicherweise finden die Kinder eine Fördereinheit auch so spannend, dass sie mehrmals hintereinander durchgeführt wird (dies gilt insbesondere für Rollenspiele). Oder die Kinder entwickeln im Rahmen einer Fördereinheit Ideen für weiterführende Aktivitäten, an die Sie vielleicht noch gar nicht gedacht haben. Es ist dann Ihre Aufgabe, das sprachliche Potenzial dieser Aktivitäten zu analysieren. Gelingt es Ihnen, Ihr sprachliches Angebot während dieser Aktivitäten so zu gestalten, dass die Kinder das sprachliche Angebot optimal für den Spracherwerb nutzen können, wird aus den Aktivitäten der Kinder eine echte Sprachfördersituation.

10.1 Erweiterung des Verblexikons

Biographische Daten

Faruk ist 3;2 Jahre alt. Seine Erstsprache ist Türkisch. Faruk besucht seit vier Monaten die KiTa. Zuvor hatte er keinen nennenswerten Kontakt zum Deutschen. Bis zu diesem Zeitpunkt sprachen seine Eltern ausschließlich Türkisch mit ihm. Also befindet sich Faruk im vierten Kontaktmonat (KM 4). Faruks Erstsprache entwickelt sich nach Angaben der Mutter unauffällig. Bereits im Alter von acht Monaten produzierte Faruk im Türkischen erste Einwortäußerungen. Faruks Mutter beurteilt seinen Entwicklungsverlauf in der Erstsprache als sehr schnell, im Vergleich zu seinen Cousins.

Sprachliche Ausgangslage

Faruk und eine Erwachsene Person (I.) sitzen am Tisch. Faruk hat eine Spielfigur mitgebracht und zeigt I., was diese Figur alles kann (Transkript aus: Rothweiler & Ruberg, 2011, S. 17).

> *Beispiel*
> (93) Faruk zeigt I. seine Spielfigur
> Faruk: da actionman mach.
> I.: Was macht man da?
> Faruk: da actionman mach.
> I.: Actionman. Und was kann der für Figuren machen? Zeig mal.
> Faruk: da fft so machen. (*Faruk lässt seinen Actionman laufen*)
> I.: Hat der Zauberkräfte? (*I. lässt den Actionman springen*)
> Faruk: ja.
> I.: Echt? Was macht der mit seinen Zauberkräften? Ah, der kann/Guck mal. Der kann springen. Ne? So. Hui.
> (*I. lässt den Actionman springen*)
> Faruk: (*Faruk nimmt den Actionman in die Hand*)
> ja. des. hähä. voll/volles power so machen. so machen. volle volle power.
> I.: Hat der voll die Power?
> Faruk: ja.
> I.: Cool.
> Faruk: so mach. (*Faruk dreht den Actionman um die eigene Achse*)
> I.: Spitze.

Faruk produziert bereits Mehrwortäußerungen, die ein Verb enthalten. In Äußerungen mit einem Verb besetzt das Verb überwiegend die rechte Satzklammer. Die Verben in der rechten Satzklammer sind infinit, d.h. nicht kongruent zum Subjekt. Diese Verben treten entweder mit der Endung *-en* oder ohne Endung auf. Demnach befindet sich Faruk in der Phase II/III nach Clahsen, was im Hinblick auf die Erwerbsdauer von vier Kontaktmonaten schnell ist, auf jeden Fall entwicklungsgemäß. Der nächste Entwicklungsschritt im Bereich der Grammatik ist der Erwerb der Hauptsatzstruktur, d.h. der Erwerb der Subjekt-Verb-Kongruenz und Verbzweitstellung. Da Faruk bereits nach vier Kontaktmonaten in Phase II/III angekommen ist, ist zunächst einmal zu erwarten, dass er diesen Entwicklungsschritt auch ohne eine spezifische Förderung problemlos meistern wird.

In dem kurzen Gesprächsausschnitt zeigen sich Hinweise auf lexikalische Lücken, insbesondere im Bereich der Verben. Eine geringe Ausdifferenzierung des Wortschatzes äußert sich beispielsweise im Gebrauch von *Passe-par-tout-Wörtern*, also Wörtern mit einer sehr unspezifischen Bedeutung wie *machen*. Lexikalische Lücken versucht Faruk durch den Einsatz nonverbaler Kommunikationsmittel wie Gestik, Mimik oder Lautmalereien zu kompensieren. Faruk will sich ausdrücken, aber die kurze Zeitspanne, in der er Deutsch lernt, konnte noch nicht ausreichen, einen umfangreichen Wortschatz aufzubauen.

Faruk ist ein sehr kommunikatives Kind und setzt auch das Deutsche als Instrument zum Erreichen seiner persönlichen Handlungsziele ein. Wenn Faruk sich beispielsweise mit seinen Freunden ein Spiel organisiert hat, versucht er sehr aktiv, das Spiel sprachlich anzuleiten. Aufgrund seines geringen Wortschatzes stößt er hierbei jedoch oft an die Grenzen seiner sprachlichen Handlungsfähigkeit, was z. T. zu Konflikten mit seinen Spielkameraden führt. Hier sollte Sprachförderung ansetzen. Faruk will kommunizieren – aber was ihm fehlt sind die Wörter. Das Förderziel besteht daher zunächst vor allem in der Erweiterung des Wortschatzes, insbesondere im Bereich der Verben.

Lebensweltliche Ausgangslage

Faruk ist sehr daran interessiert, sein Handeln selbstständig zu gestalten. Besonders mag er Spiele, in denen er selbst etwas konstruieren kann, z. B. mit Bauklötzen Häuser und Türme oder mit Decken eine Höhle bauen. Wenn er zu einem selbst gewählten Spiel gefunden hat, beschäftigt er sich damit sehr ausdauernd und konzentriert. Dies lockt häufig auch andere Kinder an, die er dann in das Spielgeschehen einbindet. Weniger ausdauernd ist Faruk bei der gemeinsamen Betrachtung von Bilderbüchern, sofern die Bücher keinen Bezug zu seiner eigenen Lebenswelt haben. Großes Interesse zeigt er jedoch für Bilder, auf denen er selbst oder ihm vertraute Spielsituationen abgebildet sind. Diese greift er dann auf und nutzt sie als Spielanregung bzw. als Spielvorlage.

Planung und Gestaltung der Fördersituation

Dieses Beispiel basiert in weiten Teilen auf einem Sprachförderprojekt von Astrid Gudat, das im Rahmen einer Weiterbildung der Vereinigung Hamburger Kindertagesstätten gGmbH durchgeführt wurde.

Um Faruk in seiner sprachlichen Handlungsfähigkeit im KiTa-Alltag zu unterstützen, soll die Erweiterung des Wortschatzes gefördert werden – insbesondere im Hinblick auf Verben, die im Zusammenhang mit der Organisation und Durchführung von Spielen relevant sind, die für Faruk im KiTa-Alltag von besonderem Interesse sind, aber auch im Zusammenhang mit Spielangeboten, die für Faruk bislang noch weniger im Mittelpunkt standen.

Da Faruks Wortschatz noch wenig ausdifferenziert ist, sollten ihm zunächst nonverbale Kommunikationshilfen zur Verfügung gestellt werden, um seine Handlungsfähigkeit bei der selbstständigen Auswahl von Spielen und Spielpartnern zu unterstützen. Hierfür eignen sich beispielsweise Fotos von Faruk in unterschiedlichen Spielsituationen, die Faruk nutzen kann, um auch nonverbal zu kommunizieren, welche Spielangebote er wahrnehmen möchte.

Einheit 1: Zunächst werden Fotos angefertigt und laminiert, auf denen Faruk bei unterschiedlichen Spiel- bzw. Alltagshandlungen zu sehen ist: Mit Bauklötzen einen Turm *bauen,* eine Höhle *bauen,* ein Brettspiel *spielen, malen, basteln,* ein Bilderbuch *anschauen, trinken, ausruhen, pischern/auf Toilette gehen.* Die Fotos werden gemeinsam mit Faruk betrachtet und die Inhalte besprochen. Die Fotos werden für Faruk frei zugänglich im Gruppenraum aufgehängt.

Für die Einführung der Verben wird – in unterschiedlichen Variationen – ein Äußerungsformat wie in Beispiel (94) genutzt, um die sprachliche Information so zu begrenzen, dass Faruks Aufmerksamkeit auf die neuen Verben gelenkt wird. Durch eine entsprechende Blickführung und den Einsatz von Zeigegesten wird ein gemeinsamer Aufmerksamkeitsfokus beim Benennen der Bilder hergestellt.

Beispiel
(94) Vokativ: Oh! Schau mal!
     Frage: Was ist denn hier los?
     Benennung 1:   Da malst DU!
     Benennung 2:   Ja! Da MALST du!

Nachdem die einzelnen Bilder benannt sind, wird die Funktion der Fotos als Hilfsmittel für die Kommunikation eingeführt. Mit Hilfe der Fotos soll Faruk eine Spielhandlung auswählen, die anschließend gemeinsam durchgeführt wird. Mit dem Foto wird dann der entsprechende Spielort aufgesucht und die Handlung auf dem Foto nachgespielt, um den Bedeutungserwerb und die Einbindung neuer Verben in den Wortschatz zu unterstützen.

Bei der Auswahl der Spielhandlung stellt die frühpädagogische Fachkraft Alternativfragen, um die entsprechenden Verben wiederholt zu präsentieren. Wenn Faruk sich ein Spiel organisiert hat, versucht er meist, das Spielgeschehen zu leiten. Die relevanten Verben können dann von der frühpädagogischen Fachkraft durch den Einsatz von Sprachlehrstrategien wie *korrektives Feedback, Expansionen* und *Extensionen* in den jeweiligen kommunikativen Kontext integriert werden.

Im Alltag werden mit Hilfe der Fotos mehrmals täglich gemeinsame Spielsituationen initiiert, sodass einerseits Faruk in der selbstständigen Nutzung der Fotos unterstützt wird und andererseits die entsprechenden Verben regelmäßig in relevanten Handlungszusammenhängen präsentiert werden.

Einheit 2: Bei der Auswahl der Spielhandlungen wird Faruk durch offene Fragen wie „Was passiert denn da auf dem Bild?" zunehmend zum aktiven Gebrauch der Verben herausgefordert.

Um Faruk auch in der selbstständigen Organisation von Spielpartnern zu unterstützen, wird er dazu ermutigt, mit Hilfe der Fotos weitere Kinder in die Spielhandlung einzubeziehen. Ein Dialog könnte wie in dem fiktiven Beispiel (95) ablaufen.

Beispiel
(95) Faruk und I. stehen vor der Fotowand.
I.: Was wollen wir jetzt spielen?
Willst du einen Turm bauen? (*zeigt auf das Foto, auf dem Faruk einen Turm baut*)
Oder willst du ein Bilderbuch anschauen? (*zeigt auf das Foto, auf dem Faruk ein Bilderbuch liest*)
Faruk: (*zeigt auf das Foto, auf dem er einen Turm baut*) da machen.
I.: Du willst einen Turm bauen?
Super! Ich will auch einen Turm bauen.
Wer soll denn noch mitspielen?
Faruk: Emre auch machen.
I.: Au ja. Emre soll auch mitspielen.
Komm. Wir gehen mal zu Emre und fragen ihn. Das Foto nehmen wir mit.
(*I. und Faruk gehen mit dem Foto zu Emre*)
I.: Schau mal, Emre, was wir hier haben. (*zeigt auf das Foto*)
Faruk: (*zu Emre*) so machen?
Emre: Was?
Faruk: (*zeigt auf das Foto*) SO machen!
I.: (*zu Emre, zeigt auf das Foto*) Genau. Wir bauen jetzt so einen Turm. Machst du mit?

In diesem Dialog wird auch deutlich, dass eine Fördersituation, die auf die Erweiterung des Wortschatzes im Bereich der Verben abzielt, gleichzeitig dafür genutzt werden kann, den Erwerb der Hauptsatzstruktur zu unterstützen. Indem die frühpädagogische Fachkraft die Handlung mit Äußerungen begleitet, in denen Subjekte in der 1. Person, 2. Person und 3. Person und damit auch unterschiedliche Verbformen miteinander kontrastiert werden, und indem sie hierbei unterschiedliche Satzmuster verwendet, bietet sie Faruk nicht nur lexikalische und semantische Informationen an, sondern gleichzeitig auch Informationen, die er für den Erwerb der Hauptsatzstruktur nutzen kann.

Einheit 3: Sobald Faruk die Fotos selbstständig einsetzt, um Spielhandlungen zu initiieren und auch bereits einige Verben in seinen aktiven Wortschatz übernommen hat, werden die Bilder im Morgenkreis der gesamten Gruppe vorgestellt. Faruk kann nun erzählen, was auf den Bildern zu sehen ist und hierbei bereits einige Verben benutzen. Durch die Vorstellung der Fotos wird das Interesse der anderen Kinder geweckt. Sie beschäftigen sich nun ebenfalls mit den Bildern und unterhalten sich über das, was sie auf den Fotos erkennen. Hierdurch wird die Inputfrequenz verschiedener Verben im alltäglichen Umgang miteinander erhöht.

Einheit 4: Für einzelne Spiele werden nach und nach weitere Fotos eingeführt, auf denen Einzelaspekte der Spielhandlung zu sehen sind. Diese Fotos dienen als

Bildimpuls, um einen differenzierten Wortschatz im Zusammenhang mit dem jeweiligen Spielgeschehen einzuführen. Relevant im Zusammenhang mit dem Bauen einer Höhle sind beispielsweise Verben wie *klettern, festmachen, drauflegen, schauen, liegen, krabbeln, springen*, aber auch Nomen wie *Höhle, Decke, Schnur, Kissen* etc.

Überprüfung der Förderziele: Um zu überprüfen, ob das Kind die Verben für die entsprechenden Spielhandlungen erworben hat, wird eine Kollegin gebeten, sich von Faruk die Handlungen auf den einzelnen Fotos der Fotowand erläutern zu lassen. Die frühpädagogische Fachkraft dokumentiert im Hintergrund, welche Verben das Kind spontan verwendet.

10.2 Förderung des Wortschatzerwerbs

Dieses Förderbeispiel basiert in weiten Teilen auf den Examensarbeiten von Beke Jantz und Jan-Hendrik Schirmer (Jantz, 2005; Schirmer 2005).

Biographische Daten

Fatih ist 4;8 Jahre alt. Seine Erstsprache ist Türkisch. Fatih kam im Alter von 3;6 Jahren ohne Deutschkenntnisse in die KiTa, befindet sich also im 15. KM. Fatih hat noch einen älteren Bruder, der gut Deutsch spricht. Auch der Vater spricht gut Deutsch. Fatihs Mutter verfügt dagegen nur über sehr geringe Deutschkenntnisse. In der Familie wird überwiegend Türkisch gesprochen.

Sprachliche Ausgangslage

> *Beispiel*
> (96) Fatih und I. betrachten das Bild einer Unfallszene.
> I.: Kannst du mir mal zeigen oder sagen, was du alles siehst auf dem Bild?
> Fatih: ein motorrad ... und ein polizei.
> I.: Echt? Wo siehst du eine Polizei? Da.
> Fatih: noch ein polizei fahrrad kind. und die essen kekse. xxx. und er bleibt hier stehen. und er fahrt hier.
> I.: Hm. Genau.
> Fatih: er xxx em/er hat ein crash gemacht.
> I.: (*lacht*) Hm.
> Fatih: und der guckt auf den motorrad. der em was em/was ist hier los sagt er.
> I.: Was ist hier los. Hm.
> Fatih: und der guckt auf den motorrad.
> I.: Fällt dir noch was auf?
> Fatih: (*schüttelt verneinend den Kopf*)

I.: Kannst du noch mal sagen, was die hier machen?
(*deutet auf eine Stelle im Bild*)
Fatih: em er ... er ... er ... sagt zu ihn xxx.
I.: Was sagt er?
Fatih: was du gemacht hast sagt er.
I.: Ach so. Der fragt ihn, was er gemacht hat.
Fatih: und das ist ein motorrad.
I.: Genau und was machen die hier?
Fatih: sie wollen/sie wollen das kaufen.
und er hat seine papa geholt.
I.: Aha. Und was machen die?
Fatih: er er guckt und er hat in den hand burger genomm.
I.: Hm. Und was machen die hier?
Fatih: sie sie gucken, wie die fahrrad fahren.
I.: Hm.
Fatih: und der sagt stopp.
I.: Genau. Was hat er da in der hand? (*meint den Polizisten*)
Fatih: weiß ich nicht.
I.: Eine Kelle, ne? Und die hier? Was machen die hier?
Fatih: äh er sagt du hast gecrasht.
I.: Wer sagt das?
Fatih: der polizei.
I.: Der polizist. Hm. Und was denkt der wohl?
Fatih: em ich hab nicht gecrasht sagt er.
I.: Hm. Und die Frau hier?
Fatih: eh oh mein gott gesagt.
I.: (*lacht*) Ja. Vielleicht. Und diese hier? Was machen die?
Fatih: er guckt was hier los. er...er...er hat auch geguckt.
und er hat hier geguckt.
I.: Hm. Ja super. Das ist ja schon mal ganz toll, was du hier alles erzählt hast. Oder fällt dir noch was auf?
Fatih: mhmh. (*schüttelt den Kopf*)
I.: Ok. Gut.
(Jantz, 2005, S. XLV)

In diesem Beispiel wird deutlich, dass Fatih die Satzstruktur des Deutschen bereits erworben hat. Fatih besetzt beide Verbpositionen – die linke und die rechte Satzklammer (97). Die linke Satzklammer wird in Hauptsätzen durchgehend mit einem finiten Verb besetzt. Fatih verfügt bereits über alle Flexive, auch über das -st (98). Verben in der linken Satzklammer sind immer kongruent zum Subjekt.

Beispiel
(97) sie wollen das kaufen.
(98) du hast gecrasht.

Fatih bildet auch bereits Nebensätze. In Nebensätzen stehen alle Verben in der rechten Satzklammer (99).

Beispiel
(99) sie gucken, wie die fahrrad fahren.

Fatih verwendet auch bereits Artikel – sowohl Nominativformen (*der, seine, ein, eine*) als auch eindeutige Akkusativmarkierungen, die allerdings im Hinblick auf das Genus teilweise noch falsch sind (100). Eindeutige Dativformen produziert Fatih noch nicht.

Beispiel
(100) und der guckt auf den motorrad.

Im Grammatikerwerb befindet sich Fatih in Phase V nach Clahsen, was im Hinblick auf die Erwerbsdauer im Deutschen entwicklungsgemäß ist. Der nächste Entwicklungsschritt im Bereich der Grammatik besteht im Erwerb des Dativs. In Anbetracht der kurzen Kontaktdauer von 15 Monaten stellt dieser Entwicklungsschritt jedoch zunächst noch kein vorrangiges Förderziel dar.

Unsicherheiten zeigen sich bei Fatih vor allem im Bereich des Lexikons. So produziert Fatih eine Reihe von Genusfehlern (*der polizei, den motorrad, seine papa*). Zudem gibt es eine Reihe von Hinweisen darauf, dass Fatih in einigen Bereichen noch lexikalische Lücken hat, dass ihm also die Wörter fehlen, um beispielsweise einen Unfallhergang differenziert zu beschreiben. Erste Hinweise sind verzögerte Antworten und Äußerungsabbrüche sowie der Einsatz von Füllelementen wie *em* und *äh*. Deutlicher belegen dies jedoch die Beispiele (101) bis (106), die gleichzeitig auch zeigen, dass Fatih über eine Reihe von „Strategien" verfügt, um lexikalische Lücken auszugleichen. Hierzu gehören Umschreibungen (102, 105, 106), der kreative Einsatz von Wortbildungsregeln (101, 103) und Ersetzungen nach semantischer Ähnlichkeit (104).

Beispiel
(101) *Helm:* ein keppimotorrad.
(102) *Verkehrsschild:* ähm das wenn wenn einer crasht dann muss er bleiben.
(103) *Krankenwagen:* ein ein poli ähm ein krankenhauswagen.
(104) *Ampel:* lampe.
(105) *Abschleppwagen:* äh der macht da der auto.
(106) *Unfall:* der kaputt der auto.

Die Förderziele liegen somit zunächst vor allem in der Erweiterung des Wortschatzes einschließlich der Genusinformationen für die Nomen.

Lebensweltliche Ausgangslage

Fatih kann aufgrund der Erkrankung eines Familienmitglieds etwa einmal pro Woche nicht in die KiTa kommen. Innerhalb der Gruppe ist Fatih mit Mehmet befreundet, mit dem er die meiste Zeit verbringt. Mit anderen Kindern kommt es immer wieder zu Konflikten, bei denen es auch vorkommt, dass Fatih andere Kinder schlägt. Eine besondere Vorliebe haben Fatih und sein Freund Mehmet für alles, was mit dem Thema Polizei zu tun hat. Insbesondere der Gebrauch von Waffen übt eine große Faszination auf Fatih aus und spielt in seinen spielerischen Aktivitäten zum Thema Polizei eine zentrale Rolle. In der Sprachfördergruppe äußerte Fatih wiederholt den Wunsch nach Aktivitäten zum Thema Polizei.

Planung und Gestaltung der Fördersituation

Fatihs Interessen entsprechend steht das Thema Polizei im Zentrum der Förderung. Hierbei sollte Fatih die Möglichkeit erhalten, sich ein differenziertes Bild von den Aufgaben eines Polizisten zu machen und auch davon, dass der Waffengebrauch in der Polizeiarbeit keine zentrale Rolle spielt. Hier geht es also um die Erweiterung des Welt- und Handlungswissens.

Die sprachlichen Förderziele bestehen in der Erweiterung des Wortschatzes, hier in den Themenfeldern *Polizei* und *Straßenverkehr*. Beide Förderziele – Erweiterung des Wortschatzes sowie des Welt- und Handlungswissens – lassen sich am besten im Rahmen des Skriptansatzes verknüpfen, d.h. in Form von Rollenspielen, in denen beispielsweise ein typischer Unfallhergang szenisch nachgespielt wird.

Zu solch einem Unfallskript gehört zunächst einmal eine Szenerie, in der sich der Unfall abspielt (Straße, Kreuzung, Verkehrsschilder, Ampel) und es gehören unterschiedliche Akteure dazu (Fußgänger, Fahrradfahrer oder Autofahrer als Unfallbeteiligte, ein Polizist und ein Arzt/Sanitäter). Ferner gibt es eine bestimmte Ereignisabfolge und Handlungsmuster und damit typische Verben für die Situation (*fahren, abbiegen, bremsen, anhalten* und weitere, s. u.):

Jemand fährt zu schnell oder bei Rot über die Ampel, ein Unfall entsteht. Möglicherweise wird jemand verletzt, und es geht etwas kaputt (Beule, Kratzer, Scherben). Im nächsten Schritt muss jemand die Polizei informieren. Die Polizei stellt am Telefon Fragen zum Unfallort (Was ist passiert? Wo ist es passiert? Wann ist es passiert?) und ob es Verletzte gibt. Am Unfallort trifft der Krankenwagen ein. Der Arzt versorgt die Verletzten. Die Polizei trifft ein (mit Blaulicht und Sirene). Der Polizist sichert den Unfallort ab (mit einer Kelle und Hütchen) und stellt Fragen zum Unfallhergang (Wer hat wann was gemacht? Was ist dann passiert?). Zum Schluss kommt der Abschleppwagen und entfernt die Unfallfahrzeuge und alle Beteiligten fahren weg.

Bereits aus dieser kurzen Darstellung wird deutlich, dass mit einem Unfallskript ein bestimmter Wortschatz verbunden ist (s. Kasten).

In der Fördersituation besteht die Aufgabe der frühpädagogischen Fachkraft darin, diese Wörter so in die Kommunikation einzubetten, dass sie im sprachlichen Angebot häufig und gut wahrnehmbar auftreten, beispielsweise durch handlungsbegleitendes Sprechen, das Herstellen eines gemeinsamen Aufmerksamkeitsfokus und durch den Einsatz von Modellierungstechniken wie korrektives Feedback, Expansionen, und Extensionen.

> **Das Unfallskript**
>
> **Szenerie:** Kreuzung mit einer Ampel und Verkehrsschildern
>
> **Akteure:** Unfallbeteiligte (Autofahrer, Fahrradfahrer, Fußgänger), Passanten, Polizisten, Arzt/Sanitäter, Abschleppwagenfahrer.
>
> **Objekte:** Auto, Fahrrad, Ampel, Verkehrsschild, Telefon, Krankenwagen, Arztkoffer, Polizeiauto, Blaulicht, Sirene, Kelle, Hütchen, Abschleppwagen.
>
> **Ereignisabfolge:** Auto fährt bei Rot über die Ampel – Unfall passiert – Polizei wird gerufen – Krankenwagen kommt – Arzt versorgt die Verletzten – Polizei kommt – Polizisten sperren Unfallort ab – Polizisten befragen die Unfallgegner und Augenzeugen – Abschleppwagen kommt – Abschleppwagen schleppt die beschädigten Autos ab.
>
> **Wortschatz:** Straße, Kreuzung, Ampel, Verkehrsschild, Auto, Autofahrer, Fahrrad, Fahrradfahrer, Fußgänger, Unfall, Telefon, Krankenwagen, Arzt, Arztkoffer, Verband, Polizeiauto, Polizist, Kelle, Hütchen, Blaulicht, Sirene, Beule, Kratzer, Scherben, Abschleppwagen, fahren, aufpassen, bremsen, reinfahren/anfahren, krachen, anhalten, anrufen, helfen, verbinden, fragen, erklären, beobachten, warten, abschleppen, weiterfahren, schnell, langsam, kaputt, verletzt, rot, gelb, grün, zuerst, dann, wann. (Die Liste könnte durchaus noch weiter geführt werden.)

Gleichzeitig sollte das sprachliche Angebot so gestaltet werden, dass Fatih nicht nur Wortformen und Wortbedeutungen erwerben kann, sondern auch grammatische Informationen, die zu einem Wort dazu gehören. Da Fatih vor allem bei der Genusmarkierung von Artikeln noch unsicher ist, sollte das sprachliche Angebot so gestaltet werden, dass Fatih die Möglichkeit erhält, das Genus der einzelnen Nomen abzuleiten und in seinem mentalen Lexikon abzuspeichern. Hierfür müssen die einzelnen Nomen im sprachlichen Angebot

a) zusammen mit einem Artikel auftreten,
b) im Singular auftreten,
c) wiederholt auftreten.

Einheit 1: Die erste Einheit dient der Einführung in das Thema und der Beobachtung, über welche Wissensressourcen und über welchen Wortschatz die einzelnen Kinder verfügen. Zunächst werden die Kinder befragt, welche Aufgaben die Polizei wahrnimmt.

Im nächsten Schritt wird gemeinsam ein Bilderbuch zum Thema Polizei betrachtet, z.B. *Bei der Polizei* (Jelenkovich & Grimm, 2008) oder *Die Polizei* (Erne & Metzger, 2007). In beiden Büchern werden in einzelnen Szenen unterschiedliche Aufgabenbereiche von Polizisten dargestellt: die Polizeiwache, ein Unfall, Diebe fangen und Verkehrserziehung im Kindergarten. Die frühpädagogische Fachkraft achtet bei der Beschreibung der Bilder darauf, die Zielwörter mindestens dreimal zu verwenden und setzt die Techniken der dialogischen Bilderbuchbetrachtung ein (vgl. Kasten auf S. 157/158).

Anschließend wird auf einem Verkehrsteppich eine Straßenszene aufgebaut. Als Spielmaterialien stehen alle für das Unfallskript benötigten Akteure und Objekte (s. Kasten) zur Verfügung. Die Zielwörter werden durch handlungsbegleitendes Sprechen und Modellieren der kindlichen Äußerungen in die Kommunikation eingebunden. Die frühpädagogische Fachkraft achtet zudem darauf, Nomen immer zusammen mit einem Artikel zu verwenden. Nachdem sich die Kinder geeinigt haben, wer welche Figuren spielt, erschließen sich die Kinder selbstständig die Spielmaterialien. Sofern die Kinder im Rollenspiel nicht von selbst eine Unfallszene entwickeln, initiiert die frühpädagogische Fachkraft einen Unfall.

Einheit 2: Zunächst wird wieder mit den Kindern die Unfallszene aus dem Bilderbuch betrachtet. Die einzelnen Kinder werden aufgefordert, die Unfallszene zu beschreiben. Die frühpädagogische Fachkraft stellt zunächst eine offene Frage zu dem Bild („Was passiert denn hier?"). Sie greift die Äußerungen der Kinder auf und integriert die Zielwörter durch den Einsatz von Modellierungstechniken (korrektives Feedback, Expansionen, Extensionen) in ihr sprachliches Angebot.

Sofern die Kinder sich bei der Beschreibung der Bilder auf die Benennung einzelner Objekte beschränken, versucht die frühpädagogische Fachkraft, durch gezieltes Fragen den Fokus der Kinder auf die Ereignisabfolge zu lenken. Wichtig ist hierbei, die Vorstellungen und Erfahrungen der Kinder ernst zu nehmen. Es geht nicht darum, die Kinder von der „richtigen" Ereignisabfolge zu überzeugen oder auf eine solche zu bestehen. Vielmehr geht es darum, die Kinder durch gezielte Fragen zum Nachdenken über die Ereignisabfolge zu bringen, z. B. „Was hat denn der Mann (der den Unfall verursacht hat) falsch gemacht?", „Woher weiß die Polizei, dass ein Unfall passiert ist?", „Der Mann ist verletzt. Wie kann man ihm helfen?". Die frühpädagogische Fachkraft bindet hierbei die Zielwörter durch den Einsatz von Modellierungstechniken in die Kommunikation ein.

Anschließend wird gemeinsam mit den Kindern auf einem Verkehrsteppich ein Verkehrsunfall nachgestellt. Zunächst werden wieder die Rollen verteilt. Die Frühpädagogische Fachkraft übernimmt die Rolle der Polizei. Zwei Kinder spielen jeweils einen Unfallbeteiligten, ein drittes Kind spielt einen Passanten, der die Polizei ruft, ein viertes Kind spielt den Notarzt. Nach dem Unfall ruft ein Kind die Polizei an. Die frühpädagogische Fachkraft in der Rolle der Polizei stellt dem Kind am Telefon zunächst Fragen zum Unfallhergang: Was ist genau passiert? Ist jemand verletzt? Wo hat der Unfall stattgefunden? Die Polizei ruft den Notarzt an, der die Verletzten versorgt. Anschließend kommt die Polizei und sperrt den Unfallort ab. Die Polizei – in Person der frühpädagogischen Fachkraft – stellt den Unfallbeteiligten Fragen zum Unfallhergang. Zuletzt fährt ein Kind den Abschleppwagen vor und beseitigt die Spuren.

Die Unfallszene wird anschließend mit vertauschten Rollen nachgespielt, wobei die frühpädagogische Fachkraft weiterhin die Rolle der Polizistin/des Polizisten spielt.

In der Rolle der Polizistin/des Polizisten nimmt die frühpädagogische Fachkraft eine zentrale Rolle ein, da sie an fast allen Dialogen beteiligt ist. In dieser

Rolle kommt ihr die Funktion zu, den Kindern die neuen Wörter durch handlungsbegleitendes Sprechen möglichst häufig anzubieten, wobei durch Blickkontakt und gestische Unterstützung ein gemeinsamer Aufmerksamkeitsfokus mit den Kindern hergestellt wird. Zusätzlich erfüllt die frühpädagogische Fachkraft in Dialogen eine stützende Funktion. Indem sie die Äußerungen der Kinder aufgreift und hierbei die Zielwörter durch den Einsatz von Modellierungstechniken in ihre Äußerungen integriert (107), stellt sie den Kindern die notwendigen sprachlichen Mittel bereit und unterstützt die Kinder gleichzeitig darin, Konzepte zu kommunizieren, für die ihnen die sprachlichen Mittel noch fehlen.

> *Beispiel*
> (107) Polizist: Hallo. Hier ist die Polizei. Was ist denn passiert?
> Kind: das hat gecrasht.
> Polizist: Gab es einen Unfall? Oh. Ist denn jemand verletzt?
> Kind: ja.
> Polizist: Dann brauchen wir einen Arzt. Ich rufe sofort den Krankenwagen. Wo sind Sie jetzt?
> Kind: hier.
> Polizist: Sind Sie an der Kreuzung? Oder sind Sie …

Einheit 3: Wie in Einheit 2 betrachten und beschreiben die Kinder die Unfallszene aus dem Bilderbuch und beschreiben den Unfallhergang.

Anschließend spielen die Kinder auf dem Verkehrsteppich wieder eine Unfallszene, wobei die frühpädagogische Fachkraft diesmal nicht die Rolle des Polizisten einnimmt, sondern die Rolle eines Unfallbeteiligten. Sie nimmt damit eine weniger steuernde Rolle ein und überlässt die Handlungsplanung und die Kommunikation stärker den Kindern. Als Unfallbeteiligte bieten sich jedoch genügend Möglichkeiten, durch den Einsatz von Modellierungstechniken die Kinder in der Kommunikation zu unterstützen und die Zielwörter in die Kommunikation einbinden, beispielsweise als Verletzte im Gespräch mit dem Arzt oder in der Diskussion mit dem Unfallgegner oder im Gespräch mit dem Polizisten.

Einheit 4: Wenn die ganze Gruppe im Hof/Garten spielt, wird mit den Kindern der Fördergruppe die Unfallszene in „Natura" nachgespielt. Hierfür werden – sofern nicht vorhanden – mit Kreide Straßen auf den Boden gezeichnet. Gegebenenfalls können vorher mit den Kindern Ampeln aus bunter Pappe hergestellt werden. Für den Notarzt steht ein Arztkoffer aus der Puppenecke zur Verfügung, der Polizist wird durch entsprechende Insignien (Abzeichen, Mütze o. ä.) kenntlich gemacht und erhält eine Kelle.

Überprüfung der Förderziele: Um zu überprüfen, ob das Kind die Förderziele erreicht hat, wird gemeinsam mit Fatih in einer Eins-zu-Eins-Situation, die jedoch in der Gruppe stattfinden kann, ein Unfallbild aus dem Bilderbuch oder aus einem anderen Bilderbuch betrachtet und Fatih durch offene Frage dazu angeregt, die Szene zu beschreiben. Gegebenenfalls wird das Kind aufgefordert, einzelne Gegenstände oder Handlungen zu benennen („Und was ist das?", „Was macht der denn da?"). Eine Kollegin dokumentiert im Hintergrund, welche der Zielwörter Fatih spontan verwendet.

Anknüpfend an diese Fördersequenz könnten weitere Aufgaben von Polizisten nach dem Skriptansatz thematisiert werden, beispielsweise bei einem Einbruch den Täter ermitteln und festnehmen. Oder es könnte ein Polizeiprojekt für die ganze Gruppe durchgeführt werden. In diesem Zusammenhang könnte ein Ausflug zu einer Polizeistation unternommen bzw. ein Polizist/eine Polizistin in die KiTa eingeladen werden, um die weitere Ausdifferenzierung von Bedeutungsmerkmalen der Zielwörter und die Einbindung in lexikalische Netze zu unterstützen.

10.3 Förderung des Akkusativerwerbs

Biographische Daten

Dilan ist 5;4 Jahre alt. Ihre Erstsprache ist Türkisch. Vor Eintritt in die Kita im Alter von 3;9 Jahren hatte sie keinen nennenswerten Kontakt mit dem Deutschen. Demnach erwirbt Dilan seit 19 Monaten Deutsch. Die Entwicklung der Erstsprache verlief nach Aussage der Mutter unauffällig. Auch der Entwicklungsverlauf in der Zweitsprache Deutsch gibt nach Einschätzung der Erzieherin keinen Anlass zur Sorge. Dilan macht schnell Fortschritte.

Sprachliche Ausgangslage

Beispiel

(108) Dilan und ein Erwachsener (I.) betrachten ein Bilderbuch. Aus dem Buch sind die Bilder verschwunden. Der Rabe Pikus in Gestalt einer Handpuppe soll die Bilder wieder zurückbringen.
I.: Was macht der? (*Im Buch ist ein Auto abgebildet, in dem Donald Duck sitzt*)
Dilan: jumjumjum.
I.: Ja. Jumjumjum fährt der durch die Gegend, ne? Weg mit dir.
Dilan: hol bitte die affe. versuchen wir nochmal, wenn das fliegt.
I.: Alles klar. Aber bitteschön. (*Pikus bringt den Affen*)
Dilan: dankeschön. mach die mund auf. (*Pikus soll den Schnabel aufmachen*)
I.: Ach so. Aber das hat ja eben nicht geklappt. Vielleicht kannst du das nochmal probieren gleich, ne?
Dilan: ok. hol bitte das mädchen her. die mama.
I.: Oh. Ah. Verzeihung. (*Pikus hatte das falsche Bild geholt*) So. Bitteschön. Das passt aber, ne? Ja.
Dilan: hol das tiger bitte. mach die mund auf. hol das pussel.

Aus diesem kurzen Transkript wird deutlich, dass Dilan die Hauptsatzstruktur bereits erworben hat. In Hauptsätzen wird die linke Satzklammer obligatorisch durch ein finites Verb besetzt. Auch die Subjekt-Verb-Kongruenz ist erworben. Verben in der linken Satzklammer sind immer korrekt gebeugt, d.h. kongruent zum Subjekt. Dilan produziert auch bereits Nebensätze (*wenn das fliegt*). Damit befindet sie sich in Phase V nach Clahsen, was der Erwerbsdauer von 19 Kontaktmonaten angemessen ist.

Dilan verwendet bereits Artikel (*die, das*), die jedoch im Hinblick auf das Genus von Nomen häufig noch falsch sind (*die Affe, das Tiger*). Dilan verfügt über ein zweigliedriges Genussystem, d.h. sie differenziert zwischen Femininum (*die*) und Neutrum (*das*). Maskuline Artikelformen (*der*) verwendet sie noch nicht. Bei den verwendeten Artikeln handelt es sich ausschließlich um Nominativformen, die auch auf Akkusativkontexte übergeneralisiert werden. Eindeutige Akkusativformen (*den, einen*) produziert Dilan noch nicht. Das Förderziel besteht demnach einerseits in der Ausdifferenzierung des Genussystems (Verwendung maskuliner Artikelformen) und im Erwerb des Akkusativs (Verwendung eindeutiger Akkusativformen).

Lebensweltliche Ausgangslage

Dilan spielt gerne in der Puppenecke. Besondere Sorgfalt verwendet sie dabei auf die Einrichtung und Gestaltung der Puppenstube. Hierfür bastelt sie gerne auch selbst Einrichtungsgegenstände. Auch für Tiere hat Dilan ein besonderes Interesse. Sie betrachtet gerne Bilderbücher über Tiere und geht gerne in den Zoo. Dilan hat bald Geburtstag und plant bereits ihre Geburtstagsparty.

Planung und Gestaltung der Fördersituation

Dieses Beispiel basiert in weiten Teilen auf einem Sprachförderprojekt von Stefanie Mohr, das im Rahmen einer Weiterbildung der Vereinigung Hamburger Kindertagesstätten gGmbH durchgeführt wurde.

Aufgrund von Dilans aktuellen Interessen sollte die Situation an die Themenbereiche Tiere und Geburtstag anknüpfen. Um Kontexte für die Zielstruktur Akkusativ zu schaffen, muss die Situation so gestaltet sein, dass sich Anlässe zum Gebrauch transitiver Verben ergeben, beispielsweise für die Verben *brauchen, mitbringen, nehmen, einladen, abholen*. Des Weiteren lassen sich Kontexte für den Akkusativ durch den Gebrauch von Präpositionalphrasen schaffen, in denen eine Richtung ausgedrückt wird („Ich stelle den Stuhl neben/vor/hinter den Tisch").

Um einen möglichst großen morphologischen Kontrast zu schaffen, sollte die Situation viele Kontexte für maskuline Nomen bieten, da nur bei den Maskulina der Akkusativ Singular eindeutig am Artikel markiert ist (109). Bei Feminina und Neutra dagegen sind die Artikelformen für Nominativ und Akkusativ Singular identisch (110, 111).

> **Beispiel**
> (109) Das ist der Tisch. Ich brauch den Tisch.
> (110) Das ist die Lampe. Ich brauche die Lampe.
> (111) Das ist das Bett. Ich brauche das Bett.

Die Verwendung maskuliner Nomen ist auch im Hinblick auf das zweite Förderziel, die Ausdifferenzierung des Genussystems, von Bedeutung. Da Dilan nur zwischen Femininum (*die*) und Neutrum (*das*) unterscheidet, sollte das sprachliche Angebot möglichst viele maskuline Artikelformen beinhalten. Insofern lassen sich beide Förderziele – die Ausdifferenzierung des Genussystems und der Erwerb des Akkusativs – hervorragend miteinander verbinden.

Einheit 1: Als Rahmenhandlung dient das Buch *Die Maus, die hat Geburtstag heut* (Maar, 1997). Die Geschichte handelt von einer Maus, die eine Geburtstagparty feiert. Nach und nach kommen verschiedene Tiere vorbei und bringen Geschenke mit. Bei jedem Tier wird die Frage gestellt: „Was hat der/die/das X denn mitgebracht?". Das Kind darf dann sagen, was das Tier mitgebracht hat, z. B. „einen Teddy".

Kontexte für die Zielstruktur bieten sich durch den Gebrauch des transitiven Verbs *mitbringen*. Insgesamt gibt es Kontexte für sechs Nomen im Akkusativ, davon drei Maskulina (*Käse, Teddy, Becher*), zwei Feminina (*Brezel, Banane*) und ein Neutrum (*Auto*). Beim Vorlesen setzt die frühpädagogische Fachkraft die Techniken der dialogischen Bilderbuchbetrachtung ein (vgl. Kasten auf S. 157/158).

Einheit 2: Nun soll die Situation nachgespielt werden. Hierfür wird den Kindern eine kleine Spielzeugmaus vorgestellt. Damit die Maus eine Geburtstagsparty feiern kann, braucht sie zunächst einmal ein eigenes Haus. Das Mäusehaus wird aus einem Schuhkarton gebastelt. Gemeinsam mit den Kindern wird überlegt, welche Einrichtungsgegenstände benötigt werden. Kontexte für die Zielstruktur ergeben sich durch den Gebrauch des transitiven Verbs *brauchen* (112).

> **Beispiel**
> (112) Die Maus braucht einen Tisch.

Um den morphologischen Kontrast zwischen Nominativ und Akkusativ zu erhöhen, ergänzt die frühpädagogische Fachkraft gegebenenfalls Einrichtungsgegenstände, die mit maskulinen Nomen bezeichnet werden, z. B. *Tisch, Stuhl, Schrank, Teppich, Spiegel, Sessel, Fernseher, Vorhang*.

Im nächsten Schritt werden die Einrichtungsgegenstände gebastelt und schließlich das Haus eingerichtet. Hierbei wird diskutiert, welche Gegenstände wohin gehören. Kontexte für die Zielstruktur bieten sich hier durch den Gebrauch von Präpositionalphrasen, in denen eine Richtung ausgedrückt wird (113).

> **Beispiel**
> (113) Der Fernseher soll neben den Schrank.
>   Der Teppich kommt auf den Boden.

Einheit 3: Nachdem die Maus ein schönes Zuhause hat, kann sie ihre Geburtstagsparty planen. Zunächst überlegt sie, wen sie alles einladen möchte. Kontexte für die Zielstruktur bieten sich durch den Gebrauch des transitiven Verbs *einladen* (114). Um den morphologischen Kontrast zwischen Nominativ und Akkusativ zu erhöhen, sollten die Geburtstagsgäste mehrheitlich solche sein, die mit maskulinen Nomen bezeichnet werden, z. B. *Tiger, Hahn, Fuchs, Bär, Elefant, Pinguin*.

Beispiel
(114) Die Maus lädt den Tiger ein.
 Die Maus lädt den Pinguin ein.

Um die Einladungsgäste zu vergegenständlichen, werden Bilder von den einzelnen Tieren gemalt, ausgeschnitten und laminiert. Anschließend können an die Geburtstagsgäste Einladungskarten geschrieben und verschickt werden.

Einheit 4: Die Einladungsgäste überlegen, was sie zu der Geburtstagsparty mitbringen wollen und was die Maus in ihrem neuen Haus vielleicht noch gut gebrauchen könnte. Kontexte für die Zielstruktur bieten sich durch den Gebrauch der transitiven Verben *brauchen* und *mitbringen* (115). Auch hier ist darauf zu achten, dass unter den Geschenken viele sind, die mit maskulinen Nomen bezeichnet werden.

Beispiel
(115) Der Tiger bringt einen Kuchen mit.
 Die Maus braucht noch einen Teller.

Anschließend malen die Kinder kleine Bilder von den Geschenken, schneiden diese aus und stecken sie in Streichholzschachteln. Die Streichholzschachteln können gegebenenfalls noch in Geschenkpapier verpackt werden.

Einheit 5: Da einige der Einladungsgäste wie der Pinguin schlecht zu Fuß und die Geschenke ganz schön schwer sind, holt die Maus die Gäste ab, beispielsweise mit dem Auto oder mit der Holzeisenbahn. Kontexte für die Zielstruktur bieten sich durch den Gebrauch des transitiven Verbs *abholen* (116).

Beispiel
(116) Zuerst hole ich den Elefant ab.
 Dann hole ich den Pinguin ab.

Anschließend wird ein rauschendes Fest gefeiert. Am Ende des Tages resümiert die Maus, was sie alles bekommen hat. Kontexte für die Zielstruktur bieten sich durch den Gebrauch des transitiven Verbs *bekommen* (117).

Beispiel
(117) Die Maus hat einen Käse bekommen.
 Vom Tiger hat die Maus einen Kuchen bekommen.

Überprüfung der Förderziele: Um den Erfolg der Förderung zu dokumentieren, ist es notwendig, zum Abschluss der Fördereinheit zu überprüfen, ob das Kind das Förderziel erreicht hat und nun eindeutige Akkusativmarkierungen produziert. Eine Möglichkeit besteht darin, eine Video- oder Audioaufnahme der letzten Fördereinheit anzufertigen und die Äußerungen des Kindes anschließend zu transkribieren. Sie können aber auch eine Kollegin bitten, die Situation aus dem Hintergrund zu beobachten und die Äußerungen des Kindes mitzuschreiben.

10.4 Förderung des Dativerwerbs

Biographische Daten

Tina ist 5;0 Jahre alt. Sie wächst einsprachig deutsch auf. Die Entwicklung der Erstsprache verlief nach Aussage der Mutter unauffällig. Ihre ersten Wörter sprach Tina nach Angaben der Mutter im Alter von neun Monaten. Tinas Bezugserzieherin schätzt den Entwicklungsverlauf im Deutschen als normal ein, wenngleich sie Tinas Aussprachentwicklung aufmerksam beobachtet.

Tina kam im Alter von 3;7 Jahren in die Kita. Die meisten Kinder in Tinas Gruppe wachsen mehrsprachig auf. Neben Tina gibt es nur drei weitere einsprachige Kinder. Außerhalb der KiTa hat Tina kaum Kontakt zu anderen Kindern.

Sprachliche Ausgangslage

> *Beispiel*
> (118) Tina und ein Erwachsener (I.) spielen ein Spiel, in dem es darum geht, Geschenke an ein Schaf, eine Maus und einen Tiger zu verteilen.
> Tina: ich weiß, wie die beiden/ich weiß, wie die beiden heißen. (...) ein saf.
> I.: Und? Freund Nummer zwei?
> Tina: maus.
> I.: Und wer ist das?
> Tina: ein löwe.
> I.: Tiger, ne? Kein Löwe. Und die drei haben heute nämlich Geburtstag.
> Tina: ja?
> I.: Ja. Hattest du auch Geburtstag?
> Tina: ich habe/ich hab immer irgendwie nach den janua burtstag. das war dann xxx. (*unverständlich*)
> I.: Achso? (...) Und gabs da auch Geschenke?
> Tina: mh. ja. ich hab ein cumfiter krieg. (*Tina hat einen Computer gekriegt*) da kann man spielen. und zaubers/und musik hörn. (...)
> I.: Okay, so. Jetzt wolln die drei natürlich auch Geschenke haben. Und ich fang mal an. Also ich schenke das/Ich schenke ehm dem Tiger das Buch. Und ich schenke der Maus die Brille. Jetzt bist du dran.
> Tina: mh. (*überlegt*) ich senke den schäfchen die blume. und noch etwas? ich geb die maus ein teller. fer ihren käse. (*für ihren Käse*) Und ich geb den säfchen den eimer.

Tina hat die Hauptsatzstruktur des Deutschen erworben. In Hauptsätzen wird die linke Satzklammer immer durch ein finites Verb besetzt. Auch die Subjekt-Verb-Kongruenz ist erworben. Verben in der linken Satzklammer sind immer korrekt gebeugt, d.h. kongruent zum Subjekt. Tina bildet auch Nebensätze (*wie die beiden heißen.*). Somit hat sie die Phase V nach Clahsen erreicht.

Tina bildet eindeutige Akkusativformen (*ihren käse, den eimer*). Eindeutige Dativformen finden sich dagegen noch nicht. In Dativkontexten verwendet Tina entweder Nominativformen oder Akkusativformen (*die maus, den säfchen, den januar*). In Phase V wird auch das Kasussystem ausdifferenziert, d.h. zunächst werden Akkusativmarkierungen erworben, die z.T. auch noch auf Dativkontexte übergeneralisiert werden. Im nächsten Schritt dann wird der Dativ korrekt markiert. Genau an diesem Übergang befindet sich Tina in ihrer grammatischen Entwicklung. Aber: Die Formen und Strukturen der Phase V sollte ein Kind im Alter von 4;0 bilden. Tina ist mit ihren 5;0 Jahren also ein Kind, das im grammatischen Bereich dringend Förderung benötigt. Das dringlichste Förderziel ist der Erwerb des Dativs.

Im Bereich der Aussprache lässt sich bei Tina eine Vorverlagerung des Lautes /sch/ zu /s/ beobachten. Dieser phonologische Prozess sollte bis zum Alter von 4;6 spätestens jedoch bis zum Alter von 5;0 Jahren überwunden sein. Insofern muss aufmerksam beobachtet werden, ob Tina diesen phonologischen Prozess innerhalb der nächsten Monate überwinden kann. Gegebenenfalls sollte den Eltern geraten werden, eine logopädische Beratung in Anspruch zu nehmen.

Lebensweltliche Ausgangslage

Tina schlüpft gerne in andere Rollen. Sie verkleidet und schminkt sich gerne, und sie spielt gerne Rollenspiele. Mit großer Begeisterung beteiligte sie sich an einem Theaterstück, das in der Kita einstudiert und aufgeführt wurde. Ein besonderes Interesse hat Tina auch an Barbiepuppen. Sie bringt häufig Barbies mit in den Kindergarten, frisiert diese und kleidet sie neu ein.

In Tinas Gruppe findet gerade ein Projekt zum Thema „meine nähere Umgebung" statt. In diesem Projekt erkunden die Kinder ihr unmittelbares Umfeld zwischen ihrem Zuhause und der KiTa: Wo wohne ich? Wer wohnt in meiner Nachbarschaft? Wie leben die Menschen in meiner Nachbarschaft? Welche Geschäfte gibt es? Welche wichtigen Institutionen gibt es? Welche besonderen Orte gibt es zu entdecken?

Planung und Gestaltung der Fördersituation

Dieses Beispiel basiert in weiten Teilen auf einer Idee von Katharina Bühlke (2009).

Um an der Lebenswelt des Kindes anzuknüpfen, sollte die Situation einerseits Tinas besonderes Interesse für Barbiepuppen und Rollenspiele aufgreifen und andererseits thematisch an das aktuelle Projekt „ich und meine Umgebung" angebunden werden.

Um Kontexte für die Zielstruktur Dativ zu schaffen, können Situation so gestaltet werden, dass sie Gelegenheiten zum Gebrauch von räumlichen Präpositionen bietet, die den Dativ fordern. Dies ist beispielsweise dann der Fall, wenn durch die Präpositionalphrase ein Ort angegeben wird (*Wo steht das Kind? – Vor dem Haus.*). Des Weiteren lassen sich Kontexte für den Dativ durch den Gebrauch ditransitiver Verben schaffen, wie *bringen, geben, schenken*.

Um den morphologischen Kontrast zwischen Nominativ/Akkusativ einerseits und Dativ andererseits zu erhöhen, sollte die Situation vermehrt Kontexte für maskuline und neutrale Nomen bieten, da nur bei diesen der Dativ am Artikel eindeutig markiert ist (*dem Mann, dem Kind*).

Damit von der Förderung auch Kinder profitieren können, die im Bereich des Lexikons noch nicht so weit entwickelt sind wie Tina (in Tinas Gruppe gibt es viele sukzessiv bilinguale Kinder), werden mit der Einführung neuer Nomen z. B. für Einrichtungsgegenstände in allen Fördereinheiten zahlreiche Gelegenheiten geschaffen, den Wortschatz zu erweitern und zugleich das korrekte Genus immer wieder anzuzeigen.

Einheit 1: Den thematischen Rahmen bildet ein Bilderbuch zum Thema Umzug, z. B. *Jan und Julia ziehen um* (Rettich, 1973). Das Buch handelt davon, dass die Familie der beiden Kinder Jan und Julia in eine größere Wohnung umziehen, da die alte zu klein geworden ist. Nachdem eine neue Wohnung gefunden ist, muss gepackt und umgezogen werden und die neue Wohnung wird eingerichtet. Beim Vorlesen setzt die frühpädagogische Fachkraft die Techniken der dialogischen Bilderbuchbetrachtung ein (vgl. Kasten auf S. 157/158).

Anschließend stellt die frühpädagogische Fachkraft den Kindern Barbie und Ken als Puppen vor und erklärt, dass Barbie und Ken auch umziehen wollen. Allerdings haben sie noch keine passende Wohnung gefunden. Deshalb überlegen sie zunächst, wie ihr Traumhaus aussehen soll und in welcher Umgebung das Haus stehen soll. Die Kinder werden befragt, wie das Traumhaus aussehen könnte und was alles dazu gehört. Sofern die Kinder hierbei auf lexikalische Lücken stoßen, bietet die frühpädagogische Fachkraft die Zielwörter in Form von Expansionen, Extensionen oder korrektivem Feedback an.

Einheit 2: Die Kinder erkunden gemeinsam mit der frühpädagogischen Fachkraft die unmittelbare Umgebung der KiTa, um Fotos von geeigneten Objekten zu machen. Diese Fotos bilden die Grundlage für den Haus- und Umgebungsbau für Barbie und ihre Familie. Ziel dieser Fördereinheit ist einerseits die Sicherung des Wortschatzes, der für die weiteren Fördereinheiten benötigt wird, andererseits die Herstellung eines unmittelbaren lebensweltlichen Bezugs der Fördermaterialien.

Einheit 3: Die Fotos werden farbig ausgedruckt. Aus den Fotos wählen die Kinder die schönsten Elemente für Barbies neue Umgebung aus. Diese werden ausgeschnitten und anschließend laminiert. Im nächsten Schritt wird Barbies neue Wohnumgebung aufgebaut. Hierzu werden die einzelnen Elemente in Knetmasse gedrückt, sodass sie aufrecht stehen. In einem Rollenspiel sprechen sich Barbie und Ken ab, wo jedes Bauteil hinkommt und geben sich gegenseitig Anweisungen. Hierbei werden Präpositionalphrasen verwendet, die im Wechsel ein Ziel und einen Ort ausdrücken. Hierdurch wird der Akkusativ (119) mit dem Dativ (120) kontrastiert.

Beispiel

(119) Stell die Schaukel neben den Baum. (Ziel)
(120) Die Schaukel steht neben dem Baum. (Ort)

Um die Anzahl der Kontexte für die Zielstruktur zu erhöhen, begleitet die frühpädagogische Fachkraft die Handlungen der Kinder sprachlich unter Verwendung der Zielstruktur (121). Um die Kinder zum Gebrauch der Zielstruktur herauszufordern, stellt die frühpädagogische Fachkraft Alternativfragen, in welche die Zielstruktur eingebaut wird (122). Die Äußerungen der Kinder werden gegebenenfalls in Form von korrektivem Feedback und Erweiterungen modelliert (123, 124).

Beispiel

(121) Wo steht denn jetzt das Auto? Ah, neben dem Baum.
(122) Soll die Schaukel auf dem Rasen oder auf dem Weg stehen?
(123) Kind: Auf den Weg.
  I.: Ah. Auf dem Weg. Ok.
(124) Kind: Weg.
 I.: Ah. Auf dem Weg. Jetzt seh ich es auch.

Einheit 4: Barbies Wohnlandschaft wird nochmals aufgebaut. Hierbei wird diskutiert, wie die einzelnen Elemente angeordnet waren. Die frühpädagogische Fachkraft stellt hierbei Alternativfragen, um den Gebrauch der Zielstruktur herauszufordern (125). Die Antworten der Kinder werden durch korrektives Feedback und Erweiterungen modelliert.

Beispiel

(125) Stand das Auto gestern neben dem Baum oder vor dem Haus?

Nachdem die Landschaft zur Zufriedenheit der Kinder aufgebaut wurde, wird eine neue Spielsituation initiiert. Barbie und Ken feiern eine Einweihungsparty. Es wird zunächst überlegt, wer alles zu dem Fest kommt. Hierbei ist darauf zu achten, dass die Gäste überwiegend mit maskulinen und neutralen Nomen bezeichnet werden, beispielsweise *der Opa, das Mädchen, der Nachbarsjunge, der Bruder, der Vater*. Dies ist relevant für Fördereinheit 5. Um dies zu gewährleisten, bereitet die frühpädagogische Fachkraft eine Reihe von Fingerpuppen oder Stofftieren vor, aus denen die Kinder die Gäste auswählen. Die Gäste bringen natürlich auch Geschenke mit. Die Geschenke können beispielsweise aus kleinen selbstgemalten Bildern bestehen, die in Streichholzschachteln verpackt werden. Die Partygäste verstecken nacheinander die Geschenke in Barbies Wohnlandschaft. Anschließend müssen Barbie und Ken die Geschenke suchen. Hierzu verstecken zunächst die Kinder in Abwesenheit der frühpädagogischen Fachkraft ein Geschenk hinter den einzelnen Elementen der Wohnlandschaft. Die frühpädagogische Fachkraft in der Rolle des Ken darf dreimal raten, wo sich das Geschenk befindet, wobei sie die Zielstruktur verwendet (126).

> *Beispiel*
> (126) Liegt ein Geschenk hinter dem Auto?
> Liegt ein Geschenk hinter dem Baum?

Anschließend dürfen die anderen Kinder in der Rolle von Barbie und Ken Geschenke verstecken bzw. suchen. Die Äußerungen der Kinder werden unter Einbau der Zielstruktur modelliert (127).

> *Beispiel*
> (127) Kind: Ist das Geschenk hinter den Bus?
> I.: Hm. Hinter dem Bus? Da muss ich mal überlegen. Nö. Hinter dem Bus ist leider kein Geschenk.

Einheit 5: Barbie und Ken haben sich so über die Geschenke gefreut, dass sie den Partygästen ebenfalls eine Freude machen wollen. Hierzu werden wiederum kleine Bilder gemalt und in Streichholzschachteln verpackt. Jeder Gast soll etwa zwei bis drei Geschenke erhalten. Anschließend werden die Geschenke in einen Beutel getan. Die Kinder in der Rolle von Barbie und Ken holen abwechselnd ein Geschenk aus dem Beutel und überreichen das Geschenk den einzelnen Gästen. Kontexte für den Dativ ergeben sich hier durch die Verwendung der ditransitiven Verben *geben* und *schenken*, welche ein Dativobjekt fordern.

Bei der Anfertigung der Geschenke evoziert die frühpädagogische Fachkraft die Zielstruktur durch entsprechende Nachfragen (128). Die Antworten der Kinder werden gegebenenfalls modelliert (129).

> *Beispiel*
> (128) Wem willst du denn die Blumen schenken?
> (129) Kind: Das schenk ich zu die Opa.
> I.: Ah. Dem Opa schenkst du die Blumen. Da wird sich der Opa aber freuen.

Beim Verteilen der Geschenke gibt die frühpädagogische Fachkraft zunächst die Zielstruktur vor (130). Die Äußerungen der Kinder werden wiederum modelliert.

> *Beispiel*
> (130) Ich schenke dem Tiger den Ball.

Überprüfung der Förderziele: Um zu überprüfen, ob das Förderziel erreicht wurde und um den Entwicklungsfortschritt des Kindes zu dokumentieren, wird eine Spontansprachprobe des Kindes erhoben. Dies kann beispielsweise erfolgen, indem weitere Kinder hinzugebeten werden und das Kind als Experte den anderen

Kindern die Spielsituation erläutert. Die Unterhaltung der Kinder kann entweder auf Tonband oder Video dokumentiert und anschließend transkribiert werden oder die Sprachförderkraft notiert im Hintergrund die Äußerungen des Kindes mit. Das Förderziel ist erreicht, wenn das Kind selbstständig eindeutige Dativformen wie *dem* oder *einem* produziert.

Literatur

Andresen, H. (2011). Erzählen und Rollenspiel von Kindern zwischen drei und sechs Jahren. *Expertise WiFF/DJI Nr. 10*. München: Deutsches Jugendinstitut. Verfügbar unter: http://www.weiterbildungsinitiative.de/publikationen/sprache.html [13.4.2011].

Albers, T., Jungmann, T. & Lindmeier, B. (2009). Sprache und Interaktion im Kindergarten. Zur Bedeutung sprachlicher Kompetenzen für den Zugang zur Peerkultur in elementarpädagogischen Einrichtungen. *Zeitschrift für Heilpädagogik, 6*, 202–212.

Arnold, D.H., Lonigan, C.J., Whitehurst, G.J. & Epstein, J.N. (1994). Accelerating language development through picture book reading: Replication and extension to a videotape training format. *Journal of Educational Psychology, 86*, 235–243.

Baumert, J., Klieme, E., Neubrand, M., Prenzel, M., Schiefele, U., Schneider, W., Stanat, P., Tillmann, K.-J. & Weis, M. (Hrsg.). (2001). *PISA 2000. Basiskompetenzen von Schülerinnen und Schülern im internationalen Vergleich*. Opladen: Leske + Budrich.

Bednarek, M. (2005). Frames revisited – the coherence-inducing function of frames. *Journal of Pragmatics, 37*, 685–705.

Behrens, H. (2009). Konstruktionen im Spracherwerb. *Zeitschrift für Germanistische Linguistik (ZGL), 20*, 427–444.

Belke, G. (Hrsg.). (2011). *Mit Sprache(n) spielen. Kinderreime, Gedichte und Geschichten für Kinder zum Mitmachen und Selbermachen* (3., korr. Aufl.). Baltmannsweiler: Schneider.

Berko, J. & Brown, R. (1960). Psycholinguistic research methods. In P. Mussen (Ed.), *Handbook of research methods in child development* (pp. 517–557). New York: Wiley.

Bock-Famulla, K. & Große-Wöhrmann, K. (2010). *Länderreport Frühkindliche Bildungssysteme 2009*. Gütersloh: Bertelsmann Stiftung.

Bruner, J. (1981). The pragmatics of acquisition. In W. Deutsch (Ed.), *The child's construction of language* (pp. 35–56). New York: Academic Press.

Bruner, J. (1983). *Child's talk: Learning to use language*. New York: Norton.

Bruner, J. (1987). The role of dialogue in language. In A. Sinclair, R. Jarvella & W. Levelt (Eds.), *The child's conception of language* (pp. 241–256). Berlin: Springer.

Bühlke, K. (2009). *Möglichkeiten individualisierter DaZ-Förderung in einer 1. Klasse der Sprachheilschule*. Hamburg: Landesinstitut für Lehrerbildung und Schulentwicklung, Abteilung Ausbildung, Hausarbeit, 2. Staatsprüfung, Lehramt an Sonderschulen (LAS).

Carle, E. (1997). *Von Kopf bis Fuß*. Hildesheim: Gerstenberg.

Chilla, S. (2008). *Erstsprache, Zweitsprache, Spezifische Sprachentwicklungsstörung? Eine Untersuchung des Erwerbs der deutschen Hauptsatzstruktur durch sukzessiv-bilinguale Kinder mit türkischer Erstsprache*. Hamburg: Dr. Kovač.

Chilla, S., Rothweiler, M. & Babur, E. (2010). *Kindliche Mehrsprachigkeit. Grundlagen – Störungen – Diagnostik*. München: Reinhardt.

Chomsky, N. (1981). *Lectures on government and binding*. Dordrecht: Foris Publ.

Chomsky, N. (1996). *The minimalist program*. Cambridge, Mass.: MIT Press.

Clahsen, H. (1984). Der Erwerb von Kasusmarkierungen in der deutschen Kindersprache. *Linguistische Berichte 89*, 1–31.

Clahsen, H. (1986). *Die Profilanalyse. Ein linguistisches Verfahren für die Sprachdiagnose im Vorschulalter*. Berlin: Marhold.

Clahsen, H. (1988). *Normale und gestörte Kindersprache: linguistische Untersuchungen zum Erwerb von Syntax und Morphologie*. Amsterdam: Benjamins.

Clahsen, H., Eisenbeiss, S. & Penke, M. (1996). Lexical learning in early syntactic development. In H. Clahsen (Ed.), *Gernerative perspectives on language acquisition: Empirical findings, theoretical considerations and crosslinguistic comparisons* (pp. 129–159). Amsterdam: Benjamins.

Clahsen, H. & Penke, M. (1992). The acquisition of agreement morphology and its syntactic consequences: New evidence on German child language from the Simone-corpus. In J. Meisel (Ed.), *The acquisition of verb placement: Functional categories and V2 phenomena in language acquisition* (pp. 181–223). Dordrecht: Kluwer.
Clahen, H. & Rothweiler, M. (1993). Inflectional rules in children's grammars: Evidence from German participles. In G. Booij & J. van Marle (Eds.), *Yearbook of morphology* (pp. 1–34). Dordrecht: Kluwer Academic Publ.
Clahsen, H., Rothweiler, M., Woest, A. & Marcus, G. (1992). Regular and irregular inflection in the acquisition of German noun plurals. *Cognition, 45*, 225–255.
Colberg-Schrader, H., Tegtmeier, M. & Marzinzick, R. (2006/2007). *Versuch macht klug. Vorschulische Begegnungen mit Naturwissenschaft und Technik (Heft 1–3)*. Hamburg: Vereinigung Hamburger Kindertagesstätten gGmbH.
Crago, M. (1992). Communicative interaction and second language acquisition: An Inuit example. *TESOL Quarterly, 23*, 487–506.
Culp, C. (2004). Spracherwerb und sprachliche Sozialisation in verschiedenen Kulturen. *L.O.G.O.S. interdisziplinär, 12*, 22–28.
Dannenbauer, F.M. (1984). Techniken des Modellierens in einer entwicklungsproximalen Therapie für dysgrammatisch sprechende Vorschulkinder. *Der Sprachheilpädagoge, 16*, 35–59.
Dannenbauer, F.M. (1991). Vom Unsinn der Satzmusterübungen in der Dysgrammatismustherapie. *Die Sprachheilarbeit, 36*, 202–209.
Dannenbauer, F.M. (1999). Grammatik. In S. Baumgartner & I. Füssenich (Hrsg.), *Sprachtherapie mit Kindern* (S. 105–161). München: Reinhardt.
Dannenbauer, F.M. (2003). Grundlagen der Sprachtherapie bei spezifischer Sprachentwicklungsstörung. In M. Grohnfeldt (Hrsg.), *Lehrbuch der Sprachheilpädagogik und Logopädie. Bd. 4. Beratung, Therapie und Rehabilitation* (S. 159–177). Stuttgart: Kohlhammer.
Dannenbauer, F.M. & Kotten-Sederqvist, A. (1987). „Kasperl" oder „Dafe"? Zum Problem der Repräsentation in der phonologischen Prozessanalyse. *Die Sprachheilarbeit, 32*, 77–85.
Dannenbauer, F.M. & Kotten-Sederqvist, A. (1990). Sebastian lernt SUBJ+MOD+XY+V(inf). Bericht von einer entwicklungsproximalen Sprachtherapie mit einem dysgrammatisch sprechenden Kind. *Vierteljahresschrift für Heilpädagogik und ihre Nachbardisziplinen, 59*, 27–45.
Eisenbeiss, S. (1994). Kasus und Wortstellungsvariation im deutschen Mittelfeld. Theoretische Überlegungen und Untersuchungen zum Erstspracherwerb. In B. Haftka (Hrsg.), *Was determiniert Wortstellungsvariation?* (S. 277–298). Opladen: Westdeutscher Verlag.
Eisenbeiss, S. (2002). *Merkmalgesteuerter Grammatikerwerb. Eine Untersuchung zum Erwerb der Struktur und Flexion von Nominalphrasen*. Ph. D. Dissertation. Düsseldorf: Universität Düsseldorf.
Eisenbeiss, S., Bartke, S. & Clahsen, H. (2006). Structural and lexical case in Child German: Evidence from language-impaired and typically developing children. *Language Acquisition, 13*, 3–32.
Erne, A. & Metzger, W. (2007). *Die Polizei*. Ravensburg: Ravensburger Verlag.
Ervin-Tripp, S. (1971). An overview of theories of grammatical development. In D.I. Sobin (Ed.), *The ontogenesis of grammar. A theoretical symposium* (pp. 189–212). London: Academic Press.
Esser, H. (2006). *Migration, Sprache und Integration. AKI-Forschungsbilanz 4*. Berlin: Arbeitsstelle Interkulturelle Konflikte und gesellschaftliche Integration (AKI), Wissenschaftszentrum Berlin für Sozialforschung (WZB). Verfügbar unter: *www2000.wzb.eu/ alt/aki/files/aki_forschungsbilanz_4.pdf* [23.01.2012].
Fox, A. (2005). *Kindliche Aussprachestörungen: Phonologischer Erwerb – Differentialdiagnostik – Therapie* (3., überarb. Aufl.). Idstein: Schulz-Kirchner.

Freie und Hansestadt Hamburg (Hrsg.). (2005). *Hamburger Bildungsempfehlungen für die Bildung und Erziehung von Kindern in Tageseinrichtungen*. Hamburg: Behörde für Soziales, Familie, Gesundheit und Verbraucherschutz. Verfügbar unter: http://www.hamburg.de/contentblob/118066/data/bildungsempfehlungen.pdf [01.11.2011].
Fried, L. (2007). Sprachförderkompetenz von ErzieherInnen. Ergebnisse einer Selbsteinschätzung. *Sozial Extra, 5/6*, 26–28.
Fried, L. (2008). *Delfin 4*. Düsseldorf: Ministerium für Schule und Weiterbildung des Landes Nordrhein-Westfalen.
Gasteiger-Klicpera, B., Knapp, W. & Kucharz, D. (2010). *Abschlussbereicht der Wissenschaftlichen Begleitung des Programms „Sag' mal was – Sprachförderung für Vorschulkinder"*. Weingarten: Pädagogische Hochschule Weingarten. Verfügbar unter: http://www.sagmalwas-bw.de/sprachfoerderung-fuer-vorschulkinder/wissenschaftliche-begleitung2/ph-weingarten.html (Abfragedatum: 07.04.2011).
Genesee, F., Paradis, J. & Crago, M. (2004). *Dual language development & disorders: A handbook on bilingualism & second language learning*. Baltimore, MD: Brookes.
Gleitman, L.R., Newport, E. & Gleitman, H. (1984). The current status of the motherese hypothesis. *Journal of Child Language, 11*, 43–79.
Graf, U. & Moser Opitz, E. (2007). *Diagnostik und Förderung im Elementarbereich und Grundschulunterricht*. Baltmannsweiler: Schneider.
Grannemann, P. & Loos, R. (2005). *Praxisbuch Spracherwerb. Sprachförderung im Kindergarten. Band 2*. München: Don Bosco.
Grimm, H. (1995). Mother-child dialogues: A comparison of preschool children with and without specific language impairment. In I. Marková, C. Graumann & K. Foppa (Eds.), *Mutualities in dialogue* (pp. 217–238). Cambridge: Cambridge University Press.
Grimm, H. (1998). Sprachentwicklung. In R. Oerter & L. Montada (Hrsg.), *Entwicklungspsychologie* (4. Aufl., S. 703–757). Weinheim: Beltz.
Grimm, H. (1999). *Störungen der Sprachentwicklung*. Göttingen: Hogrefe.
Hacker, D. (1999). Phonologie. In S. Baumgartner & I. Füssenich (Hrsg.), *Sprachtherapie mit Kindern* (S. 13–62). München: Reinhardt.
Hansen, D. (1996). *Spracherwerb und Dysgrammatismus. Grundlagen, Diagnostik und Therapie*. München: Reinhardt.
Hargrave, A. & Sénéchal, M. (2000). A book reading intervention with preschool children who have limited vocabularies: The benefit of regular reading and dialogic reading. *Early Childhood Research Quarterly, 15*, 75–90.
Hellrung, U. (2006). *Sprachentwicklung und Sprachförderung. Beobachten – verstehen – handeln*. Freiburg: Herder.
Hoff-Ginsberg, E. (1986). Function and structure in maternal speech: Their relation to the child's development of syntax. *Developmental Psychology, 22*, 155–163.
Hoff-Ginsberg, E. (1987). Topic relations in mother-child conversation. *First Language, 7*, 145–158.
Hölscher, P. (2009). *So geht's! Wie Vorschulkinder Deutsch lernen. DVD mit Begleitbuch*. Oberursel: Finken.
Homburg, G. (1991). Konzepte und Ansatzpunkte der Dysgrammatismustherapie. In M. Grohnfeldt (Hrsg.), *Handbuch der Sprachtherapie, Bd. 4 Störungen der Grammatik* (S. 113–143). Berlin: Edition Marhold im Verlag Spiess.
Hulk, A. & Cornips, L. (2006). Neuter gender and interface vulnerability in child L2/2L1 Dutch. In S. Unsworth, T. Parodi, A. Sorace & M. Young-Scholten (Eds.), *Paths of development in L1 and L2 acquisition* (pp. 107–134). Amsterdam: Benjamins.
Iven, C. (2010). *Aktivitäten zur Sprachförderung*. Troisdorf: Bildungsverlag EINS.
Jampert, K., Leuckefeld, K., Zehnbauer, A. & Best, P. (2006). *Sprachliche Förderung in der Kita. Wie viel Sprache steckt in Musik, Bewegung, Naturwissenschaften und Medien?* Weimar: Verlag das Netz.

Jampert, K., Best, P., Guadatiello, A., Holler, D. & Zehnbauer, A. (Hrsg.). (2007). *Schlüsselkompetenz Sprache. Sprachliche Bildung und Förderung im Kindergarten. Konzepte, Projekte und Maßnahmen* (2., aktual. u. überarb. Aufl.). Weimar: Verlag das Netz.

Jampert, K., Zehnbauer, A., Best, P., Sens, A., Leuckefeld, K. & Laier, M. (Hrsg.). (2009). *Kinder-Sprache stärken! Sprachliche Förderung in der Kita: das Praxismaterial*. Weimar: Verlag das Netz.

Jantz, B. (2005). *Lexikalische Förderung bei zweisprachigen Kindern im Vorschulalter: Auswertung einer Fördereinheit*. Hamburg: Universität Hamburg, Examensarbeit im Rahmen der ersten Staatsprüfung für das Lehramt an Sonderschulen.

Jelenkovich, B. & Grimm, S. (2008). *Bei der Polizei*. Ravensburg: Ravensburger Verlag.

Jeuk, S. (2008). „Der Katze sieht den Vogel". Aspekte des Genuserwerbs im Grundschulalter. In B. Ahrenholz (Hrsg.), *Zweitspracherwerb. Diagnosen, Verläufe, Voraussetzungen* (S. 135–150). Freiburg, Fillibach.

JMK/KMK (2004). *Gemeinsamer Rahmen der Länder für die frühkindliche Bildung in Kindertagesstätten. Beschluss der Jugendministerkonferenz vom 13./14.05.2004/Beschluss der Kultusministerkonferenz vom 03./04.06.2004*. Download unter: http://www.kmk.org (Abfragedatum 03.08.2007).

Kaltenbacher, E. & Klages, H. (2006). Sprachprofil und Sprachförderung bei Vorschulkindern mit Migrationshintergrund. In B. Ahrenholz (Hrsg.), *Kinder mit Migrationshintergrund. Spracherwerb und Fördermöglichkeiten* (S. 80–97). Freiburg, Fillibach.

Kaltenbacher, E. & Klages, H. (2007). Deutsch für den Schulstart. Zielsetzungen und Aufbau eines Förderprogramms. In B. Ahrenholz (Hrsg.), *Deutsch als Zweitsprache – Voraussetzungen und Konzepte für die Förderung von Kindern und Jugendlichen mit Migrationshintergrund* (S. 135–150). Freiburg: Fillibach.

Kany, W. & Scheib, K. (2000). Ich wiederhole es dann einfach noch mal richtig. Mütterliche Vorstellungen zum Spracherwerb von Kindern. *L.O.G.O.S. Interdisziplinär, 8*, 4–16.

Kany, W. & Schöler, H. (2010). *Fokus: Sprachdiagnostik. Leitfaden zur Sprachstandsbestimmung im Kindergarten* (2., erw. Aufl.). Berlin: Cornelsen Scriptor.

Karzon, R. (1985). Discrimination of polysyllabic sequences by one- to four-month-old infants. *Journal of Experimental Child Psychology, 39*, 326–342.

Kauschke, C. (2000). *Der Erwerb des frühkindlichen Lexikons. Eine empirische Studie zur Entwicklung des Wortschatzes im Deutschen*. Tübingen: Narr.

Kauschke, C. & Hofmeister, C. (2002). Early development in German: A study on vocabulary growth and vocabulary composition during the second and third year of life. *Journal of Child Language, 29*, 735–757.

Klatt, G. (2006). *Elleressemenne – Deutsch reden. Ein Sprachprogramm für eine systematische Vermittlung der deutschen Sprache in Kindergarten, Vorschule und Schule. Band 1* (2. Aufl.). Berlin: DerDieDas-Verlag.

Klinting, L. (1997). *Kasimir backt*. Hamburg: Oetinger.

KMK (2000): *Rahmenvereinbarung zur Ausbildung und Prüfung von Erziehern/Erzieherinnen. Beschluss der Kultusministerkonferenz vom 28.01.2000*. Download unter: http://www.kmk.org (Abfragedatum: 03.08.2007).

Konak, Ö.A. & Duindam, T. (2008). *Cito-Sprachtest: digitale Sprachstand-Feststellung bei 4- bis 7-jährigen Kindern*. Butzbach: Cito Deutschland.

Köpcke, K.M. & Zubin, D. (1983). Die kognitive Organisation der Genuszuweisung zu den einsilbigen Nomen der deutschen Gegenwartssprache. *Zeitschrift für Germanistische Linguistik, 11*, 166–182.

Kracht, A. (2000). *Migration und kindliche Zweisprachigkeit: Interdisziplinarität und Professionalität sprachpädagogischer und sprachbehindertenpädagogischer Praxis*. Münster: Waxmann.

Kroffke, S. & Rothweiler, M. (2004). Spracherwerbsmodi im kindlichen Zweitspracherwerb. Sprachlicher Kontext und seine Bedeutung für die sprachpädagogische Diagnostik. *Die Sprachheilarbeit, 49*, 18–24.

Kroffke, S. & Rothweiler, M. (2006). Variation im frühen Zweitspracherwerb des Deutschen durch Kinder mit türkischer Erstsprache. In M. Vliegen (Hrsg.), *Variation in Sprachtheorie und Spracherwerb. Akten des 39. Linguistischen Kolloquiums, Amsterdam* (S. 145–153). Frankfurt a. M.: Lang.

Kuhl, P., Andruski, J., Chistovich, I., Chistovich, L., Kozhevnikova, E., Ryskina, V., Stolyarova, E., Sundberg, U. & Lacerda, F. (1997). Cross-language analysis of phonetic units in language addressed to infants. *Science, 277*, 684–686.

Lenneberg, E. (1967). *Biological foundations of language*. New York: Wiley.

Lonigan, D. J. & Whitehurst, G. J. (1998). Relative efficacy of parent and teacher involvement in a shared-reading intervention for preschool children from low-income backgrounds. *Early Childhood Research Quarterly, 13*, 263–290.

Maar, P. (1997). *Die Maus, die hat Geburtstag heut*. Hamburg: Oetinger.

Marcus, G. (1993). Negative evidence in language acquisition. *Cognition, 46*, 53–85.

Martin Jr., B. & Carle, E. (1997). *Brauner Bär, wen siehst denn du?* Hildesheim: Gerstenberg.

MacWhinney, B. (2000). *The CHILDES Project: Tools for analyzing talk. Vol. 1 Transcription format and programs. Vol. 2: The database*. Mahwah, NJ: Erlbaum.

Meisel, J. (1994). Getting FAT. Finiteness, agreement and tense in early grammars. In J. Meisel (Ed.), *Bilingual first language acquisition: French and German grammatical development* (pp. 89–129). Amsterdam: Benjamins.

Meisel, J. (1997). The acquisition of the syntax of negation in French and German: Contrasting first and second language development. *Second Language Research, 13*, 227–263.

Meisel, J. (2004). The bilingual child. In T. K. Bhatia & W. C. Ritchie (Eds.), *The handbook of bilingualism* (pp. 91–113). Oxford: Blackwell.

Meisel, J. (2007). Mehrsprachigkeit in der frühen Kindheit: Zur Rolle des Alters bei Erwerbsbeginn. In T. Anstatt (Hrsg.), *Mehrsprachigkeit bei Kindern und Erwachsenen. Erwerb, Formen, Förderung* (S. 93–114). Tübingen: Narr.

Meisel, J. (2009). Second language acquisition in early childhood. *Zeitschrift für Sprachwissenschaft, 28*, 5–35.

Meisel, J. (2011). *First and second language acquisition: Parallels and differences*. Cambridge, U. K.: Cambridge University Press.

Militzer, R., Demandewitz, H. & Fuchs, R. (2000). *Hallo, Hola, Ola. Sprachförderung in Kindertagesstätten*. Berlin: Beauftragte der Bundesregierung für Ausländerfragen.

Miller, M. (1976). *Zur Logik der frühkindlichen Sprachentwicklung*. Stuttgart: Klett.

Miller, M. (1979). *The logic of language development in early childhood*. Berlin: Springer.

Miller, P. (1986). Teasing as language socialization and verbal play in a white working-class community. In B. Schieffelin & E. Ochs (Eds.), *Language socialization across cultures* (pp. 199–212). Cambridge, U. K.: Cambridge University Press.

Mills, A. (1986). *The acquisition of gender. A study of English and German*. Berlin: Springer.

Moser, B. (2007). Sprachheilpädagogische Diagnostik bei mehrsprachigen Schülern. *Die Sprachheilarbeit, 52*, 107–112.

Motsch, H.-J. (2006). *Kontextoptimierung: Förderung grammatischer Fähigkeiten in Therapie und Unterricht*. München: Reinhardt.

Müller, N., Cantone, K., Kupisch, T. & Schmitz, K. (2002). Zum Spracheneinfluss im bilingualen Erstspracherwerb: Italienisch-Deutsch. *Linguistische Berichte, 190*, 157–206.

Musan, R. (2008). *Satzgliedanalyse*. Heidelberg: Universitätsverlag Winter.

Newport, E., Gleitman, H. & Gleitman, L. (1977). Mother, I'd rather do it myself: Some effects and non-effects of maternal speech style. In C. Snow & C. Ferguson (Eds.), *Talking*

to children: Language input and acquisition (pp. 109–149). Cambridge U.K.: Cambridge University Press.
Niedersächsisches Kultusministerium (Hrsg.). (2005). *Orientierungsplan für Bildung und Erziehung im Elementarbereich niedersächsischer Tageseinrichtungen für Kinder*. Hannover: Niedersächsisches Kultusministerium. Download unter: http://www.mk.niedersachsen.de/download/4491 (Abfragedatum: 1.11.2011).
Niwano, K. & Sugai, K. (2003). Maternal accommodation in infant-directed speech during mother's and twin-infants' vocal interactions. *Psychological Reports, 92*, 481–487.
OECD (2006). *Where immigrant students succeed – A comparative review of performance and engagement in PISA 2003*. Download unter: www.oecd.org/dataoecd/2/38/36664934.pdf (Abfragedatum: 1.10.2011).
Paradis, J. (2007). Second language acquisition in childhood. In E. Hoff & M. Shatz (Eds.), *Handbook of language development* (pp. 387–406). Oxford: Blackwell.
Penner, Z. (2002a). *Programm sprachliche Frühförderung von fremdsprachigen Kindern im Kindergarten. Programmhandbuch*. Unveröff. Manuskript.
Penner, Z. (2002b). Plädoyer für eine präventive Frühintervention bei Kindern mit Spracherwerbsstörungen. In W. v. Suchodoletz (Hrsg.), *Therapie von Sprachentwicklungsstörungen* (S. 106–142). Stuttgart: Kohlhammer.
Penner, Z. (2003). *Neue Wege der sprachlichen Frühförderung von Migrantenkindern*. Frauenfeld: Kon-lab.
Penner, Z. (2005). *Auf dem Weg zur Sprachkompetenz. Neue Perspektiven der sprachlichen Frühförderung bei Migrantenkindern. Ein Arbeitsbuch*. Frauenfeld: Kon-lab.
Penner, Z., Fischer, A. & Krügel, C. (2006). *Von der Silbe zum Wort. Rhythmus und Wortbildung in der Sprachförderung*. Frauenfeld: Kon-lab.
Pfaff, C. (1994). Early bilingual development of Turkish children in Berlin. In G. Extra & L. Verhoeven (Eds.), *The cross-linguistic study of bilingual development. North-Holland. Koninklijke Nederlandse Akademie van Wetenschappen* (pp. 75–97). Amsterdam: North-Holland.
Pinker, S. (1984). *Language learnability and language development*. Cambridge, Mass.: Harvard University Press.
Pinker, S. (1995). *The Language instinct: The new science of language and mind*. London: Penguin.
Pinker, S. (1999). *Words and rules: The ingredients of language*. New York: Basic Books.
Pousset, R. (1983). *Fingerspiele und andere Kinkerlitzchen. Spiel-Lust mit kleinen Kindern*. Reinbek bei Hamburg: Rowohlt.
Redder, A., Schwippert, K., Hasselhorn, M., Forschner, S., Fickermann, D., Ehlich, K., Becker-Mrotzeck, M., Krüger-Potratz, M., Rossbach, H.-G., Stanat, P. & Weinert, S. (2011). Bilanz und Konzeptualisierung von strukturierter Forschung zu „Sprachdiagnostik und Sprachförderung". *ZUSE Berichte, Band 2*. Hamburg: Hamburger Zentrum zur Unterstützung der wissenschaftlichen Begleitung und Erforschung schulischer Entwicklungsprozesse (ZUSE). Download unter: www.zuse.uni-hamburg.de/501publikation/zuse_berichte_02.pdf (Abfragedatum: 1.11.2011).
Reich, H.H. (2008). *Sprachförderung im Kindergarten. Grundlagen, Konzepte und Materialien*. Weimar: Verlag das Netz.
Reich, H.H. & Roth, H.-J. (2004). *Hamburger Verfahren zur Analyse des Sprachstands Fünfjähriger – HAVAS 5*. Hamburg: Landesinstitut für Lehrerbildung und Schulentwicklung Hamburg.
Rettich, M. (1973). *Jan und Julia ziehen um*. Hamburg: Oetinger.
Rothweiler, M. (1993). *Der Erwerb von Nebensätzen im Deutschen. Eine Pilotstudie*. Tübingen: Niemeyer.
Rothweiler, M. (2001). *Wortschatz und Störungen des lexikalischen Erwerbs bei spezifisch sprachentwicklungsgestörten Kindern*. Heidelberg: Universitätsverlag Winter.

Rothweiler, M. (2006). The acquisition of V2 and subordinate clauses in early successive aquisition of German. In C. Lleó (Ed.), *Interfaces in multilingualism. Acquisition, representation and processing* (pp. 91–113). Amsterdam: Benjamins.

Rothweiler, M. (2007a). Bilingualer Spracherwerb und Zweitspracherwerb. In M. Steinbach, R. Albert, H. Girnth, A. Hohenberger, B. Kümmerling-Meibauer, J. Meibauer, M. Rothweiler & M. Schwarz-Friesel (Hrsg.), *Schnittstellen der germanistischen Linguistik* (S. 103–135). Stuttgart: Metzler.

Rothweiler, M. (2007b). Spracherwerb. In J. Meibauer, U. Demske, J. GeilfußWolfgang, J. Pafel, K.-H. Ramers, M. Rothweiler & M. Steinbach (Hrsg.), *Einführung in die germanistische Linguistik* (2. Aufl., S. 253–295). Stuttgart: Metzler.

Rothweiler, M. (2009). Über den Zusammenhang von Lexikon, Grammatik und Mehrsprachigkeit: Was kann die Spracherwerbsforschung für die Praxis liefern? *Die Sprachheilarbeit, 54,* 246–254.

Rothweiler, M. & Meibauer, J. (1999). Das Lexikon im Spracherwerb – ein Überblick. In J. Meibauer & M. Rothweiler (Hrsg.), *Das Lexikon im Spracherwerb.* (S. 9–31). Tübingen: Francke.

Rothweiler, M., Ruberg, T. & Utecht, D. (2009). Praktische Kompetenz ohne theoretisches Wissen? Zur Rolle von Sprachwissenschaft und Spracherwerbstheorie in der Ausbildung von Erzieherinnen und Grundschullehrerinnen. In U. Carle & D. Wenzel (Hrsg.), *Kooperation im Elementarbereich.* Baltmannsweiler: Schneider.

Rothweiler, M., Ruberg, T. & Utecht, D. (2010). *Bericht zum beendeten Transferprojekt T2.* Download unter http://www.uni-hamburg.de/sfb538/projektt2.html (Abfragedatum: 1.11.2011).

Rothweiler, M. & Ruberg, T. (2011). Der Erwerb des Deutschen bei Kindern mit nicht-deutscher Erstsprache. Sprachliche und außersprachliche Einflussfaktoren. *Expertise WiFF/DJI Nr. 12.* München: Deutsches Jugendinstitut. Download unter: http://www.weiterbildungsinitiative.de/publikationen/sprache.html (Abfragedatum: 1.11.2011).

Sachs, J., Bard, B. & Johnson, M.L. (1981). Language learning with restricted input: Case studies of two hearing children of deaf parents. *Applied Psycholinguistics, 2,* 33–54.

Sander, R. & Spanier, R. (2001). *Meine, deine, unsere Sprache. Konzeption für eine Sprachförderung zwei- und mehrsprachiger Kinder.* Frankfurt: Stadt Frankfurt a.M.

Schank, R.C. & Abelson, R. (1977). *Scripts, Plans, Goals and Understanding: An Inquiry into Human Knowledge.* Hillsdale, NJ: Erlbaum.

Schieffelin, B. (1985). The acquisition of Kaluli. In D.I. Slobin (Ed.), *The cross-linguistic study of language acquisition* (pp. 525–593). Hillsdale, N.J.: Erlbaum.

Schirmer, J.-H. (2005). *Zur Interdependenz von lexikalischer und grammatischer Entwicklung – Konsequenzen für die Förderung von mehrsprachigen Kindern.* Universität Hamburg, Examensarbeit im Rahmen der ersten Staatsprüfung für das Lehramt an Sonderschulen im Fach Sprachbehindertenpädagogik.

Schöler, H. & Roos, J. (2010). Ergebnisse einer Evaluation von Sprachfördermaßnahmen in Mannheimer und Heidelberger Kitas. In K. Fröhlich-Gildhoff, I. Nentwig-Gesemann & P. Strehmel (Hrsg.), *Forschung in der Frühpädagogik III* (S. 35–74). Freiburg: Zentrum für Kinder- und Jugendforschung, EH Freiburg.

Schönenberger, M., Sterner, F. & Ruberg, T. (2011). The realization of indirect objects and case marking in experimental data from child L1 and child L2 German. *Arbeiten zur Mehrsprachigkeit – Folge B, 95.* Hamburg: Universität Hamburg (Sonderforschungsbereich Mehrsprachigkeit).

Schuck, K.D. (2003). Lernprozessdiagnostik und individuelle Förderplanung. *Mitteilungen des Verbandes Deutscher Sonderschulen e.V., Landesverband NRW,* 19–34.

Schulz, P. & Tracy, R. (2011). *LiSe-DaZ. Linguistische Sprachstandserhebung Deutsch als Zweitsprache.* Göttingen: Hogrefe.

Seidl, M. (2008). *Sprachliche Förderung durch Vorlesen. Dokumentation und Analyse gesprächszentrierter Vorlesesituationen mit Bilderbüchern mit spezifischem Sprachförderpotential.* München: Deutsches Jugendinstitut. Download unter: www.dji.de/bibs/384_9882_Vorlesesituationen.pdf (Abfragedatum: 13.4.2011).
Sens, A. (2007). Zusammengestellt und kommentiert: Die Schwerpunkte der Länder zur Sprachförderung im Elementarbereich. In K. Jampert, P. Best, A. Guadatiello, D. Holler & A. Zehnbauer, A. (Hrsg.), *Schlüsselkompetenz Sprache. Sprachliche Bildung und Förderung im Kindergarten. Konzepte, Projekte und Maßnahmen* (2., aktual. und überarb. Aufl., S. 275–297). Weimar: Verlag das Netz.
Sens, A. (2009). Naturwissenschaften und Sprache. In K. Jampert, A. Zehnbauer, P. Best, A. Sens, K., Leuckefeld & M. Laier (Hrsg.), *Kinder-Sprache stärken! Sprachliche Förderung in der Kita: das Praxismaterial. Heft 2: Wie viel Sprache steckt in Bewegung und Naturwissenschaften?* (S. 33–60). Weimar: Verlag das Netz.
Shatz, M., & Gelman, R. (1973). The development of communications skills: Modifications in the speech of young children as a function of listener. *Monographs of the Society for Research in Child Development, 38*, 1–37.
Siegmüller, J., Fröhling, A., Gies, J., Herrmann, H., Konopatsch, S. & Pötter, G. (2007). Sprachförderung als grundsätzliches Begleitelement im Kindergarten. Das Modellprojekt PräSES am Beispiel. *L.O.G.O.S. interdisziplinär, 15 (2)*, 84–96.
Snow, C. (1977). Mother's speech to children learning language. *Child Development, 43*, 549–565.
Snow, C. & Ferguson, C.A. (1977). *Talking to children: Language input and language acquisition.* Cambridge, U.K.: Cambridge University Press.
Statistisches Bundesamt (2010). *Bevölkerung und Erwerbstätigkeit. Bevölkerung mit Migrationshintergrund – Ergebnisse des Mikrozensus 2008.* Download unter: http://www.destatis.de (Abfragedatum: 1.11.2011).
Storch, G. (2002). *Phonetik des Deutschen für sprachtherapeutische Berufe.* Stockach: Storch.
Szagun, G. (1983). *Bedeutungsentwicklung beim Kind: Wie Kinder Wörter entdecken.* München: Urban & Schwarzenberg.
Szagun, G. (2010). *Sprachentwicklung beim Kind: Ein Lehrbuch* (3., überarb. Auflage). Weinheim: Beltz.
Thiessen, E., Hill, E. & Saffran J. (2005). Infant-directed speech facilitates word segmentation. *Infancy, 7 (1)*, 53–71.
Thoma, D. & Tracy, R. (2006). Deutsch als frühe Zweitsprache: Zweite Erstsprache? In B. Ahrenholz (Hrsg.), *Kinder mit Migrationshintergrund – Spracherwerb und Fördermöglichkeiten* (S. 58–79). Freiburg: Fillibach.
Tomasello, M. (2003). *Constructing a language: A usage-based theory of language acquisition.* Cambridge, Mass.: Harvard University Press.
Tomasello, M. & Farrar, J. (1986). Joint attention and early language. *Child Development, 57*, 1454–1463.
Tomasello, M. & Todd, J. (1983). Joint attention and lexical acquisition style. *First Language, 4*, 197–212.
Tracy, R. (1986). The acquisition of case morphology in German. *Linguistics, 24*, 47–48.
Tracy, R. (1990). Spracherwerb trotz Input. In M. Rothweiler (Hrsg.), Spracherwerb und Grammatik. *Linguistische Berichte*, 22–49.
Tracy, R. (1991). *Sprachliche Strukturentwicklung. Linguistische und kognitionspsychologische Aspekte einer Theorie des Erstspracherwerbs.* Tübingen: Narr.
Tracy, R. (1994). Raising questions: Formal and functional aspects of the acquisition of wh-questions in German. In R. Tracy & E. Lattey (Eds.), *How tolerant is universal grammar? Essays in language learnability and language variation* (pp. 1–34). Tübingen: Niemeyer.

Tracy, R. (2003). *Sprachliche Frühförderung. Konzeptionelle Grundlagen eines Programms zur Förderung von Deutsch als Zweitsprache im Vorschulalter.* Mannheim: Universität Mannheim.

Tracy, R. (2007). *Wie Kinder Sprachen lernen. Und wie wir sie dabei unterstützen können.* Tübingen: Francke.

Tracy, R. (2009). *Sprache macht Stark. Abschlussbericht der wissenschaftlichen Begleitung.* Ludwigshafen: Stadt Ludwigshafen am Rhein. Download unter: http://projekt02.aviva-beisel.de/index.php?id=258 (Abfragedatum: 9.4.2011).

Tracy, R. & Lemke, V. (2009). *Sprache macht stark.* Berlin: Cornelsen Scriptor.

Twain, M. (1994). *Die schreckliche Deutsche Sprache.* Löhrbach: Werner Pieper & The Grüne Kraft.

Ulich, M. & Mayr, T. (2003). *SISMIK – Sprachverhalten und Interesse an Sprache bei Migrantenkindern in Kindertageseinrichtungen.* Freiburg: Herder.

Ulich, M. & Mayr, T. (2006). *SELDAK – Sprachentwicklung und Literacy bei deutschsprachig aufwachsenden Kindern.* Freiburg: Herder.

Vahle, F. & Heine, H. (2000). *Der Katzentatzentanz.* Weinheim: Beltz & Gelberg.

Vygotskij, L. (2003). *Ausgewählte Schriften. Band 2: Arbeiten zur Entwicklung der Persönlichkeit. Hrsg. von J. Lompscher.* Berlin: Lehmanns Media.

Wegener, H. (1993). der, die, das? Genuszuweisung und Genusmarkierung im natürlichen DaZ-Erwerb durch Kinder aus Polen, Rußland und der Türkei. In C. Küper (Hrsg.), *Deutsch als Fremdsprache (Arbeitspapiere zur Linguistik 29)* (S. 81–114). Berlin: Institut für Linguistik, TU Berlin.

Whitehurst, G.J., Falco, F.L., Lonigan, C.J., Fischel, J.E., DeBaryshe, B.D., Valdez-Menchaca, M.C. & Caulfield, M. (1988). Accelerating language development through picture book reading. *Developmental Psychology, 24,* 552–559.

Whitehurst, G.J., Arnold, D.S., Epstein, J.N., Angell, A.L., Smith, M. & Fischel, J.E. (1994). A picture book reading intervention in day care and home for children from low-income families. *Developmental Psychology, 30,* 679–689.

Wieczerkowski, W. (1965). *Frühe Zweisprachigkeit.* München: Hueber.

Willige, K. (2008). *Interaktionsverhalten von Erzieherinnen: Eine Fallstudie zum Gebrauch von Sprachlehrstrategien im Elementarbereich.* Universität Hamburg, Diplomarbeit.